역량평가와 역량개발 피드백을 위한

ASSESSMENT CENTER
평가센터

㈜휴먼이퀘이션 대표컨설턴트 경영학박사 이홍민 지음

(주)중앙경제

역량평가와 역량개발 피드백을 위한

평 가 센 터

ASSESSMENT CENTER

초 판 인 쇄 | 2014년 5월 16일
개정판 발행 | 2015년 5월 11일

지 은 이 | 이 홍 민
펴 낸 이 | 김 희 성
펴 낸 곳 | (주)중앙경제
편집·디자인 | 한 지 희

주 소 | 서울시 중구 다산로 11길 19(신당2동 355-8) 백석빌딩 신관 4층
전 화 | 02-2231-7293
팩 스 | 02-2235-5344
홈 페 이 지 | www.elabor.co.kr
출 판 등 록 | 80. 6. 21 제 2-66호

I S B N | 978-89-7017-329-0 (93330)
정 가 | 23,000원

역량평가와 역량개발 피드백을 위한

평 가 센 터

ASSESSMENT CENTER

Theory · Model · Methodology

㈜휴먼이퀘이션 대표컨설턴트 경영학박사(인사조직전공) **이홍민** 지음

㈜중앙경제

머리말

급변하는 국내·외 행정·경영 환경의 변화는 조직들에게 감당하기 힘들 정도의 도전과 시련을 안겨주고 있다. 조직이 경쟁력을 확보하고 고객에 대한 지속가능한 서비스를 제공하기 위해서는 역량 있는 검증된 인재들의 확보가 필요하며, 특히 조직의 관리자들은 내·외부 환경에 잘 대처할 수 있는 변화관리 역량을 확보하여야 할 것이다. 최근 정부부처, 공공기관, 기업들에서 관리자를 선발하는 기법으로 평가센터(assessment center)가 도입되고 있으며, 이는 과학적인 인적자원관리를 위한 바람직한 현상이라 할 수 있다.

평가센터 기법은 고위직 선발을 위해 외국 선진 국가에서는 이미 오래 전부터 실시하고 있는 제도이다. 그러나 국내에서 평가센터(assessment center)는 아직 초기 단계에 머무르고 있다.

평가센터는 다수의 평가 도구, 상황과제, 훈련 받은 복수의 평가자에 의해 이루어 진다. 물론 평가를 위한 물리적인 공간의 개념도 포함된다.

평가센터의 가장 중요한 특징은 피평가자의 구체적인 행동을 관찰할 수 있도록 설계된 상황과제를 사용한다는 것이다.

성공적인 평가센터의 실행을 위해서는 평가센터는 기술적으로 충실해야 하고, 조직 내의 전체 인사시스템과 연계된 보완적인 프로그램으로 사용되어야 한다.

평가센터의 결과는 개발을 위한 명확한 지침을 제공하여야 하며, 개발을 위한 평가센터 프로그램이 효과적이기 위해서는 피평가자에게 도움이 될 만한 교육훈련 프로그램을 구체적으로 제시해 주어야 한다.

본서의 가치는 충실한 평가센터를 구축하기 위한 철학적, 기술적, 행정적인 작업을 포괄한다는 점을 언급하고자 한다.

평가센터 기법의 혁신은 흥미롭고 고무적이다. 인적자원관리 담당 조직의 관심사는 이러한 혁신을 지지하는 증거를 축적하는 것이다.

현재 진행되고 있는 평가센터 방법론의 여러 혁신들에 대해서는 아직도 연구해야 할 부분이 많은 것이 사실이다.

그럼에도 불구하고 평가센터는 운영되어야 할 것이다. 그 이유는 역량평가와 역량개발을 위한 최선의 방법론이기 때문이다.

본서는 3개의 Part로 구성되어 있다. Part 1은 역량모델링(competency modeling)으로 "Chapter 1. 왜 역량인가"에서는 역량의 이론적 배경과 주요 학자들이 주장하는 역량의 정의, 역량의 특성 및 구조, 역량과 성과간의 관계 및 관리자 역량, 역량에 대한 반론을 기술하였다.

"Chapter 2. 역량모델"에서는 역량모델 개요, 역량모델 개발 및 타당성 검토, 역량모델 산출물 및 개발 시 고려사항, 역량모델의 활용에 대해 기술하였다.

Part 2는 평가센터(assessment center)의 구축 및 운영으로 "Chapter 3. 평가센터의 구축"으로 평가센터의 개요, 외국정부 고위공무원 역량모델 및 역량평가·개발, 평가센터 결과의 선발에서의 활용, 역량평가 결과의 타당성에 대해 기술하였다. "Chapter 4. 평가센터 운영"에서는 역량 및 평가도구, 상황과제, 평가자, 평가센터 운영 사례에 대해서 기술하였다.

"Chapter 5. 평가센터 실행과제 개발"에서는 과제개발 프로세스 및 방법, 분석 및 발표, 인터뷰, 서류함기법, 집단토론에 대해서 기술하였다.

"Chapter 6. 평가센터 공정성 확보"에서는 역량평가위원 평가자훈련, 평가자 스킬, 평가센터의 법적 판단에 대해서 기술하였다.

Part 3은 역량개발(competency development)로 "Chapter 7. 평가센터 결과의 피드백"으로 피평가자에 대한 피드백, 승진 프로그램의 피드백, 개발 프로그램의 피드백, 피드백에 대한 반응에 대해서 기술하였다.

"Chapter 8. 역량개발 방법"에서는 역량개발의 학습이론, 역량개발센터(DC), 역량개발 프로세스, 역량개발 요구분석, 역량개발 프로그램 연계, 역량개발의 OJT 제도에 적용, 조직학습에 대한 시스템적 접근에 대해 기술하였다.

부록에서는 역량의 출발점이 된 McClelland의 "지능검사에 대한 역량검사의 우위성"논문과 이에 대한 반론으로 Barrett & Depinet의 "지능보다는 역량을 위한 검사의 재검토" 논문을 재구성하여 수록하였다.

아무쪼록 본서가 정부부처, 공공기관, 기업의 인사담당자와 책임자들에게 평가센터를 구축하고 운영하는 이론적 기본서가 되어 인재 경쟁력을 확보하는데 일조하기를 바라는 마음이다.

2015.5.1

㈜휴먼이퀘이션 대표컨설턴트 경영학박사 **이 홍 민**

CONTENTS

PART 1 역량모델링(Competency Modeling)

C01

C02

부 록

* 본서에서는 "역량평가센터"와 "평가센터 (assessment center)"를 동의어로 쓰고 있습니다.

PART 1

역량모델링
(Competency Modeling)

CHAPTER 01

왜 역량인가?

1. 역량의 이론적 배경

현재 사용하고 있는 역량(competency)이라는 개념의 근원은 1920년대 과학적 관리의 창시자로 불리는 Frederick Taylor가 업무를 세부적인 구성요소로 나누어야 한다는 것을 제시하면서, 역량이란 용어를 사용한데서부터 비롯되었다(Raelin & Cooledge, 1996). 또한 2차 세계대전 중에는 심리학자인 John Flanagan(1954)이 주요사건 면접기법(critical incident interview)을 통해서 업무사건, 위기, 주요문제 등과 같이 특정한 상황하에서 사람들이 어떻게 행동하는가에 대한 자료를 수집하여, 성공적 업무 수행과 관련된 결정적 특성(trait)이나 기술(skill), 태도 등을 파악하려고 시도하였다.

현대 역량 개념의 출발은 1960년대 말에서 1970년대 초 사이에 심리학 영역에서 시작되었다. McClelland(1973)는 전통적 학업 적성검사 혹은 성취도 검사의 문제점을 제시하고 이를 대체할 수 있는 방법을 개발하였다. McClelland의 역량 개념에는 지능개념에서 중요하게 생각하는 영역 이외에 동기와 성격이 포함되어있다. 또한 과거, 지능의 개념이 실제 삶에서의 적응 결과를 산출하는 실제요인이 되지 못한다는 것을 지적하고 전통적인 지능보다는 개인이 수행하는 직무에서 실제 성과로 나타나는 역량이 평가의 대상이 되어야 한다고 주장 하였다.

McClelland는 Mcber사에서 주요사건면접(critical incident interview)을 근거로 행동사건면접(behavioral event interview)을 활용하여 이러한 역량을 정교화하였다. BEI는 임원이나 상위 관리자들로 이루어진 패널에 의해 지정된 탁월한 성과자와 평균수행자를 구분하고 탁월한 성과자가 효과적 직무 수행을 할 때 표출되는 중요한 직무 영역인 지식, 기술 및 특성들을 관찰하여 기술하는 방식으로 진행되며 이것이 직무에 요구되는 역량이 되는 것이다 라고 하였다(Klemp, 1978). BEI기법은 주요사건면접기법(critical incident interview)과 달리 피면접자의 생각 유형이나 느낌도 관찰의 대상이 된다. 중요사건면접기법은 피면접자가 실제로 행하였거나 관찰된 행동과 그 외 중요하다고 생각되는 자료에만 중점을 두는 반면 McClelland의 행동사건면접은 개인적 경험들과 사건에 대한 인식까지도 포함하도록 확대하였다(Lucia & Lepsinger, 1999).

McClelland(1973)의 연구를 인용한 많은 글들은 시간이 지날수록 McClelland의 논문의 영향력이 증대되었음을 보여준다. McClelland의 논문이 출판되자마자 그의 주장이 심리학 입문교재에 실렸으며, 1980년대 후반에는 신문이나 잡지 기자들도 지능검사에 대한 권위 있는 학설로 McClelland의 주장을 인용하면서, 이 주장들이 대중들에게 받아들여지게 되었다.

특히 역량이란 용어가 주목을 받게 된 것은 Boyatzis가 1982년에 탁월한 성과자(super performers)가 평균적인 성과자와 구별되는 특성을 규명하는데 역점을 두면서 "역량 있는 관리자(the competent manager)"라는 책을 출간한 것과 직접적으로 관련이 있는 것으로 보여진다. 그는 저서에서 직무수행의 결과인 과업과 성과를 그것을 수행하는데 필요한 행동과 구분하였다. 그가 내린 역량에 대한 정의는 다음과 같다.

"효과적 혹은 탁월한 성과와 결정적으로 관련되어 있는, 동기, 특성, 기술, 자기 이미지, 사회적 역할, 지식체계 등 특정 개인에게 내재된 특성"이라고 하였다.

Boyatzis(1982)는 McClelland의 역량연구를 관리자 영역으로 확장하여, 관리역량의 "일반모형(generic model)"이 정의될 수 있는지를 12개 조직에서 관리직에 있는 200명을 대상으로 관찰하였다. 그 결과 역량의 개념과 효과적 성과(effective performance)와의 관련성을 밝혀 냈다. 그러한 높은 성과와 관련된 확장된 역량의 정의는 "탁월한 성과와 평균 혹은 낮은 성과를 구분하게 해주는 특성이다" 라고 하였다.

[표1-1] McClelland(1973)의 연구 개념을 지지하는 내용

출판물			언급된 내용
신문	New York Times	Goleman(1988)	IQ검사는 직업성공을 예견하기에는 무척 제한적이다.
	New York Times	Goleman(1984)	지능은 직업 성공과 관련이 없다.
	Plain Dealer	Drexler(1981)	IQ는 리더십, 예술, 과학, 음악, 작문, 발언, 연극의 재능과는 관련이 없다: 검사는 문화적 요인에 의해 차별적이다.
잡지	Atlantic Monthly	Fallows(1985)	적성검사를 역량테스트로 대체하라.
	Psychology Today	Goleman(1981)	IQ와 성적은 직업 성공과 관련이 없다.
	Psychology Today	Koenig(1974)	IQ와 성적은 역량테스트만큼 타당하지 않다.
대중 서적	More Like Us	Fallows(1989)	IQ와 성적은 직업 성공 예측에 무용하다.
	Whiz Kids	Machlowitz (1985)	영특한 사람들이 인생에서도 성공하는 것은 아니다.
심리학 교재	Psychology: an Introduction	Morris(1990)	IQ와 성적은 직업 성공과 관련이 없다.
	Introduction to Psychology	Coon(1986)	IQ는 중요한 행동이나 성공을 예측하지 못한다.
	Psychology: Being Human	Rubin & McNeil(1985)	IQ 검사를 역량테스트로 대체하여야 한다.
	Psychology	Crider, Goethals, Kavanaugh & Solomon(1983)	IQ는 인종과 사회경제적 지위에 따라 차별적이다.
	Understanding Human Behavior	McConnell (1983)	능력은 직무 성공과 관련이 없다.
	Elements of Psychology	Crutchfield & Krech (1982)	IQ와 성적은 인생의 성공과는 관련이 없다.

출판물			언급된 내용
심리학 교재	Psychology: an Introduction	Rosenaweig & Mussen(1977)	IQ 점수는 직업 성공과 관련이 없다.
	Introductory Psychology	David & Engen(1975)	IQ 검사를 역량테스트로 대체하여야 한다.

Boyatizs가 내린 정의에서 주목할 것은 과업성과(task outputs; 특정 생산품이나 서비스) 자체가 아닌 성과와 관련된 행동에 초점을 맞추었다는 것이다. 역량을 직무수행과 관련된 독립된 행동의 차원으로 보고 있고 이를 21개의 관리역량으로 제시하였다. 이중 19개의 역량이 일반모형으로 결정되었다.

1980년대가 역량모델(competency model)이론이 성숙해진 시기라고 한다면 1990년대는 역량모델이 조직에서 실제로 적용하여 사용하는 것이 가능하도록 발전된 시기라 할 수 있다. Spencer & Spencer(1993)는 저서(competency at work: models for superior performance)에서 Flanagan, McClelland, Boyatzis의 연구를 바탕으로 조직에서 특정 그룹에 대한 역량을 어떻게 Modeling할 수 있는지를 보여주었다. 그들은 또한 McClelland의 역량에 대한 기본 개념을 보다 구체화하였다. 역량이란 특정한 상황이나 직무에서 구체적인 준거나 기준에 의하여 평가되었을 때 효과적이고 탁월한 성과의 원인이 되는 개인의 내적 특성이라고 정의하였다.

이들은 McClelland가 제시하는 역량의 기본 개념을 따르면서도 역량을 내적 특성(underlying characteristics), 효과적이고 탁월한 성과의 원인(causally related to effective and/or superior performance), 준거기준(criterion related)이라는 개념을 통해 보다 구체화 시키고 있다. 여기서 내적 특성이란 다양한 상황에서 일반적으로 나타나며 비교적 장시간 지속되는 행동 및 사고방식으로서 개인의 행동을 예측할 수 있도록 해주는 개인의 내재된 특성(동기, 특질, 자기개념, 지식, 기술)을 말하며, 효과적이고 탁월한 성과의 원인이란 역량이 효과적이고 탁월한 행동이나 성과의 원인이며 이를 예측 할 수 있다는 의미이다. 준거 기준이란 역량이 개인의 탁월성을 구체적인 준거나 기준에 의해 예측된다는 의미이다(Spencer & Spencer, 1993).

그들은 1989년에 200여가지 업무와 관련된 역량모델을 수집하고 행동사건면접(BEI) 방법을 통해 얻어진 결과를 분석하여 6개의 역량군과 20개의 역량을 Model화 하였다. 한편, Dubois(1993)는 인적자원개발(HRD) 분야에서의 역량의 적용을 위한 역량의 추출방법과 그 응용방법을 제시하여 인적자원관리 실무자들의 관심을 증대 시켰다. 그는 HRD의 훈련(training), 교육(education), 개발(development)의 3가지 영역 중 역량을 기반으로 한 프로세스를 활용하는 훈련과 교육에 대해서 주로 다뤘다.

1990년대는 조직중심의 관점을 가진 역량에 대한 개념이 개인 수준의 역량 개념과 함께 발달하였는데 이를 조직핵심역량(organizational core competency)이라 하며 개인수준의 역량(competency)과 조직의 역량을 연결하는 조직 경쟁전략의 설계구성 요소로 연구되었다(Hamel & Prahalad, 1990). Hamel & Prahalad는 급변하는 경영환경 하에서 성공은 혁신적인 창의성, 전문적 지식과 그러한 지식자원의 활용을 통해서 달성될 수 있다고 제시하였으며, 이러한 성공 요인들의 통합을 핵심역량(core competency)이라는 용어로 표현하였다. 그들은 핵심역량을 기업 환경에서 조직을 경쟁력 있게 만드는 원천이라고 보고 있다. 또한 잘 정의되고 개발된 핵심역량은 조직의 전략과 직무를 연결시켜 줄 뿐만 아니라 조직학습을 통해 조직 내에 다양한 기술들이 조화를 이루게 해준다라고 하였다(Rothwell & Lindholm, 1999).

Senge(1990)에 의하면 역량은 조직에서 사회학습과정의 결과로서 만들어지는 것이며, 내·외부조직의 경영전략, 혁신적 프로세스, 개인의 역량이 표현되는 것이라 하였다.

그 이후에는 앞에서 살펴 보았던 것들을 통합 및 보완을 통하여 더욱 다양한 관점에서 역량개념을 바라보고 있다. 인적자원관리 분야에서는 기본적으로 개인의 성과에 관심이 있으며 탁월한 성과를 발휘하도록 하는, 개인이 가지고 있는 특성인 미시적 관점의 직무역량에 1차적으로 관심을 갖고 있지만, 전략적으로 중요한 조직역량 또한 역량의 중요한 구성 개념이다(박우성, 2001).

Ulrich(1997)는 조직능력(organizational capability)이란 용어를 사용하는데 이는 조직이 무엇을 할 수 있는 지와 어떻게 그것을 할 수 있는지를 기술한 것이라고 한다. 따라서 조직능력은 집단 기술, 능력, 조직 내 전문가라 표현될 수 있다. 그는 또한 역량모델링(competency modeling)은 조직의 경쟁우위를 개발시키는 도구라고 주장하였다. 전략적 직무모델링을 강조한 Schippmann(1999)은 역량모델이 다음과 같은 특징을 가지고 있다고 보았다. 첫째, 직무분석의 산출물인 KSAOs(즉, knowledge, skills, abilities, and other characteristics)보다 행동적 측면을 강조하고, 조직의 성과활동 및 결과와 밀접하게 관련되어 있다고 보았다. 둘째, 역량에 대한 정의는 성과의 달성수준을 내포하고 있다. 셋째, 역량모델에서는 직무분석보다 성격 및 행동과 관련된 측면의 활용을 강조하고 있다. 이러한 특징을 바탕으로 역량은 측정가능하고, 업무와 관련되고, 개인의 행동적 특징에 기초한 특성으로 정의하였다.

과거 다양한 영역에서 역량(competency, competent)이라는 용어가 많이 사용되어 왔기 때문에 이에 대한 일치된 정의를 내리기는 쉽지 않다.

예를 들어 법 분야에서는 정신적 능력과 의식의 법적 기준을 정하는데 사용되었고, 임상심리학 분야에서는 자신 또는 타인을 지키고 지원할 수 있는 능력, 일상 생활에서는 다양한 활동을 수행하는 능력을 정하는데 사용되었다. 그 후 역량이란 직업상담에서 특정 직업과 관련된 광범위한 영역의 지식, 기술, 능력 등을 정의하는 데 사용되었고, 교육학 분야에서는 전통적인 지능의 영역이 학업지능에 국한되어 있다고 비판을 하면서 일상 생활에서 능력을 발휘하기 위해 필요한 지능으로 실용지능(practical intelligence)을 제시하고, 사회적인 역량이 실용지능에 포함되어 있다고 주장 하였다.

또한 Williams(1996)등은 실용지능을 환경을 이해하고 개인의 목표를 달성하기 위하여 그 지식을 활용하는 능력이라고 정의하여 지능의 개념에 역량을 포함 시켜야 한다고 주장 하였다. 초기의 산업심리학자들은 구체적인 직업에서 성공적인 직무수행자를 기술하기 위해서 역량을 사용하였다. 위의 다양한 역량에서 보듯이 일반적으로 역량이란 용어는 특정 과제나 활동에서 탁월한 수행을 정의하거나, 필요한 지식 또는 기술을 정의하는데 사용되었다.

2. 역량의 정의

역량(competency)의 개념은 1973년 Harvard 대학의 심리 학자인 David McClelland에 의해 처음으로 제시되었다.

그는 "지능검사에 대한 역량검사의 우위성(testing for competence rather than intelligence)"이라는 논문에서 전통적인 의미의 지능 검사보다는 개인이 수행하는 직무에서의 결과인 성과로 나타나는 역량 평가가 더 의미 있다는 입장을 밝히고 있다.

그는 학업적성검사나 성취도 검사들이 업무성과나 직업에서의 성공을 예측하나 상당부분 개선될 여지가 있다는 것을 강조하면서 탁월한 업무수행자와 평균적인 업무수행자를 비교해서 성공과 관련된 특성을 규명하는데 초점을 맞추고 있다.

그의 초기 역량개념은 그 이후에 나타난 역량과 관련된 논문들의 기반이 되는 매우 중요한 공헌을 했다고 할 수 있다.

역량(competency)은 조직역량과 개인역량으로 구분된다.

조직역량은 특정 조직의 제품과 서비스를 다른 경쟁자의 강점과 구별해준다. 또한 고객의 입장에서 가치를 제공하는 기술, 시스템, 문화 등의 경쟁우위 요소를 말하며 그 조직이 지니고 있는 고유하고 독자적이며 궁극적인 것을 역량(competency)이라 한다. 핵심역량(core competency)은 조직내부의 기술이나 단순한 기능을 뛰어넘는 Know-how를 포함한 종합적인 강점과 기술력으로서 조직경쟁력의 원천이라고 할 수 있다.

그리고 개인역량이란 조직구성원이 각자의 업무에 투입하는 지식, 스킬, 태도의 집합체를 말한다.

즉 인적자원관리에서의 역량이란, 높은 성과를 창출한 탁월한 성과자(high performer)로 부터 일관되게 관찰되는 행동특성을 말하며 지식(knowledge), 기술(skill), 태도(attitude), 가치(value)의 상호작용에 의해 성공적 결과를 이끌어 낸 행동을 말한다.

일반적인 직능자격등급을 바탕으로 하는 인적자원관리시스템 아래에서는 승격이나 승급 평가 시에 그 사람의 능력을 파악하여 평가한다. 그리고, 성과평가는 그 사람이 달성한 결과를 측정하여 평가하는 것이다.

이에 대해 역량은 그 사람이 보유하는 지식, 기술, 태도를 바탕으로 결과를 내기 위해 취한 발휘된 행동을 말한다. 역량은 이러한 행동을 인사

평가나 인재개발에 활용하기 위해, 탁월한 성과를 달성하는 사람의 행동 특성을 밝혀내는 것을 말한다.

거시적 및 미시적 관점에서 역량의 개념을 살펴보면 먼저 거시적 개념의 역량은 조직전체를 유기체로 보고 조직전략 관점에서 경쟁력을 확보하는 개념으로 조직이론과 경영전략에 바탕을 두고 있다.

반면, 미시적 개념의 역량은 개인의 관점에서 탁월한 성과를 내도록 하는 개인의 특성(traits)을 분석대상으로 하며, 조직 및 산업심리학에 바탕을 두고 있다. 거시적 개념과 미시적 역량 개념의 공통점은 탁월한 성과를 발휘하는 조직이나 개인이 보여 주는 중요한 행동 특성으로 정의하고 있다.

역량의 대표적 학자인 McClelland, Boyatzis, Spencer & Spencer가 내린 역량의 정의는 다음과 같다.

1) McClelland

역량의 방법론은 이전에 개인의 성과를 예측하는 데 있어서 사용된 개인차원 특성과 지적능력의 접근방식에 대한 대안으로써 McClelland(1973)의 논문 「지능검사에 대한 역량검사의 우위성(testing for competence rather than intelligence)」이 발표되면서 본격적으로 논의되기 시작하였다.

McClelland(1973)의 역량개념에는 지능에서 중요하게 생각하는 영역 외에 동기와 성격이 포함되어 있다. 또한 과거에 지능의 개념이 실제 직업에서의 적응에 영향을 미치는 실제역량이 되지 못한다는 것을 지적하고 전통적인 의미의 지능보다는 개인이 수행하는 직무에서 실제수행으로 나타나는 역량이 평가의 대상이 되어야 한다고 하였다.

이와 같이 행동과학(behavioral sciences) 분야에 역량개념을 도입하면서 전통적인 학업 적성검사나 성취도 검사가 안고 있는 문제점을 다음과 같이 지적하였다. 첫째, 전통적 방법의 검사들은 업무성과의 달성 및 성공 여부를 예측하지 못하였다. 둘째, 소수민족, 여성 및 하류계층에 속한 사람들에 대한 측정의 편견을 배제하지 못했다.

그는 이런 문제를 제기하면서 직무성과를 예측할 수 있으며 인종이나 성, 사회 경제적 계층에 따른 편견을 배제할 수 있는 역량(competency) 변인을 밝히는 방법론, 즉 준거표본 사용(use of criterion samples) 및 성공의 원인이 되는 사고와 행동을 밝혀내야할 것(identification of operant thoughts and behaviors causally related to successful outcomes)을 제시하였다.

첫째, 준거표본의 사용은 조직이나 사회생활에서 큰 성과를 거둔 사람과 그렇지 못한 평범한 사람의 비교를 통해서 성과와 연관된 특성을 규명한다는 것이다.

둘째, 성과의 원인이 되는 사고와 행동을 밝혀내야 하는 이유는 전통적인 선다형 검사나 자기 진단은 반응적(respondent) 측정방법이기 때문에 피검자는 구조화된 상황에서 몇 가지 대안 중 하나를 선택해야 하는데, 이런 검사는 피검자가 직접 경험한 구체적 사항을 반영하기 어렵다. 그러므로 한 개인의 현재 혹은 미래를 예측하기 위해서는 실제 상황에서 그가 생각하고 행동하는 것, 혹은 과거 유사한 상황에서 보였던 행태를 파악하는 것이 가장 적합하다는 것이다.

McClelland는 BEI(behavioral event interview)기법을 사용해 역량 자료를 수집하였고 CAVE(content analysis of verbal expression)기법을 활용해 BEI(behavioral event interview) 기록을 채점하였다. 여기서 행동사건면접(BEI) 기법은 Flanagan의 중요사건기법(critical incident interview)과

동기연구에 사용되는 주제통각 검사(thematic apperception test: TAT) 기법을 결합해서 발전시킨 것으로 Flanagan이 과업요소를 밝혀내는데 중점을 둔 반면, 행동사건면접(BEI)은 업무수행을 탁월하게 한 사람의 특성 파악에 중점을 둔다는 점이 다르다.

McClelland의 초기 역량개념은 업무성과와 관련된 광범위한 심리적 또는 행동적 특성으로 정의되었으나 개념이 정립되어 가면서, 역량은 탁월한 성과자와 평균 성과자를 구별해 주는 지식, 기술, 능력, 기타 특성으로 보다 구체적으로 정의되었다(Mirabile, 1997).

McClelland(1985)의 연구에서는 역량의 결정요인을 동기(motives), 기술(skills), 가치(value)로 구분하였다. 그는 성과와 동기, 기술, 가치가 행동에 대한 독립변수라고 하였다. 그는 과거 행위이론에서 동기와 성공의 가능성(기술), 유인적 가치가 자극에 대한 반응을 결정하는 유기적 결정체라고 보는 관점을 증명하였고 동기, 기술, 가치의 상호작용이 행동에 대한 설명력을 더욱 높게 한다고 보았다.

이는 McClelland의 역량개념과 같은 견해를 가지고 있는 Spencer & Spencer(1993)의 저서 『Competency at Work』에 잘 나타나 있다. 그들은 역량을 특정한 상황이나 직무에서 준거에 따른(criterion-referenced) 효과적이고 탁월한 성과의 원인이 되는(causally related) 개인의 내적인 특성이라고 보고 있다. 내적인 특성(underlying characteristics)이란 다양한 상황에서 개인의 행동을 예측할 수 있도록 해주는 개인 성격의 심층적이고 지속적인 측면을 말하고, 원인이 된다는 것은 역량이 행동이나 성과의 원인이며, 따라서 행동과 성과를 예측할 수 있다는 의미이다. 그리고 준거에 따른다는 말은 역량이 어떤 사람의 탁월성이나 직무능력을 구체적인 준거나 기준에 의해 예측한다는 뜻이다.

내적인 특성은 동기, 특질, 자기개념, 지식, 기술의 다섯 가지 유형으로 세분화될 수 있다. 여기서 지식과 기술은 개발하기가 비교적 쉽지만 동기와 특성은 평가하고 개발하기가 어렵다. 자기개념은 변화시키기에 다소 시간이 걸리고 어렵긴 하지만 교육훈련이나 심리치료 등을 통해 변화될 수 있을 것으로 보았다.

McClelland의 역량접근방식은 교육의 성취검사에 적용되었고, 이후 빠른 속도로 교육과 경영에서 다양하게 응용되기 시작했다. McClelland의 역량에 대한 기본적인 원리들은 개인의 학습과 성과에 대해 생각할 수 있는 기반을 제공해 주었고, 조직에서 활용되는 역량방법론 발전의 출발점이 되었다.

* McClelland(1973)의 「지능검사에 대한 역량검사의 우위성」논문은 부록에 수록하였다.

2) Boyatzis

Boyatzis(1982)의 역량에 관한 연구는 직무에서의 개인차에 관한 연구에 이론적 방향성을 제공하고 있다. 그는 역량에 대한 정의를 "직무에서 효율적이거나, 탁월한 성과를 내는 개인의 잠재적인 특성"으로 보았다.

Boyatzis는 McClelland의 역량연구를 관리자 영역으로 확장하여, 12개 조직에서 관리직에 있는 200명을 대상으로 연구하여 관리자에 대한 21가지 역량변인을 6가지 영역으로 구성된 목표 및 행동관리역량, 리더십역량, 인적자원역량, 부하관리역량, 타인에 대한 관심역량, 전문지식역량으로 구성한 관리역량모델을 제시하였다.

Boyatzis는 탁월한 성과자들이 갖고 있는 특성들을 알아내기 위해 자료를 수집하고 분석하였다. 그 동안 산업 및 조직 심리학 내에서의 수많은 역량에 대한 연구가 관찰 가능한 행동에만 관심을 둔 것에 반해서

Boyatzis는 그의 모델에서 보다 넓은 범위의 심리학적인 측면들을 포함하는 데 관심이 있었다. 특히, 그는 역량을 3개의 수준인 동기와 특성, 자기상과 사회적 역할, 기술로 세분화하여 개인의 행동을 이해하려고 노력하였다.

Boyatzis는 각각의 역량들을 이러한 3개의 수준에서 살펴보았다. 예를 들어 효율지향 역량이 높은 사람은 기본적으로 성취에 대한 강한 욕구에 의해 동기 부여될 것이고, '난 더 잘 할 수 있어. 그리고 나는 유능해' 라는 자신감을 가질 것이며, 혁신자와 같은 사회적 역할을 택할 수 있고, 목표설정(goal-setting)과 자원들을 효율적으로 계획하고 통합하기와 같은 관찰 가능한 기술들을 보일 것이다. 영향력 행사에 강한 관심을 보이는 사람은 권력에 대한 욕구에 의해 동기 부여될 것이고, '나는 중요하다' 라는 자신감을 가지며, 신분과 연결된 사회적 역할들을 택하는 것을 선호하며, 영향을 주는 행동과 같은 관찰 가능한 기술(skill)들을 보일 것이다.

Boyatzis(1982)는 각 역량변인에 대해 위의 예와 같은 3가지 수준의 측정값을 각각 구한 후, 각 수준별 탁월한 성과자와 평균성과자, 저성과자간의 차이를 알아내었고, 세 가지 수준을 합하여 각 역량에 대한 세 수준의 평균의 차이가 탁월한 성과자와 평균성과자, 저성과자간에 있는지를 알아보는 실증연구를 수행하였다(Boyatzis, 1982).

Boyatzis는 역량들을 세 개의 수준에서 조사하고 구분하는 것을 통해 사람들이 왜 자신의 방식대로 행동하는지를 설명할 수 있고, 특정한 상황에서 그들이 어떻게 행동할지를 예측할 수 있는 심리적학적 측면을 강조하였다. 이것은 다른 역량체계에서 누락되었던 많은 면들을 설정하고 있다(Wood & Payne, 1998).

역량을 성공적 혹은 탁월한 성과의 척도로 사용하기 위해 각 연구자 마다 연구상황, 직무, 연구목적 등에 따라 역량에 대한 그룹핑을 해왔다. 역량의 그룹핑은 역량의 완전한 이해를 도울 뿐 아니라 방법론적으로도 역량을 성공적 수행의 척도로 사용할 수 있도록 한다(Boyatzis, 1982).

[표1-2] Boyatzis의 21개 역량

목표 및 행동관리 역량군 (goal and action management cluster)	부하관리 역량군 (directing subordinates cluster)
• 효율지향(efficiency orientation) • 생산지향(productivity) • 개념들의 진단적 사용 (diagnostic use of concepts) • 영향력 행사(concern with impact)	• 부하육성 및 개발(developing others) • 업무지시 및 통제(use of unilateral power) • 자발적 업무처리(spontaneity)
리더십 역량군 (leadership cluster)	**타인에 대한 관심 역량군 (focus on other clusters)**
• 자신감(self-confidence) • 언어표현 능력 (use of oral presentations) • 논리적 사고(logical thought) • 개념화(conceptualization)	• 자기통제(self-control) • 객관적 지각(perceptual objectivity) • 체력과 적응력(stamina and adaptability) • 관계형성 및 유지(concern with close relationships)
인적자원 역량군 (human resource cluster)	**전문적 지식 (specialist knowledge)**
• 사회화된 권력의 사용 (use of socialized power) • 긍정적 보상(positive regard) • 집단 프로세스 관리 (managing group processes) • 정확한 자기 평가 (accurate self-assessment)	• 기억(memory) • 전문화된 지식(specialized knowledge)

Source: Boyatzis, 1982.

Boyatzis(1982)는 직무의 성공적인 성과에 영향을 미치는 요인으로서 "특정 결과"를 이끄는 "특정 행동"을 하게 하는 사람의 특성이나 능력인 역량은 직무상황과 관련되어 있다고 하였다. 즉, 개인의 역량은 그가 처해 있는 상황에 따라 다르게 나타난다. 이러한 직무상황(job situation)을 직무요구(job demands)라 하고 이러한 직무상황은 조직 내에서 일어난다고 하였다. 조직은 자신과 제품, 전통과 문화를 갖고 있는데, 이러한 요인들이 조직의 내부 환경을 구성한다. 직무성과가 효과적 이려면 조직내부환경에 맞는 정책과 절차, 상황과 "특정결과와 행동"이 일치하여야 한다. 조직내부환경을 구성하는 요인들은 직무와 특정행동에서 기대되는 특정결과에 영향을 미친다. 효과적 행동, 즉 성과에 영향을 미치는 세 가지 요소를 제안하고 있다. 성과는 이 모델에서 제시하고 있는 세 가지 요소가 서로 일치할 때(적합할 때), 효과적으로 이루어질 수 있다고 하겠다.

[그림1-1] 효과적 직무성과 모델

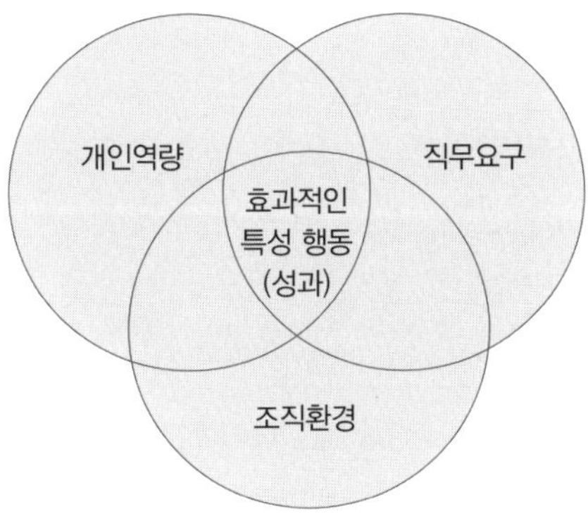

Source: Boyatzis, 1982.

이를 좀더 자세히 살펴보면 한 개인이 담당하고 있는 직무에서 탁월한 성과를 내기 위해서는 조직환경, 조직문화, 개별 직무의 기능적, 상황적 요구 사항들을 충분히 소화해 낼 수 있는 개인적 기술(skill), 사회적 역할(social role), 자아상(self-image), 특성(traits), 동기(motives) 등이 갖춰져야 한다(Boyatzis, 1982).

[그림1-2] 역량수준과 직무성과 간의 상호작용

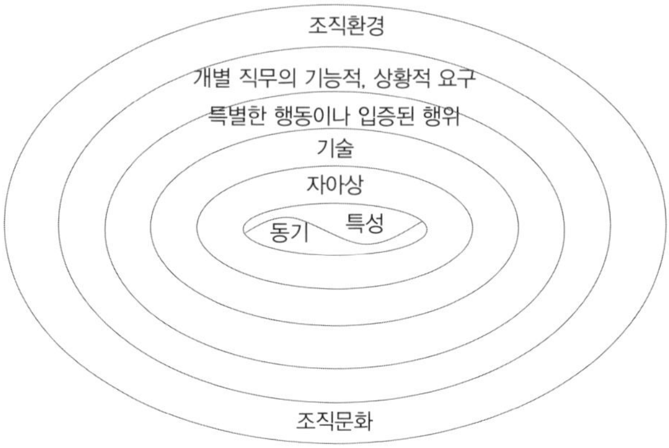

Source: Boyatzis, 1982.

3) Spencer & Spencer

Spencer & Spencer(1993)는 역량은 특정한 직무상황이나 직무에서 준거에 따른 효과적이고 탁월한 성과의 원인이 되는 개인의 내적특성(underlying characteristics causally related to criterion-referenced effective and/or superior performance)이라고 정의하였다. 내적특성(underlying characteristics)이란 다양한 직무상황에서 개인의 행동을 예측할 수 있도록 해주는 개인성격의 심층적이고 지속적인 측면을 말한다. '원인이 된다(causally related)' 는 것은 역량이 행동이나 성과의 원인이며, 따라서 행동과 성과를 예측할 수 있다는 것이다. '준거에 따른다(criterion-referenced)' 는 것은 역량이 어떤 사람의 탁월성이나 무능력을 구체적인 준거나 기준에 의해 예측한다는 뜻이다. 여기서 말하는 준거의 예를 들면 영업사원의 판매실적, 알코올중독 카운슬러의 피상담자의 수 등이 될 수 있다. 세 가지 측면의 의미를 구체적으로 살펴보면 다음과 같다.

◉ 개인의 내적인 특성(underlying characteristics)

역량은 "개인의 내재된 특성으로서 여러 직무상황에서 나타나며 장시간 지속되는 행동 및 사고 방식을 말하며, 역량의 유형을 5가지로 정의하였다.

첫째, 동기(motives)는 개인의 내재된 일관되게 생각하거나 원하는 것으로서 행동의 근본적인 원인이 된다. 동기는 목표 달성을 위해 행동을 "유발시키고, 방향을 지시하며, 선택하도록" 작용한다.

둘째, 특성(traits)은 신체적인 특성, 직무상황 또는 관련 정보에 대한 지속적이고 일관된 반응을 의미한다.

셋째, 자기개념(self-concept)은 태도, 가치관 등 내재된 행동특성을 의미한다.

넷째, 지식(knowledge)은 특정분야에 대해 가지고 있는 학문적 특성이 강한 관련 정보를 의미한다.

다섯째, 기술(skill)은 신체적 또는 정신적 과제를 수행할 수 있는 숙련도와 관련된 실행력을 의미한다.

이상 5가지 유형 중에서 동기(motives)와 특성(traits)은 개인이 태어나면서 보유하는 내재된 요소로서, 능동적이고 자발적인 '마스터 특성(master traits)' 이며, 개인의 장기적 직무행동을 근복적으로 예측할 수 있는 역량유형이다.

여기서 제시한 역량의 수준이나 유형들은 인적자원계획과 밀접한 관계를 가지고 있다. 지식과 기술은 비교적 가시적이며 자기개념, 특성 및 동기는 잘 드러나지 않는다. 지식과 기술은 개발하기가 비교적 쉬우며, 따라서 교육훈련의 실행력 확보를 위한 바람직한 방법이다. 반면, 동기(motives)와 특성(traits)은 평가하고 개발하기가 어려우므로 선발 시에 그런 역량 보유 여부를 판단하여야 한다.

자기개념인 자신감과 같은 태도와 가치관은 다소 시간이 걸리고 어렵긴 하지만 교육훈련이나 심리치료 등을 통해 개선될 수 있다.

- **원인관계(causal relationship)**

원인관계는 동기(motives), 특성(traits), 자기개념(self-concept)을 통해 기술(skill)적인 행동을 예견할 수 있고, 이러한 기술적 행동은 업무성과와 연계된다.

[그림1-3] 역량 인과관계 모델(competency causal flow model)

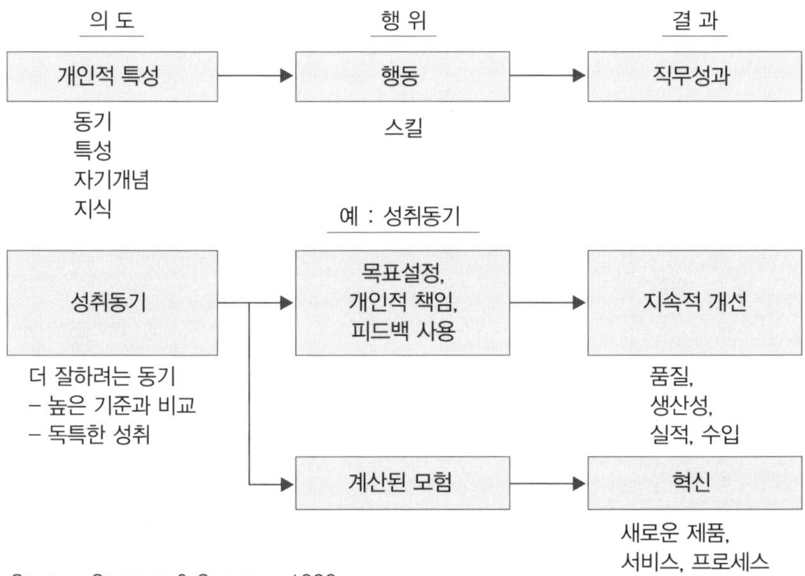

Source: Spencer & Spencer, 1993.

역량에는 의지(intent)가 포함된다. 의지는 특정 결과를 지향하는 행동을 유발하는 동기이다. 예를 들어, 지식이나 기술적 역량에는 동기, 자기개념이 내포되어 있어서 지식과 기술을 발휘하도록 한다. 의지(intent)를 제외하고는 행동에서 역량을 도출하기 어렵다.

원인관계모델(competency causal flow model)은 "리스크 평가(risk assessment)"분석에 이용될 수 있다.

● 준거 조회(criterion reference)

준거 조회(criterion reference)는 탁월성이나 부족한 역량을 구체적인 준거에 의해 예측한다는 뜻이다. 준거 조회는 역량 정의의 핵심적인 요소이다. 특성이 의미 있는 것을 예측하지 못한다면 그것은 역량이라고 할 수 없다. 심리학자 William James는 "의미 없는 차이는 차이라고 할 수 없다"라고 하였다.

업무수행상의 차이를 밝혀내지 못하는 특성을 평가에 사용하는 것은 의미가 없나. 역량연구에서 일반적으로 적용되는 준기는 다음과 같다.

첫째, 탁월한 성과(superior performance)는 통계적으로 평균보다 1표준편차(standard deviation: SD) 높은 수준을 말한다. 열명 중 가장 탁월한 한명이 여기에 해당한다.

둘째, 효과적 성과(effective performance)는 "최저 합격수준(minimally acceptable)"으로 이 수준보다 낮을 경우 업무성과에 필요한 역량을 갖추었다고 할 수 없다.

탁월한 업무성과를 정의하기 위해 1표준편차(SD)를 적용하는 이유는 다음 두 가지이다.

첫째, 많은 연구에서 1표준편차(SD) 수준을 활용하여 업무성과의 경제적 가치를 평가하여 왔다.

둘째, 업무성과를 향상시키려면 탁월한 업무성과자의 특성을 모델(역량 모델 또는 인재상)로 인재를 선발하고 개발해야 함을 의미한다.

● 역량의 분류(categorizing competencies)

역량은 예측하고자 하는 직무성과의 준거에 따라 한계역량(threshold

competencies)과 차이역량(differentiating competencies)으로 구분한다.

첫째, 한계역량(threshold competencies)은 직무수행자가 최소한 갖추어야 하는 필수적인 역량의 실행력으로서, 이것만으로는 탁월한 업무성과자와 보통의 업무성과자를 구별하기 어렵다. 영업사원의 경우 기본적인 제품 지식이 이 범주에 속할 수 있다.

둘째, 차이역량(differentiating competencies)은 탁월한 업무성과자와 평균의 업무성과자의 구분을 가능하게 하는 역량이다. 예를 들면, 조직의 목표보다 높은 개인 목표를 설정하는 성취지향성은 탁월한 영업사원과 평균적인 영업사원을 구별하는 역량이 될 수 있다.

[표1-3] 학자들이 내린 역량의 정의

학 자	역량 정의
Klemp (1980)	직무역량은 업무에서 탁월한 수행을 하거나 뛰어난 결과를 내는 사람의 특성에 기초하고 있다.
Boyatzis (1982)	역량은 어떤 개인이 어떤 역할을 수행함에 있어 성공적인 결과를 가져 오는 그 개인이 가지고 있는 내재적 특성이다. The Competent Manager: 역량에 대한 이론적, 실제적 관심의 대두
McLagan (1982)	역량은 직무나 역할 수행에서 탁월한 수행자와 관련된 개인의 능력 특성이다.
Fletcher (1991)	규정된 기준에 따라 직무활동을 수행하는 능력이다
Corbin (1993)	바람직한 목표나 성과를 달성하기 위하여 개인이 알아야 하는 것(what one should know)과 할 수 있어야 하는 것(what one should be able to do)를 포함하는 능력이다.
Dubois (1993)	역량은 삶에서의 역할을 성공적으로 수행하도록 사용되거나 소유하고 있는 개인의 특성에 기초한다. Competency-Based Performance Improvement: 추출방법 및 HR에 적용, HR Practitioner의 관심을 갖는다.
Spencer & Spencer (1993)	역량은 직무나 상황에서 탁월한 수행이나 준거 관련 효과와 연관된 개인의 특성에 기초한다 The Competency at Work 286개 역량모델연구, 공통 Competency 추출
Fleishman (1995)	지식, 기술, 능력, 동기, 신념, 가치관, 흥미의 혼합체 이다.

학 자	역량 정의
Strebler & Bevans (1996)	업무영역에서 새로운 상황에 지식과 기술을 전이하는 능력을 포함하는 광범위한 개념이다.
Parry (1996)	교육훈련과 개발을 통하여 개선될 수 있는 지식, 기술, 태도의 집합체 이다.
Mirabile (1997)	직무에서 우수한 성과자와 관련된 지식, 기술, 능력 또는 특성이다.
Schippmann (1999)	역량은 측정가능하고, 업무와 관련되고, 개인의 행동적 특징에 기초한 특성 또는 능력이다.
Green PC. (1999)	직무목표를 달성하는데 사용되는 측정 가능한 업무습관 및 개인적 기술에 대한 증거자료이다.

3. 역량의 특성

역량의 특성은 다음의 6가지로 요약 할 수 있다. 첫째, 업무의 실제 수행과정에서 나타나는 구체적인 행동(behavior)특성이다. 능력은 일반적으로 지식, 기술, 지능, 성격, 특성 등으로 생각하지만, 역량은 직무수행에서 나타나는 개인의 행동특성으로 파악한다. 탁월한 성과를 내기 위한 행동은 전문지식과 기술에서 나오며, 역량은 그 사람의 동기와 사고방식이 결합되어 발휘된 구체적 행동을 의미한다.

둘째, 조직의 전략이나 성과 달성에 필요한 변화(change supporting)를 지원한다.

역량은 경영환경의 변화에 따라 조직에서 현재 또는 미래에 필요한 역량을 규명하고 중요성이 감소되고 있는 능력(skill sets)을 규명하여 제외시킴으로써 조직의 경쟁력을 확보한다.

셋째, 그 조직이 처한 환경에 상황 대응적(flexible & adaptive)이다.

개인의 역량은 2가지 요인 즉 조직이 제시하는 성과기준과 직무수행 환경에 따라 달라진다. 성과기준 즉 KPI(key performance indicator)에 의해 탁월한 성과자(high performer)가 규정될 수 있고, 상사와의 관계, 권한위양 정도, 팀 구성원의 팀웍과 정보공유 정도 등 직무수행 환경에 따라 개인의 행동은 달라질 수 있다.

따라서 같은 조직 내에서도 역량규명의 기반이 되는 행동은 다르게 인식되며, 동일한 역량명이라도 직무마다 다르게 정의되고 발휘될 수 있다.

넷째, 성과 달성에 초점(performance-oriented)을 맞춘다.

직무분석이 업무의 절차나 단계, 업무 구성요소를 분석하는데 중점을 둔다면, 역량은 조직의 성과 달성(performance improvement)에 중점을 둔다.

높은 성과창출의 근거가 되는 행동 특성으로서 탁월한 성과자로부터 일관되게 관찰되는 성과예측 요소이다. 따라서 직무마다 그 개수는 10개 이내의 소수로 인식된다. 그 개수가 20~30개로 많아진다면, 성과예측 요소로서의 기능을 상실하였기 때문에 역량이라고 하기에는 한계가 있다.

다섯째, 육성·개발과 연계가 가능(trainable)하다.

교육훈련, 코칭, 도전적 직무, 높은 목표설정, 피드백 등에 의해 역량은 개발 가능하고 학습 가능한 것이다. 다만, 개발 방법이 교육훈련에만 한정된 것은 아니다. 역량은 개발이 쉬운 것(knowledge, skill, attitude)과 개발이 어려운 것(self-concept)이 있으나 양자를 모두 개발하는 균형을 고려하는 것이 중요하다.

여섯째, 평가를 위한 관찰과 측정이 가능(observable & measurable)하다.

역량은 행위중심으로 기술되기 때문에 관찰과 측정이 가능하다는 것이다. 그러므로 타인들이 쉽게 평가하여 피드백을 제공하게 되며, 성과목표(performance targets)를 구체화하고 시간에 따른 변화를 객관적으로 측정하는데 도움을 준다. 때문에, 이를 기반으로 행동에 대한 Feedback과 수정이 가능해 진다.

역량은 지속적으로 급격한 환경변화에 대응하여 개발되고 육성되기 때문에 조직의 전략적 경영목표를 달성하는데 필수적으로 요구되는 것이라 할 수 있다.

4. 역량의 구조

[그림1-4] 역량의 구조(iceberg model)

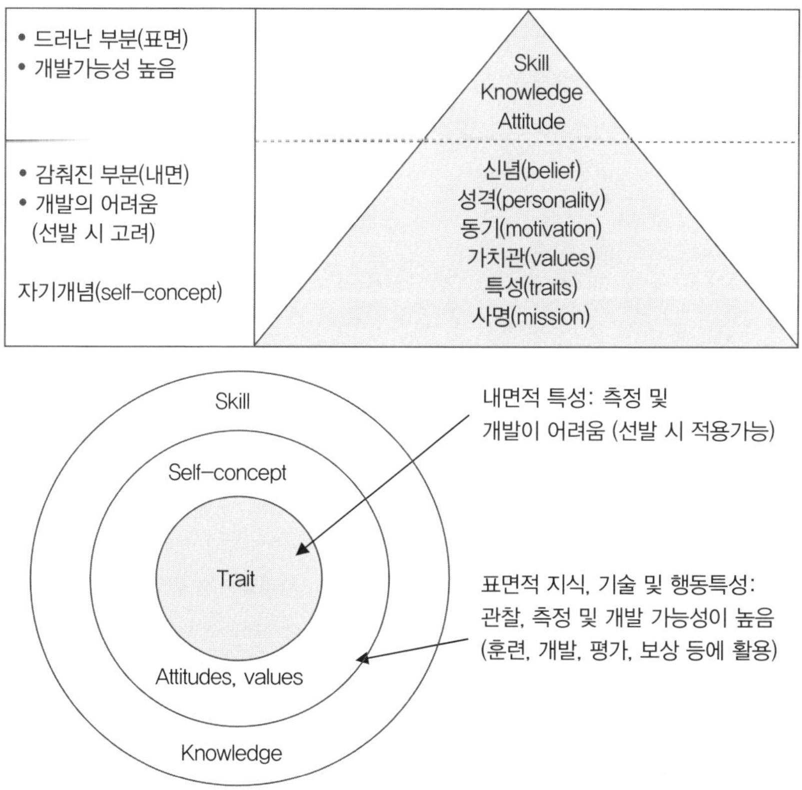

Source: Spencer & Spencer, 1993.

역량의 구조 중 지식과 기술은 비교적 가시적이며 표면적인 특성으로 개발 가능성이 높다. 반면 특성, 동기, 가치관은 잘 드러나지 않는 부분으로 개발이 어렵기 때문에 선발하는데 초점을 맞추는 것이 효과적이라 할 수 있다.

5. 역량과 성과간의 관계

역량의 개념은 조직 구성원들이 긍정적 직무 동기 하에서, 적절한 환경과 충분한 사전 연습을 제공받을 수 있다면, 누구나 어떤 종류의 역량도 개발시킬 수 있다는 전제로 하고 있다. 직무역량은 일반적으로 업무성과와 깊은 연관을 가지며, 성과의 최소 수준으로 간주될 수 있기 때문에 조직의 업무를 효과적으로 수행하기 위해 반드시 필요한 것이다. 개인의 업무수행 역량은 전문가와 관리자, 직원의 심리적인 요소, 그리고 Mission과 업무태도 등에 의해 영향을 받는다(Garavan, Mcguire, 2001).

역량은 조직 내에 일반적으로 사용된다 할 수 있으며, 이는 인적자원 문제와 관련해 정책을 결정하는 데 안내자와 같은 역할을 한다. 직무역량이란 지식과 기술, 그리고 일련의 태도를 포함하고 있는 하나의 그룹으로 직무성과에 있어서 결정적인 역할을 하고, 업무수행 성과는 보편적으로 수용되고 있는 기준에 의해 측정될 수 있으며, 교육과 그 외의 개발 프로그램을 통해 향상될 수 있다. 조직은 그러한 기술과 업무태도, 지식을 정의 내리고자 역량진단을 실시하는 것이다. 직원들에게 필수적으로 적용되어야 할 역량이 유효한지 또, 가치가 있는지 잘 확인될 필요가 있기 때문이다.

역량을 정의내리기 위해서 사용되는 몇 가지 기술들이 있다. 그 예로는 조사연구, 직접 관찰, 그리고 다른 사람이나 스스로에 의해서 실시될 수 있는 성과평가, 레코드 체크 확인과 시뮬레이션 등이 있는데 이는 조직이 효과적으로 업무수행을 해 나가는 데 지침서 역할을 할 것이다(Parry, 1996).

역량기반 구조론(지식, 기술, 행동과 그에 따른 결과를 조합하기 위해 조직이 고용을 정의하고 평가하고 개발하고 보상한다는 이론)은 오랜 기간 유행했으며, 현재 그 의미가 부활되어 사업전략과 함께 인적자원 전략에 적용할 수 있도록 확장되었다. 오늘날 그와 같은 구조의 적용을 통하여 보상뿐 아니라 사업이윤 기획, 의사소통과 업무성과관리 역량에도 결정적인 영향을 미친다. 역량 중심의 통합된 인적자원전략은 조직의 효율적인 업무성과에 필수적인 역량을 규정함으로써 출발하며, 업무에 필요한 요구사항이라기보다는 노동인구를 관리하는 틀로서 그 역량을 사용한다. 또한 목표설정은 조직의 역량과 함께 개인의 목표와 공헌의 연계성에 초점을 둔다고 하였다(Hendry, et al., 1996).

직원을 위해 핵심적인 역량중심의 시스템을 사용하는 조직은 환상적인 조직, 혹은 고차원의 업무성과를 달성하는 조직으로 일컬어 진다(Collins & Porras, 1996). 또한 관리자의 역량은 효과적인 업무성과 관리 프로그램에 안정적인 기준을 제공한다.

역량은 그 정의에서도 볼 수 있듯이 성공적 혹은 탁월한 수행의 척도로서 개발되는 것이다. 즉 성공적 혹은 탁월한 수행의 준거인 직무성과(job performance)와의 관련성을 입증함으로써 역량모델을 타당화할 수 있는데, 역량과 그 준거인 성과와의 관련성에 대한 여러 연구자들의 연구를 살펴보면 다음과 같다.

성과관리 절차는 업무계획, 업무성과 모니터링과 평가를 포함한다. 업무수행 관리자는 팀 구성원의 총체적인 업무성과를 고려하여, 달성된 업무결과와 이 결과를 달성하기까지 사용된 행동기술과 직무역량을 참조하게 된다. 또한 이러한 결과의 달성은 전체로서의 팀과 구성원 각각의 업무성과를 포함하는 것이므로 행동기술이 발달한 팀은 단기간의 업무성과 결과뿐 아니라 장기간의 업무성과 결과까지도 낼 수 있다.

만약 조직이 고객이 원하는 방향에 맞추어 성공하고 싶다면, 이러한 조직관리 계획은 팀과 그 구성원을 위해 성과관리에 대한 그들의 기대를 빨리 파악할 줄 알아야 한다. 시간을 단축하거나 서비스의 질을 높이는 역량은 팀 차원에서의 기대되는 업무성과에 부합한다. 자회사의 제품이나 서비스를 이용하는 소비자의 내·외부적 기대를 높이는 직무역량은 기업의 업무성과 기대 결과에 긍정적으로 영향을 미치며, 이러한 직무역량은 서비스의 속도, 제품의 단순화, 제품의 질과 성능 면에서 그들이 만족을 느낄 수 있도록 하는 업무성과를 포함한다.

업무성과의 초기단계에서는 자신의 역량을 정의 내리는 시간이 소요된다. 이는 조직의 변화에 따른 업무과정의 재계획과 광범위한 기술역량 습득에 바탕이 된다고 볼 수 있다. 게다가 조직구성원들이 기술과 지식을 습득하게 되면, 팀 구성원들 또한 팀이 효과적인 업무를 수행해내는 데 기초가 되는 여러 가지 행동 역량을 개발시키기 위해 노력 하여야 한다.

역량모델은 주어진 업무와 역할에 대한 조직구성원들의 뛰어난 실질적 업무성과를 나타낸다. 기술과 지식이 자기계발의 중심인 조직에서는 그 뜻이 정확히 정의 내려질 수 있으나, 역량모델은 특성상 상당히 비가시적이라서 규정하기 어려운 조직구성원들의 행동기술 역량이라 할 수 있다. 그러므로 조직구성원들의 기술과 지식을 효율적으로 적용함에 있어서 가장 큰 영향을 끼치는 것이 바로 이러한 조직구성원들의 역량에 따른 행동적 특징이라 하겠다. 따라서 이러한 행동적 특징은 탁월한 업무성과를 가려낼 수 있도록 해주는데, 성공적인 업무수행에 필수적인 기술과 지식, 그리고 적절한 업무역량이 팀 기획 과정에서 반드시 채택되어야 한다.

역량모델은 팀 구성원들에게 효율적인 업무성과가 무엇인지 그 이미지를 보여 주기 때문에 직원들의 행동모델에 대한 기초를 제공해 준다 할 수 있다. 그러므로 각 조직의 개별 팀 구성원과 리더들은 역량모델을 효과적인 업무성과의 기반으로 삼아야 한다(Guinn, Kathleen, 1995).

역량은 지식, 기술, 능력이고, 맡은 직무에서 성취할 수 있는 탁월한 성과와 연결되는 특성이라 할 수 있는데, 그 예로는 문제해결, 분석적 사고, 리더십 등이 있으며, 역량의 정의에는 동기, 신뢰, 가치를 포함할 수 있다. 역량모델은 업무성과가 낮거나 평균적인 사람과 성과가 탁월한 사람을 구별하는 분석을 통해 그 결과를 얻을 수 있다(Mirabile, 1997).

조직의 현재와 미래의 성공은 관리자의 효율성과 그들이 직무현장에서 어떻게 지식과 기술, 그리고 리더십을 발휘하느냐에 달려 있다. 또한 효과적인 업무성과를 위해, 직무현장에서의 관리자에게는 조직의 현재 요구와 이미 계획된 요구들이 잘 반영되어야 한다.

조직의 핵심역량을 파악하고 관리자와 일반 직원들에게 요구되는 직무역량이 조직 내에 적절히 조화를 이루도록 보장하는 것은 관리자의 중대한 책임이다. 역량있는 사람들은 미래의 성공에 대한 열쇠이고, 조직이 경쟁에서 살아남을 수 있게 해주는 사람들이다. 효과적인 업무역량 프레임워크와 차별적인 업무성과관리 프로그램의 촉진은 조직과 조직구성원이 성장하도록 그 기회를 제공하고, 장기적인 안목에서 볼 때, 주주의 가치 또한 높여 준다 하겠다.

관리역량 프로그램은 조직의 결과를 향상시키기 위해 사용되는데, 효과적인 역할을 수행하기 위해 요구되는 핵심적인 역량을 확실히 인지함으로써 그 의미가 살아날 수 있다. 직원들의 지식과 기술은 향상되어야 하고, 조직 안에서 계획하고 있는 미래의 역할과 현재의 역할이 조화를 이루어야 한다. 또한 관리역량체계는 인적자원 활동과 조직의 요구가 긴밀한 협력을 이룰 수 있도록 보조역할을 해야만 한다.

오늘날 관리역량은 성과평가시스템이나 선발과 승진 등의 모든 분야를 통합적으로 연결하여 각 직원과 팀을 더불어 향상시키는 일에 가장 보편적으로 적용된다. 같은 맥락으로 고도의 계획된 성장영역이라 함은 관리역량이 조직 내의 문화적 변화를 가져오고, 보상과정의 일부로서 보다 널리 적용되는 것을 말한다.

보고된 관리역량프로그램 중 직원 업무수행과 성과의 개선, 직원 동기부여의 고취, 보다 융통성 있으면서 고도로 기술화된 작업 현장, 직원의 기능적 성장, 만족스러운 고객서비스와 향상된 품질수준 등이 보편적으로 알려져 있다. 미래의 성공적인 조직은 작업 현장에서 학습에 대해 보상하고 또 학습한 것을 전파하도록 적극적으로 권장하는 바람직한 문화와 분위기에 달려 있다. 발전적인 학습분위기를 가진 조직을 위해 미래에 대한 비전을 가지는 것은 중요하며, 이는 대화하고 이해하고, 공유하고, 협력함으로써 이루어질 것이다. 실제로 경쟁에서 유리한 점을 성취하기 위해 조직에 적용해야 할 결정적인 직무역량이 무엇인지, 그리고 조직 내의 구체적인 직무와 개인에 따라 어떤 점들이 요구되는지 충분히 간파할 필요가 있다(Pickett, 1998).

현재 역량측정은 맡은 직무에서 중요한 역할이나 역량을 수행해 나가는 직원의 업무평가 방법이다. 또한 역량평가는 증명서(근무처에서 개인의 역량이 공식 승인된 것)에 쓰일 때, 한 조직의 전문적 역량에 대한 포괄적인 증거를 제공해 준다. 이것은 전략적 성과관리나, 경력개발 향상, 그리고 승계계획을 위해 사용되는 중요한 도구이다(Robertson, 1998).

Skulmoski(2000)에 의하면 일반적으로 역량은 조직이나 기타 영역에서 인적자원에 관한 결정을 돕는 데 사용되지만, 역량의 정의에 관한 일반적인 합의는 존재하지 않는다고 하였다. 단순히 역량을 지식과 기술의 결합으로 보는 경우도 있으며, Parry(1996)의 경우는 역량이 업무성과에 영향을 미치는 연관 지식, 기술, 태도의 집합으로 본다.

Spencer & Spencer(1993)는 역량을 직무상황 내에서 행해지는 탁월한 업무성과와 통상적으로 관련 있는 개인의 잠재적인 특징으로 규정하였다.

Wright(2001)는 인적자원 전문가들의 입장에서 인간을 자원으로 보았을 때, 그들의 성장을 측정하는 도구와 지도로 직무역량을 사용하였다. 특히 서비스 분야의 인적자원은 전략상 매우 중요한 역할을 하는데, 영향을 끼치거나 설득하는 역량, 원만한 대인관계 역량, 기술적 지식 역량, 혼란스러운 상황에서 현명하게 대처하는 역량 등은 조직의 성과를 향상시킬 뿐 아니라 조직(주식의) 가치도 높여 준다고 하였다.

특정 직무에서 요구되는 역량과 그 일을 수행하는 사람들이 지녀야 하는 역량에 대한 검토가 이루어지는 동안 많은 정보가 얻어질 것이며, 연간 업무성과 검토 프로그램과 여러 사안들에 대한 결론을 함께 직무역량에 연관시켜 먼저 얻은 정보를 활용한다면 통합적인 절차 과정이 도입될 수 있으리라 본다(Abraham, et al.,2001).

Summers(2004)는 보편적으로 역량이란 효과적인 직무를 수행하기 위해 필요한 조직 구성원들의 행동방식이나 지식, 업무동기라고 규정을 지을 수 있다고 하였다. 오늘날 대부분의 조직들은 각 분야에 직무역량 모델을 보유하고 있으며, 역량모델은 직원들에게 자기 위치에서 얼마나 직무를 효과적으로 수행했는지를 보여 주고, 관리자들에 의해 평가된 직무역량들은 단지 "보는 것"만으로도 업무성과에 있어 그 의미가 크다고 하였다.

왜 직원들의 역량에 등급이 매겨져야 하는가, 왜 역량이 중요한가 등의 의문이 제기되는 것처럼, 가치 있는 역량이 제대로 인식조차 되지 못하는 경우가 흔하다. 역량은 조직이 발전하는 데 방향성을 제시해 주지만 너무나 당연하게 여겨져 인적자원의 다른 프로그램을 통해서만 인식되곤 한다. 그러나 직원들의 역량은 조직의 궁극적인 전략을 성과물로 전환시켜 주는 조직의 핵심이라고 말할 수 있다.

역량모델은 조직의 통합적인 성과창출을 위해 직원 각각의 행동과 지식, 업무동기가 어떻게 이루어져야 하는지를 예측해 준다고 하였다. 즉, 경영자나 관리자, 직원 등 각 구성원들의 역량을 통해서만 조직의 전략을 성공적으로 달성할 수 있고, 조직의 성공에 결정적인 역할을 발휘하는 바람직한 결과를 가능하게 해준다고 보았다.

McClelland(1985)는 역량의 결정 요인을 동기(motives), 기술(skills), 가치(value)로 구분하였다. 그는 성과와 동기, 기술과 가치가 행동에 대한 독립변수라 하였는데, 과거 행위이론에서 동기와 성공의 가능성(기술)과 유인적 가치가 자극에 대한 반응을 결정하는 유기적 결정체라고 보는 관점을 증명하였고 동기, 기술, 가치의 상호작용이 행동에 대한 설명을 뒷받침한다고 보고 있다.

역량을 효과적으로 적용함으로써 업무성과의 향상과 업무결과의 만족, 보다 전문화된 성과확보, 개인적 상황을 고려한 직무기회의 확대, 보상과 고용을 효과적으로 진행할 수 있는 기회 등의 이점을 얻을 수 있다.

Parry(1996)는 역량이 성과에 이르는 과정을 지식, 기술, 태도의 결합인 역량이 행동, 생각, 느낌 등 사람들의 행위에 영향을 미쳐 제품과 서비스 등을 생산하는 데 영향을 주고 결국 이익, 매출액, 시장의 점유율 등 조직성과를 결정한다고 하였다.

Mouton(2002)은 조직에서 업무성과 역량을 4가지로 나누고 이들이 성과에 어떠한 영향을 미치는지 정의 내렸다.

첫째, 핵심적 역량이란 조직의 업무성과에서 가장 중요하게 고려해야 할 역량인데, 이는 조직 간의 경쟁에서 자신의 조직이 경쟁력을 가질 수 있게 하는 부분을 말한다. 핵심적 역량이 업무성과에 영향을 미치는 예로는 기술, 전략, 방법, 과정 등을 꼽을 수 있는데, 이는 조직이 타 조직에 비해 경쟁적 우월성을 갖게 해 준다.

둘째, 조직적 업무역량은 직원들이 어떻게 맡은 바 성과를 달성했는지 조직이 기대하는 바를 서술한 업무역량 리스트를 반영한다. 업무성과, 비전, 문화, 그리고 핵심적 역량은 조직의 작업 흐름과 분위기를 조성해 줄 것이다. 이러한 역량이 조직의 업무성과에 적절하게 활용되려면, 다음의 세 가지 주요사항을 고려해야 할 것이다.

- 개인 차원의 업무성과에 적용되는 역량이 승화되어 조직차원의 업무성과에도 연관되어 조직의 핵심역량에 도움이 되어야 한다.
- 역량은 구체화되어야 하고 업무에 적용될 때에는 각 행위 방식이 규정화 되어야 한다.
- 업무수행 역량을 판단할 수 있는 척도는 조직의 흐름, 업무내용, 연관성 효력이다. 이러한 직원의 역량이 총체적이고 분명하게 조직업무 성과와 업무 환경에 적용되면, 업무성과에 긍정적인 영향을 미칠 것이다.

셋째, 기술적·직무적 역량은 특정 업무와 일, 혹은 역할을 수행하는데 필요한 지식, 기술 등이 있다.

넷째, 개인적 업무수행 역량은 어떻게 업무를 수행해 내느냐를 나타내는 것으로 각각의 다른 위치나 부서로 적절한 영향력을 끼치는 업무역량이다.

또한 그는 역량이 조직의 업무수행성과에 긍정적인 영향을 미치기 위해서는 개발과 업무성과에 관련된 최상의 역량이 업무에 적용 가능해야 하며, 또 그것이 지속적으로 적용될 때 그 영향이 높은 효과를 나타낼 것이라고 하였다.

[그림1-5] 역량이 성과에 미치는 영향

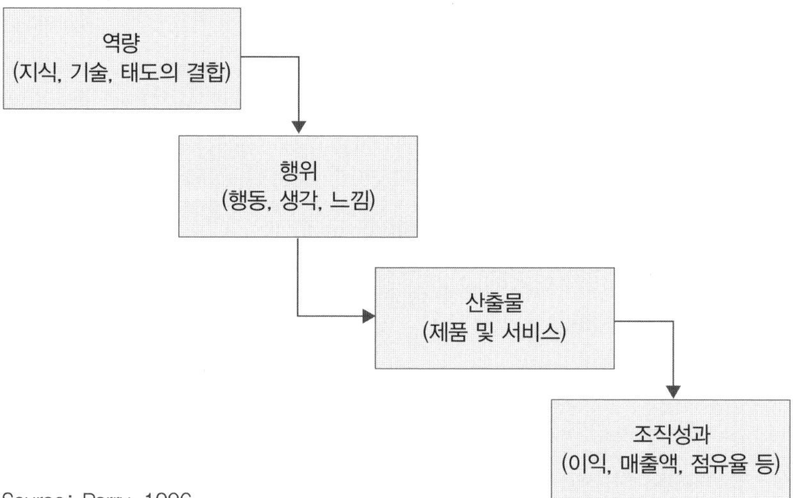

Source: Parry, 1996.

6. 역량에 대한 반론

Barrett & Depinet(1991)는 역량모델링 방식의 타당성에 대해서 반론을 제기하고 있다. 역량이 특정 조직의 특정 상황하에서 실용적인 목적으로 만들기 때문에 개념적 문제에 대한 비판을 받았다. 이러한 비판은 역량에 대한 논의를 더욱 촉발시켰고, 조직 내에서 인적자원관리에 있어서 역량의 중요성을 강조하는 결과를 가져왔다.

역량에 대한 새로운 접근이 그 효용성을 인정 받고 확산되어 가고 있음에도 불구하고 반론을 제기 했던 연구가 있었던 것도 사실이다. 다음에 제시하는 반론은 향후 역량중심의 인적자원관리를 한층 더 업 그레이드 시키는 계기로 삼아야 할 것이다.

* Barrett&Depinet(1991)의 「"지능" 보다는 역량을 위한 검사의 재검토」 논문은 부록에 수록하였다.

CHAPTER 02

역량모델

1. 역량모델의 개요

McLagan(1989)은 역량모델링(competency modeling)이란 '조직의 목표나 성과를 달성하기 위해 특정 직무 혹은 직무군에 결정적인 영향을 주는 역량을 체계적으로 결정하고 정의하는 과정' 이라고 정의하였고, '기대하는 결과를 얻거나 성과를 극대화하기 위해 필요한 역량을 체계적으로 추출하고 결정하며, 지식, 기술, 태도, 지적 전략을 포함하는 역량모델을 정의하고 만드는 활동' 이라고도 정의하였다. 즉, 역량모델링은 특정한 역할을 성공적으로 수행하는 데 매우 중요한 역량을 규명하는 과정이라고 할 수 있으며, 역량모델링의 결과물인 역량모델은 특정역할을 효과적으로 수행하고, 성과를 창출하는 데 기여하는 가장 핵심적인 지식, 기술, 가치 및 행동을 기술하여 체계화 해 놓은 것으로 선발, 성과관리, 교육훈련 및 개발, 승진, 보상 및 승계계획(succession planning) 등과 같은 모든 인적자원관리 시스템의 기초자료를 제공해 준다고 하였다.

특정 조직이나 직무에 필요한 역량을 정의하기 위해서는 역량모델을 개발하여야 한다. 역량모델개발을 위한 다양한 방법들이 여러 연구자들에 의해 제안되어 왔는데 효과적인 개발방법들은 공통된 특성을 가지고 있다. 그 방법들은 탁월한 성과를 달성하는 데 필요한 요소가 무엇인가를 결정하고, 탁월한 성과자를 파악하며, 그들이 일하는 방식을 알아내는 McClelland의 방법을 따르고 있다. 탁월한 성과자의 행동특성을 알아내는 방법은 선입견 없이 탁월한 성과자에 초점을 맞추고, 그들이 실제적으로 직무수행상에서 성과에 영향을 미치는 활동이 무엇인지에 주의를 기울이는 것이다.

역량모델개발방법을 선택하는 데 있어서 다음과 같은 점을 고려하여야 한다. 역량모델을 개발하는 프로세스는 간단하고 실행하기 쉬워야 하고 개발된 역량모델에 대하여 타당성 및 신뢰성 검증을 실시하여야 한다. 즉, 역량모델에서 기술된 행동과 업무에서의 효과성 간에 상호관련성을 검증하는 단계를 포함시켜야 한다는 것이다(Lucia & Lepsinger, 1999).

역량모델에 대한 발전은 1970년대 초 McClleland의 관점은 학업성적은 직업에서의 성공을 예측하지 않는다. 그리고 지능검사와 적성검사(aptitude test)는 직업이나 사회에서의 성공을 예측하나 상당부분 개선될 여지가 있으며, 역량이 일반지능보다 중요한 행동을 더 성공적으로 예측한다. 라고 설명하고 있다.

[표2-1] 연대별 역량의 내용

연대	1970년대	1980년대	1990년대
학자	David McClleland (1973년)	Boyatzis (1982년)	Spencer & Spencer (1993년)
내용	전통적 접근성(성적·자격증·학업성적검사) 보다는 역량이 직무수행 성공을 편견 없이 예언함을 밝힘 (소수민족, 여성, 하류계층 등에 대한 편견을 최소화하면서 직무의 성공을 가장 잘 예측할 수 있는 지표임을 발견)	우수성과와 인과적 관계가 있는 근원적 특성 (underlying characteristics) 역량에 대한 이론적, 실제적 관심 대두	직무 또는 상황에 있어서 기준과 관련되어 (criterion-referenced) 효과적인 또는 탁월한 성과와 인과적 관련이 있는 특성 The Competency at Work 286개 역량모델을 연구하여 공통 역량 추출

그러나 최근의 경향은 수행자의 성공에서 조직의 Vision과 전략의 성공적인 달성의 역량사전과 같은 연역적 접근과 귀납적 접근의 병행 그리고 과거 성공을 이끈 역량에서부터 미래에 요구되는 역량개발이 중요시 된다. 또한 Generic Competency 중심에서 Task-Specific Competency와의 결합된 스타일로 변화해가고 있다.

역량모델링이란 역할(Role)과 직무(Job)에서 탁월한 성과를 달성하기 위해서 조직 공통역량, 부문공통역량 및 팀별 직무역량, 임원, 팀장별 직위 역량을 추출하여 목적 집단별로 역량모델을 구축한다. 또한 탁월한 성과자의 역량과 평균 성과자의 역량 Gap을 규명하여 조직과 개인이 탁월한 성과(high performance)를 달성할 수 있도록 인적자원관리 시스템과 연계시키는 과정이다.

1) 역량의 의미

역량모델링은 조직의 Vision과 전략의 목표로 하는 성과를 창출하는데 필요로 하는 역량을 규명하고 이를 조직구성원들이 인식하고 학습하여 실천하는 과정이라고 할 수 있다.

Carroll과 Crackin(1998년)에 따르면 효과적으로 정의된 역량은 다음과 같은 6가지의 특성을 지닌다고 정의하였다.

첫째, 역량은 조직의 Vision과 Mission 그리고 전략과 경영목표를 지원하는 성공기준이며, 해당조직의 고객기반을 확대하고 부가가치를 창출하는 데 초점을 맞추기 때문에, 조직의 전략적 방향을 조직구성원의 행동과 연결되게 한다.

둘째, 역량은 조직에서 중요한 가치 및 원리를 지원하는 행동에 대해 명료하게 표현하고 조직구성원들이 행동을 실천 할 수 있도록 한다.

셋째, 역량은 기능이나 조직의 경계를 초월하여 조직내에서 공유하고 있는 탁월성에 대한(best practice) 기준을 제공한다.

넷째, 역량평가 결과는 업무 수행에 대한 지속적인 피드백을 제공하며 또한 육성·개발을 위한 기초자료를 제공한다.

다섯째, 역량은 필요성이 부각되고 있거나 중요성이 떨어지고 있는 기능을 규명함으로써, 조직의 변화를 적극적으로 지원할 수 있다.

여섯째, 조직이 지속적으로 학습하는 문화를 촉진 시키고 정착시킬 수 있다.

2) 역량의 체계화

일반적으로 역량의 도출 방법은 귀납적 방법론과 연역적 방법론의 2가지로 대별 할 수 있다. 귀납적 방법론은 현업의 탁월한 성과자들을 대상으로 행동사건면접(behavioral event interview)을 실시하여 탁월한 성과자의 행동 특성을 밝혀내고 정리하는 방법을 말하며, 연역적 방법론은 해당 직무에 대한 지식과 경험이 풍부한 전문가(SME, subject matter expert)를 초빙하여 그들이 직무에 필요한 역량을 도출하도록하는 방법을 말한다.

역량도출은 귀납적 또는 연역적 방법을 동시에 고려하는 것이 바람직할 수 있다. 연역적 방법론을 중심방법론으로 적용하고, 연역적으로 도출된 역량 모델을 보완하거나 모델에 대한 적정성을 확보하기 위하여 내부 직무전문가에 의한 귀납적 방법론을 채용하는 방법을 병행할 수 있다.

역량의 요소란 특정 업무를 수행하는데 있어서 요구되는 K·S·A(지식, 스킬, 태도)를 의미 한다. 또한 역량 요소를 정리하여야 하는 이유는 역량이 역량 요소를 기반으로 하고 있기 때문이다. 특히, 인재개발 목적으로 역량 접근(competency approach)을 채택할 때는 역량 소요에 대한 정리가 필수적 이다. 역량 요소는 교육과정 개발 및 Self-Study의 경우에 교육 및 학습 내용의 기반을 구성한다. 역량 요소를 추출한 후에는 체계적인 정리가 필요하다. 이를 통해 지식경영(KM) 및 학습조직(learning organization)과 연계하는 것이 효과적이다.

역량 요소 체계화의 방법으로서는 지식경영과의 연계 및 지식 중요 요소(backbone)의 개발 그리고 역량과의 관계 규명이 있다.

[표2-2] 역량도출방법 비교

구 분	귀납적 방법	연역적 방법
구체적 내용	탁월한 성과자 중심으로 그들이 차별적으로 발휘하고 있는 역량 Profile 및 그 수준을 규정해 가는 방식	자료분석을 통해 가설적인 표준모델을 사전 구상하고, 현 조직 Vision, 조직운영 특성 등을 고려하여 수정 보완해 가는 방식
필수 요건	- 전문적인 면접(BEI 등)을 수행하여 정확히 역량을 도출할 수 있는 Listening 전문컨설턴트 - 역량도출 대상 직무나 직위에 대해 유의미한 숫자의 탁월한 성과자	- 연역적 접근법에 능통한 전문가(문제해결의 Insight 필요) - 도출 대상 직무·직위 업무 상황에 정통한 자(예: 전·현직 재직자) - 참조 가능한 역량 모델(예: 유사 조직에 대한 이전 프로젝트의 결과물 등)
장점	- 해당 조직 특성에 맞춘 역량모델의 개발 가능(customization) - 역량모델 개발의 핵심인 행위중심관찰 가능	- 준거가 될 수 있는 역량모델을 최우선적으로 확보한다는 점에서 귀납적 방법에 비해 상대적으로 적은 시간 소요 - 기존 모델을 확보하는 바, 타 유사조직에의 확대 적용이 용이
단점	- 상대적으로 과다한 역량도출 시간 소요 - 면접대상으로서 탁월한 성과자의 유의미한 숫자 확보가 어려움	- 귀납적 방법에 비해 상대적으로 Customization 정도가 떨어짐

Source: 중앙인사위원회, 2001.

2. 역량모델 개발

역량모델개발과 관련하여 여러 연구에서 사용한 전통적 방법들과 연구자들이 현재 활용하고 있는 방법들은 다음과 같다.

Rothwell & Lindholm(1999)은 역량모델의 개발방법은 연구대상 조직의 특성, 연구대상 그룹의 조직 내 재정적 가치, 조직문화, 내부 실무자의 기술과 정교화 정도 수준 등에 따라 달라진다고 하며, 다음 세 가지 방법을 제시하고 있다.

첫째, 차용법(the borrowed approach)이다. 다른 조직에서 규정되어 있는 특정역량을 벤치마킹하는 방법으로 가장 쉽고 비용이 적게 드는 방법이나 특정조직의 특정한 조직문화에 따른 역량에 대한 정의를 내리기는 어려운 단점이 있다.

둘째, 차용 및 맞춤법(the borrowed and tailored approach)이다. 최소한의 역량모델링 방식으로 조직문화에 적합하도록 '차용(borrowing)' 모델을 수정보완하는 방법으로 대상조직의 탁월한 성과자로 구성된 핵심그룹을 조사하거나 적은 규모의 행동사건면접법(BEI)을 실시하여 차용모델을 수정하여 자사 모델로 활용한다.

셋째, 맞춤법(the tailored approach)이다. 가장 실증적으로 조직 상황에 접근한 방법이며 이는 엄격한 모델링이 필요한 방법으로, 특히 미국에서는 역량모델을 선발, 승진의 기준으로 활용할 때에는 맞춤법으로 개발한 역량모델을 가장 많이 사용한다.

차용법이나 차용 및 맞춤법의 경우는 개발목적으로 사용할 때에만 적절한 방법이다. 조직에서 맞춤식으로 역량모델을 개발할 때에는 그 중심이 프로세스, 산출물, 직무책임 여부에 따라 다른 모델로 개발될 수 있다.

Dubois(1993)는 역량을 기반으로 한 조직구성원들의 성과향상 시스템이 조직의 전략과 연결된 전략적 시스템 모델링 방법을 다음과 같은 다섯 가지로 제안하였다.

첫째, 직무역량평가방법(job competence assessment method)은 엄격하고 경험적인 방법으로 중요사건관찰법과 인터뷰 방법을 실시하여 탁월한 성과자와 평균성과자를 구분해 주는 핵심적 직무역량을 파악하는 방법이다.

둘째, 변형된 직무역량평가법(modified job competency assessment method)은 비용과 시간의 절감을 위해 일대일 인터뷰 방식 외에 설문 등으로 피면접자가 직접 중요사건기술을 하여 탁월한 성과자와 평균성과자의 행동특성을 파악하는 방법이다.

셋째, 일반모형 덧씌우기 방법(generic model overlay method)은 사전에

준비되어 있는 역량모델을 선정하여 그것을 조직의 직무에 대응시키는 방법이다.

넷째, 일반모형 맞춤화 방법(customized generic model method)은 조직 내의 탁월한 성과자와 평균성과자의 특성을 모두 포함하고 있는 일반적 역량군들을 먼저 파악한 다음, 그것을 조직과 직무 차원에서 재조명해서, 탁월한 성과자가 가지고 있는 특정 역량들만을 추출해 내는 방법이다.

다섯째, 유연한 직무역량모델방법(flexible job competency model method)은 미래의 다른 업무조건에서도 직무를 효과적으로 수행하기 위해 필요한 역량을 파악하는 방법으로 미래의 조직과 직무를 예측하고 이러한 예측을 역량모델개발에 활용하는 것이 다른 방법들과는 다른 특징이다.

이와 같이 역량모델개발 시, 일반역량모델(generic competency model)과 같은 검증된 역량모델을 활용한 역량모델의 개발이 여러 가지 현실적인 제한 점이나 시간, 비용절감 등의 상쇄효과(trade-offs)를 고려할 때, 도움이 될 수 있으나 활용시 단점에 대한 대책도 같이 강구되어야 한다.

Ennis(1998)는 역량모델에서 정의되는 역량수준과 역량모델의 적용 영역, 역량모델개발 시 사용한 방법에 따라 다음의 세 가지 범주로 구분하여 필요한 역량모델의 유형에 따라 개발방법을 결정하도록 하고 있다.

역량모델 개발은 직무기술서 작성과는 달리 더 전문성이 요구된다. 먼저 조직내부 인사전문가가 외부의 역량관련 전문가의 지도를 받아 전반적인 역량에 대한 개념을 정립하고 각 팀장을 주축으로 사전학습 및 역량모델링 워크샵 이전에 각종 정보를 수집하고 워크샵을 실시하여 개발에 착수하여야 한다.

역량모델링은 그 조직의 고유한 조직문화에 맞는 사항으로 추출 작업을 실시하여야 한다. 외부 전문가는 방법론을 알려 주는 것이며 Content

는 조직내의 각 부문 팀에서 팀장을 주축으로 한 내부 전문가(SME)에 의해 역량을 발굴하는 것이 중요하다.

단, 팀장의 역량이 일정 수준 이상임을 전제 조건으로 한다.

[표2-3] 역량모델 결정 매트릭스(competency model decision matrix)

구 분	기 준	사용한 방법	활 용
최소기준 모델 (minimum standard competency model)	- 관찰가능하고 쉽게 검증 할 수 있는 지식, 기술 - 연산능력, 기계조작 능력 - 선발, 교육훈련의 지침 - 단순한 과업에만 적용	- 직무분석 - 설문조사, 면접조사	- 과업배분 - 업무규정
서술적 모델 (descriptive competency model)	- 직무분석에 기초하여 업무나 과업수행에 있어서 개인에게 요구되는 지식, 기술, 행동에 관한 것을 서술, 개인의 특성, 동기, 적성을 고려하지 않는 문제점 - 역량은 표준적인 것을 기준으로 삼음	- 역할 분석 - 성과요건 분석 - 준거관련 샘플 - 설문조사, 면접조사	- 성과목표 - 교육훈련설계 직무재설계 - 인력수급계획
차별화된 모델 (differentia-ting competency model)	- 우수한 업무수행자의 자질과 능력에 초점을 맞추므로 조직과 개인의 경쟁력을 높이는데 준거자료가 됨 - 역량을 작업동기, 대인관계기술, 적극적인 사고의 결과로 인식	- 360도 측정 - 준거관련 샘플 - 조작적 측정 (operant measures)	- 선발 - 핵심직무수행자의 개발

Source: Ennis, 1998.

* 조작적 측정: 특정직무에서 탁월한 성과자와 평균 성과자를 비교하는 방법으로 성공을 예측하는 생각과 행동을 조작화(operationalization)하여 성공적인 역량이라 정의하고 비교, 대조하여 측정하는 방법

1) 역량모델 개발 방법과 프로세스

(1) 역량모델 개발

조직에서 역량모델의 적용범위, 사용목적, 개발 도구, 비용, 대상 그룹 등에 따라 최소기준 모델, 서술적 모델, 차별적 모델 중 개발의 유형을 결정

하면 개인과 조직의 성과를 위해 필요한 역량을 파악해 내는 모델의 개발과정이 필요하다. 이러한 역량모델개발은 다음과 같은 단계로 이루어 진다.

[표2-4] 역량모델의 개발 단계

단 계	정 의	내 용
1단계	실행효과성의 준거 (성과의 확인)	– 객관적 자료: 매출액, 수익성, 생산성 – 상사의 추천 – 동료의 평가 – 부하직원의 평가(관리방법, 리더십, 도덕성 등) – 고객의 평가
2단계	준거(criteria)·평가 집단	– 탁월한 집단 – 평균집단
3단계	자료수집	– 행동사건면접(BEI) – 패널활용 – 설문조사, 360도 평가 – 전문가시스템, D/B – 과업·기능분석 – 직접 관찰
4단계	직무과업· 직무역량모델 개발	– 수행해야 할 업무 요소 – 탁월한 업무 수행자들의 특징: 역량모델
5단계	역량모델의 검증 (제2준거집단)	– 행동사건면접(BEI) – 시험 – 평가센터(Assessment Center)
6단계	역량모델의 적용	– 선발면접 – 교육·개발 – 성과평가 – 직무승계계획(Succession Plan) – 육성, 개발 프로그램 평가

Source: Spencer & Spencer, 1993.

● 1단계: 실행 효과성의 준거(criteria) 마련_성과의 확인

역량모델 개발의 첫 단계는 업무성과를 정의할 수 있는 기준(성과관리에서의 성과관리자료)이나 척도(달성수준의 정도)를 밝혀내는 일이다. 이때 기준이나 척도는 조직 내에서 합의된 객관적으로 측정할 수 있는 것이어야 한다. 영업관리자의 경우는 매출액이나 수익, 신규 고객 창출, 연구원은 특허취득이나 논문발표, 신제품 개발 실적 등이 업무성과의 기준이 될 수 있다. 군 장교들의 경우, 검열성적이나 사고율 등이 준거가 될 수 있다. 대인 서비스 업무 종사자들의 경우는 고객으로부터 받은 만족도 평가가 가장 합리적인 기준이 된다.

의사의 역량을 평가하기 위해서는 진단의 정확성이나 치료효과를 측정할 수 있는 방법이 개발되어야 한다. 예를 들면, 탁월한 의사들로 구성된 전문가 패널이 환자집단을 검진하고 처방을 내린 다음, 의사들에게 동일한 환자 그룹을 검진하도록 한다. 이때 전문가 패널과 일치한 진단과 처방을 내린 의사들을 탁월한 집단으로 간주할 수 있을 것이다.

실전상황과 매우 유사한 모의 전투 훈련을 실시하였을 때, 여러 번 승리한 지휘자가 탁월한자의 준거집단이 될 수 있다. 이처럼 새로운 준거를 개발하거나 경쟁 시뮬레이션을 활용할 수도 있다.

성과에 대한 객관적 측정방법을 얻는 것이 쉽지 않으므로 어려운 단계이지만 Boyatzis(1982)는 성과측정에는 상급자의 지명 혹은 순위매김, 동료의 지명 혹은 순위매김, 작업 성과측정의 세 가지 방법이 있다고 하였다. Boyatzis(1982)는 직접 측정이 불가능하다면 상급자 혹은 동료의 순위매김을 사용해야 하고, 지명 방식이 순위매김보다 더 바람직하다고 하고 있다.

탁월한자 집단을 기초로 만들어진 역량모델의 유용성은 탁월한자 집단을 어떤 기준으로 선발했는지에 따라 좌우되기 때문에 효과성 준거를 정의 내리는 것은 중요하다. 실질적인 업무 실적이 아니라 다른 요인으로 잘못된 기준이 적용되었다면, 역량모델 역시 잘못된 결과를 가져오게 된다.

◉ 2단계: 준거집단 선정

역량모델 개발의 두번째 단계는 첫 번째 단계에서 정의된 업무 효과성 준거가 탁월한 성과집단과 평균자 성과집단을 선정하는 데 사용된다. 준거집단을 타당하게 선정하려면 첫 번째 단계에서 수집된 성과와 관련된 객관적 실적뿐만 아니라 상사의 추천, 동료나 부하직원의 평가 등 다양한 자료를 활용하여야 신뢰성을 높일 수 있다.

Nunnally(1978)는 표본의 크기는 문항의 수에 비례하기 때문에 문항의 수에 대해 표본의 크기는 적어도 5:1 내지는 10:1의 비율이 바람직하다고 보고 있다. 따라서 각 역량모델 개발에 쓰이는 역량요인의 숫자를 고려한 표본의 크기 선정에 유의하여야 한다. 준거집단을 구성하려면 1단계에서 수집한 역량의 준거변인인 직무성과에 따라 준거표본을 나누어야 하는데, 예를 들어 매출액과 같이 연속적인 성과라면 전체 집단을 준거치 기준으로 서열화한 후, 특정비율을 적용하여 상위집단과 부진집단을 구성해야 한다. 이때 다양한 비율을 적용시킬 수 있겠으나 상위 27%, 하위 27%로 구성하였을 때 각 집단의 크기는 충분히 유지되면서도 두 집단의 차이를 가장 극대화시킨다고 한다(Ghiselli et al., 1981).

Spencer & Spencer(1993)에 의하면 직무별 분석을 위한 준거집단은 각 직무별로 최소한 20명 이상, 즉 12명의 탁월한자와 8명의 평균자 표본을 구성하는 것이 바람직하다라고 하였다. 이 숫자는 간단한 통계학적 검증에 필요한 크기이다(예를 들면 t검증, chi-square, ANOVA, 판별분석 등).

◉ 3단계: 자료 수집

역량모델개발의 세 번째 단계는 역량 진단을 위한 역량요소를 개발하기 위해 자료를 수집하는 것이다. 즉, 성공의 원인이 되는 사고와 행동을 추출해 내는 것이다. 이 때 앞에서 언급한 역량모델개발 유형을 선택하고 그에 따라 자료의 수집을 다음 두 가지 방법으로 진행 할 수 있다(Lucia & Lepsinger, 1999).

첫째, 새로운 역량모델의 개발(starting from scratch)로 이 방법은 탁월한 성과자인 SME(주제전문가, 내용전문가)와 인터뷰와 포커스 그룹 미팅 실시, 업무현장의 관찰을 통하여 수집된 실증 자료를 활용하여 역량모델을 개발하는 것이다.

둘째, 검증된 역량모델을 참고(starting with a validated competency model)하는 방법으로 이는 첫번째 방법과 거의 유사하다. 가장 큰 차이점은 탁월한 성과자 인터뷰와 현업무 재직자의 관찰 대신에 타당성이 검증된 다른 역량모델을 활용하는 것이다.

어떤 역량모델을 따를 것인가에 따라 역량모델개발 자료수집 방법은 달라진다. 새로운 역량모델개발을 위해 사용되는 자료수집 방법에는 행동사건면접(BEI), 전문가 패널, 설문조사, 과업·기능분석, 직접관찰의 방법이 있다(Spencer & Spencer, 1993).

● 4단계: 자료 분석 및 역량모델 개발

역량모델 개발의 네번째 단계에서는 수집된 역량모델개발 자료를 분석하여 탁월한 성과자 집단과 평균성과자 집단의 Gap을 분석하여 역량을 규명한다.

Boyatzis(1982)의 연구에서는 평가자간 신뢰도가 19개의 역량 중에서 18개의 역량은 67~97% 정도가 일치했고, 1개의 역량에 대해서는 44%의 일치를 보였다.

검증된 역량모델을 활용하는 경우는 설문조사와 포커스미팅에 의해 수집된 자료를 분석 후 평가 패널들이 새로운 정보를 반영하거나 모델의 수정, 개선을 통하여 안면타당도(face validity)를 갖추게 한다. 이때 설문조사자료의 분석을 위해서 평균과 빈도분포 등을 사용하여 간단히 분석할 수 있고 이러한 통계적 분석기법을 활용함으로써 최종 결론에 대한 타당성을 높일 수 있다(Welkowitz, Ewen, Cohen, 1982). 설문조사를 통한 양적인 자료 분석과 포커스그룹미팅을 통해 패널들에게 얻은 질적인 자료 분석 두 가지 자료를 바탕으로 역량모델을 개선한다.

이렇게 구성된 잠정적 역량모델로 준거인 성과와 관련성을 테스트한다. 역량은 서로 영향을 미치며 상호작용을 하여 성과에 영향을 미친다는 것은 가정되어 있다(Boyatzis, 1982). 요인분석이 역량 간의 영향분석에 관계를 분석할 수 는 있으나 Boyatzis(1982)는 요인분석이 역량 간의 영향분석에 가장 적절한 방법은 아니라고 하였다. 첫째, 요인분석은 그룹핑을 위해 이용하는 방법(Anderberg, 1973)인데, 역량연구는 성과 준거치에 대한 역량과의 관계를 밝혀 내는 것이다.

둘째, 요인을 결정하는 데 여러 다양한 회전방법이 사용될 수 있긴 하지만 수직회전법(orthogonal rotation)은 역량 간의 관계에 대한 예측을 해주지 못하고 있어 부적절한 방법이라고 한다(Boyatzis, 1982).

Boyatzis는 군집분석(cluster analysis)이 성과에 대한 역량 간의 영향관계를 설명하기에는 가장 적절한 방법이라고 보고 있다. 군집분석은 특질들을 구성요소들의 집합으로 순차적으로 분리시키는 방법으로 한 구성요소에 속한 특질들 간의 관련성이 다른 구성요소에 속한 특질 간의 관련성보다 높다. 군집을 얻기 위해서는 CONCOR라 불리는 최다분리 알고리즘법(maximum-split algorithm)을 사용(Breiger et al, 1975)할 수 있다. 그룹핑이 결정되면 각 역량의 원시점수(Raw score)를 표준점수(Standard Score)로 전환할 수 있다. 각 군집 내 역량들의 표준점수의 합을 군집점수로 계산할 수 있고 각 군집 간의 관계를 관찰 할 수 있다. 하지만 Mansfield 등(1987)은

'개인 기업가적 특성 연구(personal entrepreneurial characteristics: PECs)'에서 요인분석법을 사용하여 역량점수 간의 관계와 설명량을 분석하였고 추출된 세 요인에 대한 탁월한 성과자 그룹과 평균성과자 그룹 간의 차이를 분석한 MANOVA 결과도 유의하였다(Wilks' lamda=.715, p=0.00001).

규명된 역량을 통해 역량군으로 범주화하는 작업 즉, 역량사전 개발에 의한 역량군은 군집분석이나 요인분석을 통해 내적인 의도수준에서 범주화하는 것으로, Spencer & Spencer(1993)의 역량모델과 Boyatzis(1982)의 연구결과를 총 21개의 역량을 6개의 역량군으로 범주화한(Wood & Payne, 1998) 역량모델이 대표적이다.

[표2-5] 역량모델개발을 위한 두 가지 접근방법

새로운 역량모델의 개발	검증된 역량모델에서 시작
1. 개인과 업무 단위(팀)의 성과기준을 파악한다. 2. 성과기준에 도달, 초과, 미달하는 개인과 팀을 파악한다. 3. 업무수행자와 업무에 정통한 사람과 인터뷰를 실시한다. 4. 업무 현장에서 수행자를 직접 관찰한다. 5. 임시 역량모델을 개발한다. 공통의 주제나 패턴을 발견하기 위하여 자료를 분석하고 탁월한 성과자와 평균성과자의 차이점을 찾아낸다. 6. 조직구성원을 대상으로 설문과 포커스 그룹 인터뷰를 실시하고, 역량들이 업무에 어느 정도 적절하고 중요한지를 조사한다. 7. 설문과 포커스그룹 미팅 자료를 분석하고 모델을 수정한다. 8. 모델의 타당성을 검증한다: 탁월한 성과자와 관련 있는 역량을 파악하기 위하여 360도 설문을 실시한다. 9. 역량모델을 완성한다.	1. 개인과 업무 단위(팀)의 성과기준을 파악한다. 2. 성과기준에 도달, 초과, 미달하는 개인과 팀을 파악한다. 3. 조직구성원을 대상으로 설문과 포커스 그룹 인터뷰를 실시하고, 역량들이 업무에 어느 정도 적절하고 중요한지를 조사한다. 4. 설문과 포커스그룹 미팅 자료를 분석하고 모델을 수정 한다. 5. 모델의 타당성을 검증한다: 탁월한 성과자와 관련 있는 역량을 파악하기 위하여 360도 설문을 실시한다. 6. 역량모델을 완성한다.

Source: Lucia & Lepsinger, 1999.

5단계: 역량모델의 타당성 검증

역량모델 개발의 다섯 번째 단계에서는 역량모델의 타당성을 검증하는 것이다. 타당성은 동시적 교차 타당도나 동시적 구성 타당도, 예측 타당도를 검증하는 방법으로 증명할 수 있다(Spencer & Spencer, 1993).

[표2-6] 타당도(validity)

종 류	내 용
구성(내용) 타당도 (content validity)	– 진단하고자 하는 내용들을 모두 포함하고 있는 정도 – 평가(assess) 목표, 내용 요소와의 합치도
과정타당도 (process validity)	– 평가의 전체 과정이 믿을 수 있고 적합한 방식하에서 이루어지는 정도
안면 타당도 (face validity)	– 진단 항목들이 진단용도에 적절한지에 대해 피 평가자들이 느끼는 정도 – 구성원이 상식적으로 익숙해 하는 것과의 일치도
예측 타당도 (predictive validity)	– 평가가 예측하고자 하는 준거를 예측하는 정도 – 평가(assess) 결과가 미래 예상되는 행동이나 특성과 일치하는 정도

6단계: 역량모델의 적용

완성된 역량모델은 선발면접, 평가센터(assessment center), 경력개발, 승계계획, 교육훈련 등에 활용된다.

(2) 역량모델 개발방법과 프로세스 실무 방법론

역량모델 개발방법

역량모델 개발은 그 조직의 문화와 현재의 처한 상황 및 비전을 달성할 수 있는 독특한 모델로 만들어져야 한다.

그러기 위해서는 전사, 사업부별, 팀별 현재의 경쟁력이라고 생각하는 Know-how를 정리해 보고 이를 바탕으로 경영층 인터뷰와 현업의 의견을 수렴하고 최고의 사내·외 사례를 수집하고 접목하여 새로운 사업의 필요역량을 도출하여 만들어져야 한다.

대부분의 역량 모델링의 절차와 방법은 McClelland의 직무역량평가방법(JCAM: job competence assessment method)에 뿌리를 두고 있다.

Dubois(2000년)에 따르면 직무역량평가방법(JCAM)의 기본적 절차는 다음과 같이 정의하고 있다.

1단계는 직무구성요소(직무과제, 직무활동, 역할, 조직환경 및 이슈 등)와 탁월한 직무수행자의 요건을 조사한다.

먼저 직무전문가와 탁월한 직무수행자, 직무담당자 및 관리자를 대상으로 포커스 그룹을 형성하여 탁월한 성과자의 개인특성을 추출한다. 그리고 성과의 중요도에 따라 등급을 부여하여 개인특성 순위목록을 추정한다. 또한 이를 통해 탁월한 직무 성과자를 선발한다.

2단계는 탁월한 직무 성과자의 특성을 조사하고 직무역량모델링을 실시한다. 탁월한 성과자와 평균적인 성과자를 대상으로 직무관찰 및 주요행동 인터뷰(CBI: critical behavior interview)를 1:1로 실시하여 탁월한 성과자에게만 있는 역량과 공통적으로 보유하고 있는 역량을 찾아내어 역량모델을 구성한다.

3단계는 역량모델의 타당성과 신뢰성을 검증한다. 모델의 내용에 대한 신뢰도와 타당도를 측정한다. 그리고 유효성을 높이기 위해 필요한 단계로서, 조직의 경영층과 주요 리더의 의견을 듣고 승인을 얻어야 한다.

검증에는 주로 최초연구의 반복, 외부 컨설턴트를 패널로 활용하는 방법을 많이 사용한다.

[표2-7] 역량모델링의 자료수집 방법

방 법	장 점	단 점	특 징
행동사건면접 (behavioral event interviews)	- 타당도가 높다. - 성공적 직무수행에 직결된 풍부한 행동자료 수집이 가능 하다.	- 시간, 비용이 많이 든다. - 핵심 행동사건의 기준이 불명확하다.	- High Performer를 선정하여 성과와 직결되는 행동 특성을 면담을 통하여 규명한다.
전문가 패널 (expert panels)	- 짧은 시간에 방대한 자료를 수집할 수 있다.	- 개인의 그릇된 통념이나 가치가 개입될 수 있고 집단사고의 부정적인 영향이 존재 할 수 있다.	- 조직 내부 전문가들이 탁월한 성과의 직무수행자들에게서 발견되는 특성들을 확인한다.
과업직능분석 (job task function analysis)	- 직무수행에 요구되는 전문적인 과업속성을 구체화함으로써 인지적 스킬을 귀납적으로 도출하고, 다른 방법으로 수집된 자료를 검증 하거나 보완할 수 있다.	- 직무 자체의 특성이강조되고 과업을 열거하다보면 지나치게 상세한 정보가 제공되어 일상적인 활동과 중요한 과업을 분리하기 어렵다.	- 과업수행에 요구되는 직무수행자의 직무 행동을 중심으로 직무 내용과 성공적인 직무수행에 필요한 주요 과업 행동을 분석한다.
역량메뉴구성 (competency menus)	- 시간, 비용상 효율적이다. - 전 조직에 걸친 직무역량을 동시에 규명가능하다. - 높은 참여로 결과수용용이하다. - 현재, 미래지향가능성이 있다.	- 관련자 전체가 모이는데 어려움이 있다. - 지식 및 기술에 초점을 맞추므로 행동자료의 추가 수집이 필요하다.	- 모든 업무단계, 모든 직급을 대표 할 수 있는 사람들이 모여서 각 업무에서 창출되는 부가가치 창출물과 필요 역량을 규명해 낸다.
역량사전활용 (competency dictionary)	- 활용이 용이하고 빠르다. - 역량 모델 구성시 집단 프로세스를 촉진한다.	- 결과가 일반적이다. - 행동지표가 구체적이 지못하다.	- 직무, 부문, 조직 등에 필요한 행동을 기술하는데 활용되는 보편, 표준적 역량들을 사전화하고 역량요소를 선택하여 모델을 만드는 방법이다.

역량모델 개발 프로세스

역량모델 개발의 절차는 경영환경과 전략 및 비전·미션의 검토와 조직 구성원의 업무수행분석과 성공적 행동사례 추출의 단계를 거쳐, 역량의 규명 및 역량진단도구의 개발과 역량 Model Package를 개발하는 순서로 진행된다.

다음에 제시한 역량모델 개발 프로세스는 9단계로 정의하고 있다.

1단계는 사전 준비 단계로 역량모델이 왜 필요한지에 대한 전략적(사업적) 필요성을 명확히 한다. 그리고 사업 Needs에 적합한 역량을 확인하기 위해서 어떤 직무를 대상으로 역량을 도출할 것인가를 명확히 하여야 한다.

2단계는 전략적 Vision 및 Mission 검토로 최근 경영환경 및 Trend를 검토하고 조직의 전략, 사업부의 전략에서 목표를 도출한다. 이것은 핵심역할(core role)과 핵심성과지표(KPI)를 기본으로 Mission의 바탕에서 이루어진다.

산업환경, 정책환경, 시장환경, 경쟁환경 그리고 조직의 Vision, 전략, 외부환경의 기회·위협과 조직의 강·약점 분석을 실시한다.

3단계는 수행업무(task)분석으로 전략과제와 실행과제를 분석하는 단계이다.

4단계는 성공행동사례(success incident)추출 및 성과판단의 기준 마련으로 조직 구성원들을 대상으로 한 자료조사 및 분석을 통해 직무수행에 필요한 모든 요소들을 확인하기 위해서 주요활동과 성공적 행동 사례를 추출한다. 역량을 확인하기 위해서는 BEI(behavioral event interview: 행동사건 면접), 전문가 패널, 설문조사, 기존 유사한 직무에 대한 역량 리스트, 과업·기능분석, 직접관찰 등 다양한 조사방법을 활용 한다. 그리고

High Performer의 행동사례를 각 역량별로 구체적으로 파악한다.

그리고 탁월한 성과자와 평균적인 성과자를 구분해 낼 수 있는 성과 판단의 기준이 필요하다. 무엇이 탁월한 성과인가가 명확히 정의되기 위한 기준이 마련 되어야 한다.

5단계는 역량규명(competency profile의 개발)으로 현재 및 향후 2~3년 내 가장 중요하게 요구되는 주요 활동에 대한 지식을 규명한다. 그리고 탁월한 집단에게는 발견되지만 평균집단에는 발견되지 않는 특성을 파악하는 과정이다. 핵심행동들을 분류하여 행동역량을 규명하고 핵심지식 및 스킬을 규명한다.

6단계는 역량진단도구 개발로 측정을 위한 Level(3~5단계)구분과 행동특성을 밝혀 낸다. 평가의 준거 제시로 역량수준의 평가가 가능해 진다.

7단계는 역량모델의 확인 검증으로 1차로 도출된 역량을 대상으로 설문 실시와 핵심인력으로 구성된 포커스그룹 미팅을 실시하는 등 역량의 확인 검증 단계를 거쳐야 한다. 도출된 역량을 해당 직무수행에 꼭 필요한 것인지 여부 그리고 역량을 구체적 측정지표로 나타내는 행동 요소들이 해당 조직의 일상적인 조직문화를 제대로 반영하고 있는지에 대한 여부가 검증되어야 한다. 신뢰성을 확보하기 위하여 교차타당도(concurrent cross validation), 구성타당도(construct validation), 예측타당도(predictive validation)를 확인한다. 이전 단계까지는 경영층에 보고 및 승인을 얻는다.

8단계는 역량모델 Package 개발로 역량진단도구와 역량행동지표 및 사례, Knowledge 중요 요소(backbone), 역량기반 교육체계, 자기 계발지원 등을 통한 역량 개발활동이 이루어진다.

[표2–8] Work Schedule

구 분	추진업무	세부일정
개발단계	– TFT 전체 Work Plan작성 – 역량모델체계작성 공통(기본)역량, 직무역량 Category 분류 직무역량 역량 List 작성 직무역량 profile 작성 및 완료 – 경영층 보고 및 승인	– 1개월 – 3개월 – 1개월
활용단계	– 역량을 활용한 선발 모델개발 – 평가시스템 개선 및 보상시스템과 연계 모델 개발 (성과시스템과의 연계) – 역량기반의 인적자원개발(CBHRD) 시스템 모델개발 – 최종(안)을 경영층에 보고 및 제도 승인	※ 인사시스템 전체 또는 일부시스템의 적용에 따라 일정이 달라짐

9단계는 역량모델의 활용으로 조직목표를 달성하기 위하여 선발, 경력관리, 승진·승계계획, 교육훈련, 평가, 보상에 역량모델을 전략적으로 활용한다.

[표2–9] 내부 전문가 패널(expert panels)에 의한 역량개발 기법

구 분	내 용	Check point
1단계	경영·행정환경 분석 – 미래 경쟁지향적 역량 도출을 위해 SME로 하여금 향후 2~3년 내 환경변화에 대해 토론(산업환경, 정책환경, 시장환경, 자사의 비전, 전략, 외부환경의 SWOT분석)	– SME 선정 및 사전 자료 수집 – 토론 시 질보다는 양 중심의 아이디어 도출 후 결합·통합하여 그룹핑
2단계	사업부·팀별 중장기 전략과제 도출 – 현재 및 2~5년 후 사업부·팀의 핵심전략과제 도출 및 이를 추진하기 위해 필요한 역량의 확인을 위한 토론(조직의 중장기 전략 및 경영자원의 분석 검토)	– 전체 조직·사업부·팀의 중장기 전략과제 검토를 통한 환경변화에 따른 핵심역량의 정합성을 체크
3단계	역량추출 – 참가한 팀장은 조직의 현재 및 향후 2~5년 내의 핵심적으로 요구되는 역량을 5개 정도 씩 추출 – 참가자들이 제시한 역량을 그룹핑 하여 역량명 을 확정	– 유사한 역량명칭은 통합 그룹핑 – 역량추출은 여러 번의 토의를 거쳐서 확정

구 분	내 용	Check point
4단계	**역량별 행동사례 작성** – High Performer의 행동사례를 각 역량별로 발굴(1개의 역량에 대해 2~3개의 행동사례를 발굴 기록) – 행동사례의 적정성 검토 (역량별로 핵심탁월사례에 대해 토론을 거처 선정)	– 행동사례는 동사로 표현하고, 부정문을 쓰지 않음 – 월드베스트, 국내베스트, 조직내 베스트를 발굴하여 수준을 정함

SME(subject matter expert): 주제전문가/내부전문가

[표2-10] 역량메뉴 구성(competency menus) 기법

구 분	내 용	Checkpoint
1단계	**업무 프로세스 분석** – 팀 및 기능별 업무(task)의 범위 설정 – 경영 환경변화(산업, 정책, 경쟁, 시장) 및 중장기 전략 과제의 파악	– 팀별·기능별 업무범위 설정 시 2~5년 후 시점의 기능을 고려 해야 함
2단계	**업무 프로세스별 산출물(output)** – 팀·기능별 업무 프로세스별 산출물 정리 – 핵심산출물 선정	
3단계	**핵심 탁월 행동사례 발굴·작성** – 핵심 탁월 행동 사례 정리	– 행동사례 및 역량명 선정 시 개념수준이 동일하도록 조정 및 선정 – 조직구성원이 같은 수준으로 느껴야 함
4단계	**행동사례 그룹핑 및 역량명 확정** – 유사 행동사례의 그룹핑 작업 – 행동사례에 나타난 내용을 정리하여 역량명을 확정 – 그 조직의 일반화된 언어로 역량명의 정의를 내림	

역량모델의 개발(도출)은 전문적인 영역에 속한다. 그러므로 역량개발에 필요한 다양한 분석방법과 프로세스를 명확히 하여야 하며, 초기단계에서는 많은 시간과 비용이 소요될 수 있다는 점에서 인내심이 요구된다.

● 탁월한 성과자의 행위(high performer behavior) 검토

조직의 목표, 전략과 연계한 개인의 성과 창출과 역량개발의 측정 및 관리를 통합적으로 지원하는 역량개발과 연결되는 전략적 성과시스템이 선진 조직의 최근 Practice 이다.

이 시스템은 사업계획에 따라 사업부 목표, 팀 목표, 개인 목표가 수립되고 핵심성과지표(KPI)와 역량이 유기적으로 연결되어 있다.

성과 창출로서는 업무할당, 성과목표 설정, 목표조정, 중간체크, 최종성과측정으로 이루어 진다. 그리고 역량개발은 역량개발 목표설정, 지원·지도, 중간 체크, 역량 측정으로 이루어 진다. 이것은 조직과 개인이 유기적으로 연결되며, 인재개발위원회에서 조정 역할을 한다

또한 이 시스템은 경영지표관리를 통한 전략적 성과와 역량의 통합 목표관리, KPI와 역량의 Database화 및 지식의 자원화 그리고 피드백과 코칭의 활성화, 조직의 체질개선을 이룰 수 있는 획기적인 시스템이다.

탁월한 성과자의 행동특성을 추출하기 위해서는 사전 자료수집과 행동사건면접을 실시한다.

자료수집은 문헌, Cyber 검색 등을 통하여 수집된 조직내·외부 역량에 대한 정보뿐만 아니라 탁월한 성과자에 대한 심층 인터뷰를 통하여 행동특성을 추출 한다.

행동사건 면접(behavioral event interviews)의 목적은 해당 직무를 수행하는데 필요한 핵심적인 지식, 스킬, 행동 양식에 대한 세부적인 목록을 추출하는데 있다.

행동사건면접(BEI)를 통해 관찰 할 수 있는 행동뿐만 아니라 관찰하기 어려운 행동들에 대한 정보 까지도 얻을 수 있다.

그리고 BEI를 통해 탁월한 성과자의 직무성과를 예측하게 하는 역량에 관한 정보를 얻는다.

인터뷰 질문자는 다음의 9단계 형식에 따라 인터뷰를 실시한다.

1단계는 인터뷰 목적을 설명한다. 인터뷰 질문자가 설문과 데이터의 사용목적에 대해 설명하고 인터뷰 대상자에 대한 비밀보장 부분에 대해 설

명을 하여 충분한 정보를 제공 할 수 있도록 안심시킨다. 추후 기록을 위해 녹음기를 사용 할 경우는 사전 허락을 받은 후에 사용한다.

2단계는 대상자의 신분을 확인한다. 인터뷰 대상자에 대하여 현 직책의 개략적인 사항(직책명, 보고라인, 책임, 재직기간, 최근 Issue)에 대하여 기본적인 질문을 한다.

3단계는 과업(task)과 활동(activity)을 확인한다. 인터뷰에 있어서 가장 중요한 사항은 직무의 수행에서 과업과 활동에 대한 사항이다. 인터뷰 대상자는 주요 과업과 각각의 난이도와 소요시간에 대해 기술하고 수행 직무 중에서 어느 과업이 가장 중요한지 평가하게 한다. (주요과업은 10개 이내가 되어야 한다.)

4단계는 업무 Flow를 파악한다. 업무를 수행하기 위한 과업 프로세스 상의 필요한 요건들의 의사결정자, 중요한 의사결정 포인트, 업무 완수에 영향을 미치는 미래 변화 등을 확인하는 단계이다.

5단계는 지식과 기술(skill)을 파악한다. 과업을 수행하는데 필요한 지식과 기술을 확인하는 단계이며 인터뷰 대상자는 미래에 필요한(3~5년 이내) 지식이나 현재 더 이상 필요하지 않는 지식이나, 스킬에 대해서도 의견을 제시하여야 한다.

6단계는 직무 습득 방법을 질문을 통하여 확인한다. 인터뷰 대상자는 해당직무를 어떤 방법으로 습득하게 되었는지와 직무를 효율적으로 수행하기 위해서 어떤 교육과정을 이수하였으며 유용한 수단이 무엇인지에 대한 질문에 답변하여야 한다. 자신의 경험에 비추어 교육과정의 이수방법(외부교육, 내부교육, Cyber교육, 독서)과 교육과정의 단축 방법이 있을 경우 제시하도록 한다.

7단계는 문제발생시 해결 방법을 확인한다. High Performer 에 대해 직무 수행상 장애물이 있을 경우 어떤 방법으로 극복 했는지의 성공사례와 실패사례에 대해 확인 하여야 한다.

8단계는 중요사건에 대해 기술한다. 피면접자가 직무를 수행하는데 있어서 중요한 지식, 스킬, 개인적 특성이 무엇인지에 대한 질문으로부터 시작하여 그 중 성공적으로 직무를 수행하는 데에 있어서 활용 되었던 것에 대한 구체적인 사항이 기술되어야 한다.

피면접자에 대해 중요한 특성들 중의 하나에 대해 성공적으로 증명되면 또 다른 추가적인 예를 질문한다.

9단계는 마무리를 한다. 인터뷰과정에서 나온 답변사항에 대해 모델을 설정하는데 데이터들을 어떻게 조합할 것인지에 대해 설명하고 인터뷰를 종결 짓는다. 인터뷰 질문자는 향후 완성될 모델에 대해 보완 하고 공유할 것을 주지시키고 모델링과정에 참여해 준 것에 대한 감사의 뜻을 전한다.

* 조직차원의 핵심역량(core competence)은 그 조직이 다른 조직과 차별화되는 Best Practice라든가 벤치마킹 해야 할 정도로 탁월한 성과를 내는 특이한 조직의 능력, 조직이 갖는 독자성, 강점, 특기 등이라고 볼 수 있다. GE에서 강조하는 Best Practice의 벤치마킹은 바로 조직차원의 핵심역량을 조사하는 것으로 볼 수 있다.

● 기본·직무·리더 역량모델

역량모델은 조직 공통의 기본역량 및 각 직무에서 요구되는 직무역량, 각 직위에서 요구되는 리더역량으로 구분된다.

– 역량의 구성 요소

역량의 구성요소는 역량군(competency clusters)과 개별 역량(competency)으로 구성되어 지며, 역량의 정의, 행동지표, 행동사례로 이루어져 있다.

[그림2-1] 역량의 구성요소

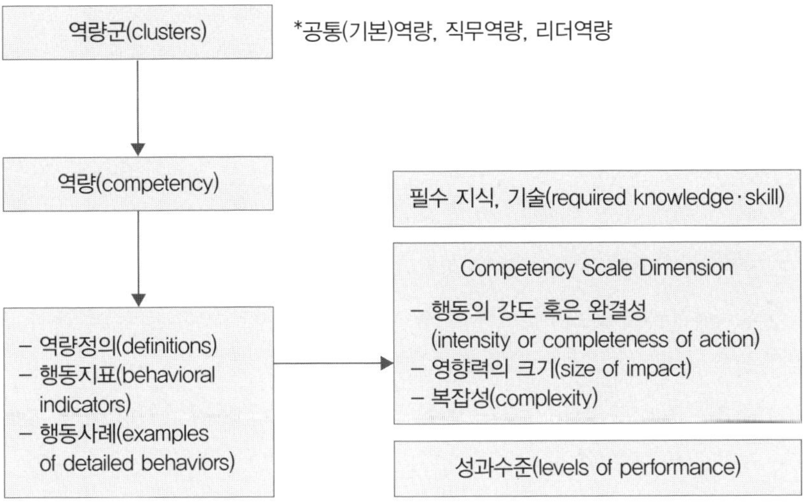

Source: Spencer & Spencer, 1993.

[그림2-2] 역량모델

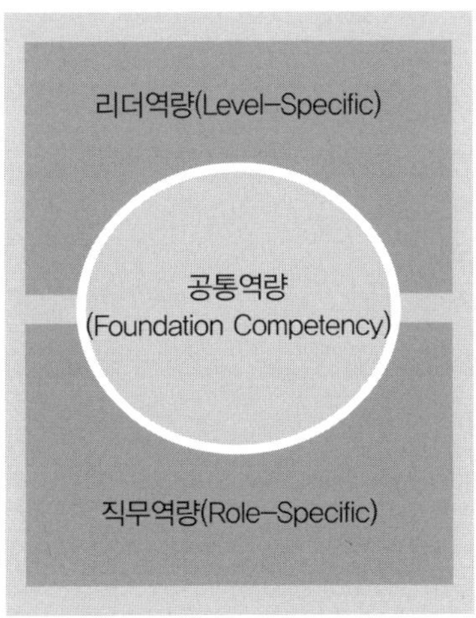

- 고위관리자, 팀장(Leader)으로서 갖추어야 할 역량
- 역할과 책임(Role & Responsibility)에서 도출

- 비전 및 전략 달성을 위해 전 조직구성원에게 요구되는 역량
- Mission, Vision, 핵심가치, 조직전략 조직문화, 조직이념에서 도출

- 직무 특성에서 요구되는 지식, 기술, 태도
- 업무프로세스, 직무역할에서 도출

– 기본역량(foundation competency)

기본역량은 조직구성원 전체에게서 나타나는 행동, 핵심가치(core value)에서 추출되어야 하며, 모든 조직구성원들에게 보편적으로 적용되는 특성을 나타낸다. 즉, 그 조직의 모든 구성원들에게 기본적으로 요구되는 자질요소로서 이들 역량들은 단기간에 개발 또는 향상되기 어려운 특성을 보이는 것 들이다.

– 직무역량(technical competency)

사업, 조직의 Mission, 목표를 달성하기 위해 해당, 기능·직종에서 반드시 갖추어야 할 경쟁우위 요소를 말한다.

직무역량은 수행하는 역할에 따라 다르게 나타나며 단기간에 개발 또는 향상이 가능한 것으로 설정하게 된다.

– 전략역량(strategy competency)

C사의 경우는 미래의 경쟁력 확보를 위해 조직 구성원으로서 반드시 갖추어야 할 역량(고객지향, 리더십)을 설정하고 있다. 또한 역량은 역량군(clusters)별로 구성원 개개인의 직무역할 및 책임의 크기와 연계하여 그 행동수준을 다음과 같이 8단계로 정의하고 있다.

Learning 단계(1~2 수준): 역할 및 조직전반에 대한 이해 단계

Applying 단계(3~4 수준): 지식, 기술의 개발 및 적용 단계

Guiding 단계(5~6 수준): 타인에 대한 지도와 이를 통한 공헌단계

Shaping 단계(7~8 수준): 정책을 조정하고 전략을 리드하는 단계

이와 같이 C사에서는 각 역할 및 전문 기능(직무)별로 필요한 역량의 수준을 정하여 인재개발의 기본 틀로서 활용하고 있다.

역량모델은 철저하게 성과를 달성하기 위해 조직구성원들이 어떤 활동들을 해야 하며, 그 활동의 상위목표인 핵심성과지표를 설정하고 성과를

달성하는데 요구되어지는 직무역량이 무엇인지를 도출하여야 한다.

[표2-11] 외국계 H사의 역량

공통 역량	
• 비즈니스나 일의 실적에 따른 역량모델 – 비즈니스/일의 성과와 결부되는 "High performer"의 행동 특성이나 지식, 스킬을 상정 – 공통 역량(조직 공통의 범용적 역량군)	
• 목적 – 전략과 연동된 역할(일)의 임용요건으로 정보를 공개하고 사원의 평가(assessment) 데이터와의 대조를 거쳐 적재적소를 실현	
• 활용 – 공통역량(6개 차원 36개 항목)을 체계화한 사전을 만들고 선발에 매칭, 조직팀 편성, 역량개발, 조직역량의 포트폴리오 분석 등에 활용	
6개 차원	**36개 내용(항목 레벨)**
Stratigic Leadership	• 경영, 사업전략의 기획과 조직개혁에 관한 역량군 – 전략기획(visioning & strategic direction) – 변혁 매니즈먼트(change management) – 지식 매니즈먼트(knowledge management) – 재무 매니즈먼트(financial management)
6개 차원	**36개 내용(항목 레벨)**
Customer Focus	• 고객중심 경영 역량군 – 고객관계관리(customer relationship) – 고객지향(customer first behavior)
Value Creation	• 새로운 기술, 시스템 창조·확립 역량군 – 분석적사고(analytical thinking) – 과학적 수법 활용(scientific methodology)
Operational Management	• 효율적 업무 오프레이션과 프로세스개선 역량군 – 조직감각(organization awareness) – 자원관리(resource management)
Management Effectiveness	• 인력과 조직의 효율적 매니즈먼트 역량군 – 권한위양(delegation & empowerment) – 인재육성(human resource development)
Personal Effectiveness	• 효과적 직무수행을 위한 개인적 기능 역량군 – Information technology Literacy – Time Management

– 리더역량(leader competency)

리더역량은 조직의 팀장이상 관리자들에게 요구되는 역량으로 조직의 성과를 향상시키기 위해 관리자들이 갖추어야 할 역량이다. 특정 조직의 특성이 나타나기 보다는 계층적으로 요구되는 역량이므로 타 조직의 리더 역량 항목을 벤치마킹하여 활용할 수 있다.

리더역량은 조직구성원들을 대상으로 설문실시 후 빈도가 높은 항목들을 선정하고 본부장(임원) 이상에게 의견을 청취한 후 확정한다.

일반적으로 역량모델은 크게 두 가지로 구분할 수 있다. 첫째, 일반 역량(generic competency)으로 모든 조직구성원들이 공통으로 개발하고 갖추어야 할 역량이다.

둘째, 차별적 역량(organic competency)으로 특정 역할이나 직위 기능에 따라 차별적으로 요구되는 역량이다. 차별적 역량은 역할모델(role model)과 기능별모델(functional model)이 있다. 역할모델은 수행하는 역할(관리자, 기술자 등)에 따라 역량모델을 추출하는 방식이며, 기능별 모델은 HR, 재무, 마케팅, 생산, R&D 등 기능별로 요구되는 역량을 추출하는 방식이다.

[표2-12] 역량모델의 두 가지 관점

역 량	적용 직급	역 량	특 징
일반적 역량	모든 구성원	– 유연성·변화 적응 – 위기관리 – 고객·서비스 지향성 – 개방성 – 팀워크 – 협조성	– 간단하고 명료하여 조직구성원들이 이해하기 쉬움 – 경영환경의 변화에 관계없이 지속적으로 활용이 가능 – HR시스템과의 연계가 용이

역 량	적용 직급	역 량	특 징
차별적 역량	임원	- 변화리더십 - 효과적인 의사소통 - 전략가적 주도성	- 차별적인 역량으로 세부 기능별 역량 파악이 가능 - 측정 및 보상수준 결정이 용이 - 역량모델 개발 및 유지 비용이 큼
	팀장	- 변화 실행 - 창의성 - 전략적 사고 - 팀 관리	
	팀원	- 일반적 역량 적용	

Source: Burack. E. H. Hockwarter, W & Mathys. N. J., 1997.

[표2-13] 관리자의 일반적 역량모델(a generic competency model of managers)

- 영향력(impact and influence)
- 성취 지향성(achievement orientation)
- 팀웍과 협력(teamwork and cooperation)
- 분석적 사고(analytical thinking)
- 주도성(initiative)
- 타인 육성(developing others)
- 자기 확신(interpersonal understanding)
- 지시·주장(directiveness/assertiveness)
- 정보 탐색(information-seeking)
- 팀 리더십(team leadership)
- 개념적 사고(conceptual thinking)
- 조직 인식과 관계형성(organizational awareness and relationship building)
- 전문성·지식(technical expertise)

Source: Spencer & Spencer, 1993.

관리자의 일반 역량모델(generic managerial model)

Spencer & Spencer(1993)의 관리자의 일반적 역량모델(generic managerial model)은 다양한 범위의 지위(일선 감독자로부터 총괄책임자까지), 기능(생산, 영업, 마케팅, 대인서비스, 교육 등) 및 산업(군대, 교육, 보건, 산업, 재무 서비스 등)이 망라된, 36개의 역량 모델을 참고하여 만든 것이다. 일반

관리모델에서는 모든 관리직에 적용되는 공통역량에 초점을 두고 있으며, 지위, 기능, 산업에 따른 차이를 설명 할 수 있는 틀을 제공 한다. 즉 이 모델은 특정한 직무에 적용할 목적으로 작성된 것은 아니다. 역량과 각 역량의 행동지표 또는 수준은 그 빈도나 중요도가 높은 순서로 나열되어 있다.

2) 역량 추출

역량의 추출은 행동사건면접(behavioral event interview)과 역량매뉴 구성(competency menu: 해당 직무전문가에 의한 역량 규명)으로 가능하며 정리 방법은 STAR기법으로 전개해 나가는 것이 좋다. STAR 기법은 다음과 같이 정의 할 수 있다. STAR에 적합하도록 답변을 이끌어 내기 위해서는 다음과 같은 질문을 사용할 수 있다.

- S(situation): 업무상황, 배경, 히스토리에 대한 구체적인 질문
- T(task): 업무의 목적, 목표, 효과 등 추구하고자 하는 궁극적 실현가치에 대한 구체적인 질문

– 구체적으로 수행한 업무가 무엇이었습니까?

– 그 때 무슨 일이 발생하였습니까?

– 왜 그런 프로세스를 거쳤습니까?

– 당시에 귀하가 처한 업무 상황을 자세히 설명해 주십시오

- A(action plan or attitude): 구체적 추진계획이나 태도에 대한 구체적인 질문

– 그 상황에서 어떻게 대응 하셨습니까?

– 귀하의 접근법은 무엇이었습니까?

– 귀하의 대책은 무엇이었습니까?

– 그 때 당신은 구체적으로 무엇을 했습니까?

- R(result): 추진결과(성과)에 대한 구체적인 질문

- 그 일의 결과는 어떻게 나타났습니까?
- 귀하의 대응 행동이 결과에 어떤 영향을 미쳤습니까?
- 귀하 팀의 결과는 어떻게 나타났습니까?

역량은 조직의 동질적인 공통언어(common language)로 내재화 되어 사용되는 것이어야 한다. 또한 역량군(competency cluster)의 도입으로 역량구조(structure)를 개발하여 체계적 정리를 통해 지식경영(KM)과 연계되어야 한다.

탁월한 성과자가 되기 위한 역량의 개발은 스스로에게 당신의 직무분야에서 성공사례(best practice)를 알고 있습니까? 어떤 특성을 가지고 있는 사람이 성공을 이루어 낼 수 있습니까? 당신은 성공을 위해 어떤 계획을 가지고 있습니까?

핵심업무에 대한 성공을 통해 탁월한 성과자가 되려면 당신은 당신 자신의 역량을 어떻게 개발해 나갈 것입니까? 에 대한 질문을 던져 보아야 한다.

[그림2-3] STAR 인터뷰 기법

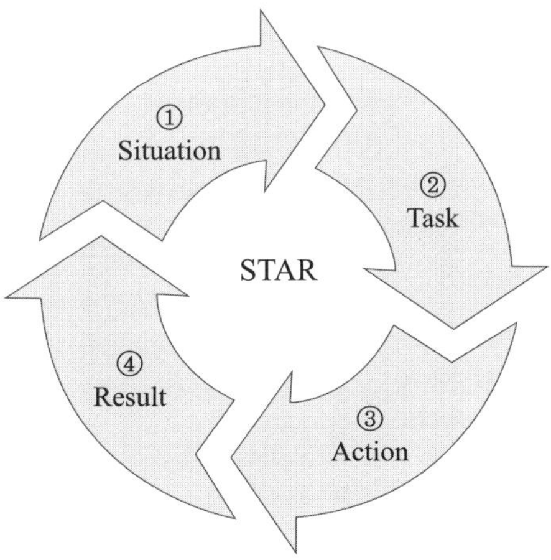

[표2-14] STAR 기법 사례

역량명	STAR	성공사례	Best Practice
우수 인재 선발	S	- 기존 선발 방식의 비효율적인 요소(인력, 비용, 프로세스)를 개선하기 위한 필요성이 대두되고, 글로벌 최고수준의 우수인재 선발의 Issue가 제기됨	[시스코시스템즈의 인재선발 기준] • 전문성 테크놀로지 전문기업인 만큼 해당분야에 적합한 기술적 역량을 가장 중요하게 적용 • 시스코맨 정립 - 계기가 주어졌을 때 자신을 완전히 불태울 수 있는 사람 - 스마트한 동시에 열정적인 사람, 결과지향적인 사람 • 시스코맨다운 자질보유여부 판별방법 면접이 큰 비중, 지원자에게 시스코에 대해 질문·평가함 - ex)결과지향성 여부 질문: 데드라인에 맞추기 위해 고생한 경험이 있는가? • 불합격 기준 금전적인 면만 염두에 두는 경우 - 성공하기 위한 다른 요소들: 회사의 혜택, 동료들에 대한 평가, 인간적인 대우 회사에서 맡는 역할의 중요성
	T	- 탁월한 인재 D/B 5천건 이상 유지, 적기 선발 - 선발비용 최소화 - 선발 기능의 다양화 및 차별화(온라인 역량진단, 심사기준의 다양화, 차별화, 면접기능 강화)	
	A	- 선발시스템 개선 - 기업 Reputation 개선(선발 메리트 정리, 폭넓은 선발 홍보, 전사적 기업 이미지 제고) - 심사기준 차별화(탁월한 인재의 기준, 사내추천) - 선발기능 차별화(역량프로그램, 면접방식_그룹토의, 프리젠테이션, 행동관찰)	
	R	- 글로벌 최고의 생산성, 수익성 창출 - 글로벌 탁월한 인재집단 Reputation 형성을 통한 인재 확보 - 역량시스템 개발을 통한 인력, 비용, 프로세스의 효율 극대화	

[표2-15] Dubois(1993)에 의한 역량추출 분류

구 분	수정된 직무분석접근법 (modified task analysisapproach)	중요특성접근법 (critical trait approach)	상황접근법 (situational approach)
개발자	William(1982)	McClelland(1973)	McLagan(1990)
내용	- 과업분석 방법의 변형 - 직업기술교육, 훈련에 사용하기에 가장 효력이 있는 방법임	- 우수한 성과와 보통의 직무성과를 구별해 주는 중요 인적 특성, 행동, 그리고 다른 특성들을 인식 할수 있어야 함	- 역량을 개발하기 위하여 한 가지 방법 또는 한 가지 모형만을 기술할 수 없음 - 수준이 높은 직무는 추상적이기 때문에 특별한 접근법을 요구함

구 분	수정된 직무분석접근법 (modified task analysisapproach)	중요특성접근법 (critical trait approach)	상황접근법 (situational approach)
		- 성공적인 직무성과에 요구되는 내적인 인적 특성과 다른 특성들을 강조함 - 직무역량평가방법 (JCAM)의 개발	- 그러나 낮은 수준의 직무는 매우 구체적이기 때문에 역량모형은 과업분석 방법이 좋음

3. 역량모델의 타당성 검증

역량모델이 효과적으로 타 HR제도와 연계되고 활용되기 위해서는 역량모델의 타당성이 검증되어야 한다. 타당도는 일반적으로 안면타당도(face validity)와 탁월한 성과의 예측지표 타당성이 사용된다.

역량모델을 검증 하기 위해서는 포커스 그룹미팅(FGI), 역량설문조사, 전문가 워크샵 등과 같은 방법으로 실시한다.

첫째, 역량모델의 행동지표를 360도 피드백의 구조화된 설문지로 설계하여 설문을 실시한다. 역량별로 구체적이고 관찰 가능한 행동지표로 설문서에 각 역량 행동에 맞추어 역량을 행동 항목들로 작성한다.

둘째, 성과를 탁월하게 낸 사람과 평균 정도와 미달한 직무 담당자들의 팀원, 동료, 상사, 외부 직무 관련 고객에게 설문서를 배포 한다.

셋째, 설문 자료분석을 실시한다. 각 개인별 평균점수를 역량들과 성과그룹들의 평균점수 간에 어느 정도 차이가 발생하는지, 상호관련성이 있는지를 비교 분석한다.

이 때, 역량과 탁월한 성과 그룹간에 의미 있는 상관관계가 있다면 그 역량은 공인타당도(concurrent validity)를 가진다고 할 수 있다.

McLagan(1997년)에 따르면 역량모델의 타당성은 다음의 세가지 방법으로 검증할 수 있다.

첫째, 제2의 준거 표본에서 행동사건면접(behavior event interview) 데이터를 수집한다. 즉, 초기의 준거표본에서 만든 역량모델이 동일한 직무를 수행하는 다른 집단의 수행을 예측할 수 있는가를 보는 것이다. 이러한 접근방법을 동시적 교차타당성(concurrent cross-validity)이라고 한다.

둘째, 역량모델에 의해 정의된 역량을 측정할 수 있는 검사를 개발하여 제2 준거 표본의 탁월한자 및 평균자를 대상으로 이 검사를 실시하는 것이다.

이 때 역량모델과 이를 평가하는 도구가 모두 타당한 것이라면 제2 준거 표본의 탁월한 집단은 높은 점수를 얻어야 한다. 이런 검증방법을 동시적 구성 타당성(concurrent construct validity)이라고 한다.

셋째, 역량모델을 적용하여 인재를 선발하거나 훈련한 다음, 미래에 실제 이들이 탁월한 직무성과를 내는가를 검토하는 방법이다. 이를 예측 타당도(predictive validity)라고 한다.

* 안면타당도(face validity): 진단항목들이 진단용도에 적절한지에 대해 피진단자들이 느끼는 정도로 구성원이 상식적으로 익숙해하는 것과의 일치 정도를 말한다.

[표2-16] 역량의 타당성 및 신뢰성 검증 적용 방법론

방법론	사용목적	검증도구
내용 타당성 검증 (content validity)	역량에 대한 전반적인 Screening 또는 역량 항목이나 역량별 행동 특성의 누락 여부 체크	- Face Validity - 논리적 검증(logical validity)
구성 타당성 검증 (construct validity)	역량별로 정의된 행동특성이 실제로 그 역량을 제대로 설명하는지를 검증, 의미의 차이가 없는 행동특성의 제거, 통합	- 빈도분석 - 요인분석 (rotated factor analysis)
신뢰도 검증 (reliability test)	역량별로 추출한 행동 특성들이 서로 같은 의미를 가지고 있는지를 검증, 신뢰도가 낮은 행동특성을 제외	- Cronbach's 알파 분석

4. 역량모델 산출물 및 개발 시 고려사항

역량모델링 작업 수행을 통해서 얻을 수 있는 산출물의 성격과 활용 목적은 다음 5가지로 설명 할 수 있다

[표2-17] 역량모델의 산출물

산출물	성 격	목 적
Job Profile	직무의 Mission, 주요직무기능, KPI, 핵심지식·Skill을 함축적으로 제시	각 직무의 특성을 일목요연하게 정리함으로써 직무의 전체적인 틀을 이해할 수 있음
역량모델 및 정의	- 역량군 발굴 개별역량과 관련역량의 분류 축 제시 - 역량 정의 각 역량에 대한 정의	추출 역량의 일목요연한 정리 및 조직 내 공통언어 발굴 사용
역량진단 Tool	역량을 평가(측정) 할 때 판단의 기준이 됨 대표적인 행동지표(typical behavior), 행동사례(behavior example)	역량측정의 Scale 제공 역량개발 시 코칭의 기준을 제시함
행동지표 및 행동사례	각 역량의 직무수행상의 행동 지표별 성공행동사례(successful behavior incidents)를 제시	각 직무에서의 탁월한 성과자의 역량모델을 제시함으로써 평균성과자의 자기개발에 준거로 활용함
역량개발 계획	역량평가에 의한 개인별 역량Gap에 대하여 역량육성 계획을 수립하게 됨	역량평가를 통하여 부족한 역량에 대하여 조직 구성원은 개인별 구체적인 역량개발 Needs를 파악하여 성과와 연동되는 교육훈련을 실시함

역량모델의 개발은 그 조직의 고유한 조직문화와 조직규모(size), 업종의 특성 등과 같은 요인들에 의해 결정된다. 역량모델이 조직의 경영목표와 성과를 달성하는데 공헌하기 위해서는 다음과 같은 점들을 고려하여 만들어져야 한다.

첫째, 역량모델을 조직 전체에 적용할 것인지, 사업부, 팀, 직급 등 각각의 적합한 부분적인 역량모델을 구성할 것인지를 검토하여야 한다.

통합된 하나의 역량구조를 조직 전체에 적용 할 경우 조직 구성원들이 쉽게 이해하고, 적용이 용이하며, 비용이 적게 드나 단점으로는 정확성이 떨

어진다는 것이다. 반면 복잡하지만 다양한 역량모델을 적용할 경우에는 정확도가 높고 평가, 개발(development)과 연결이 용이하다는 장점이 있다.

둘째, 역량모델을 그 조직의 특성을 감안한 자사만의 독특한 모델로 만들 것인지, 아니면 선진조직의 개발된 역량모델을 기초하여 일반모델을 만들 것인지에 대한 검토가 이루어져야 한다. 기존의 일반모델(generic model)을 사용할 경우는 조직 내에서 역량모델에 대한 검증 작업을 거쳐 수정 보완하여야 한다.

셋째, 선발 및 개발(development)과정에서 역량모델을 너무 강조 할 경우 조직내의 다양성을 감소 시킬 가능성이 있으므로 이에 대한 적용지침을 수립하여 조직성과에 영향이 미치지 않도록 개발 시 유의하여야 한다.

넷째, 선발 시 역량모델을 어떤 툴을 사용 할 것인지를 검토하여야 한다. 역량면접, 심리검사, 평가센터(assessment center) 등의 도구나 기법들을 다양하게 활용하여야 한다.

역량모델은 개발 초기과정부터 그 조직이 필요로 하는 역량이 무엇인지를 최고경영층에서부터 일반 조직구성원에 이르기까지 전 조직 구성원이 참여를 통해 개발되어야 만이 이해와 수용을 바탕으로 해서 정착할 수 있는 자기 조직만의 독특하고 탁월한 역량모델이 될 수 있다.

5. 역량모델의 활용

역량모델은 선발, 승진, 개발(development)에 적용할 수 있다. 제한적이기는 하나 보상과도 연계가 가능하다.

역량모델은 적용 영역 및 목적에 따라 평가의 방법이 달라져야하며. 모든 영역에서 고려하여야 할 것은 성과의 향상이다. 그 이유는 역량이란 그 직무에서 효율적이거나 탁월한 성과를 보이는 개인의 잠재적인 특성이기 때문이다.

1) 역량기반의 선발

Lepsinger(1999)는 역량모델은 선발의 오류를 줄일 수 있으며, 유효하다고 주장하고 있다. 그 근거로 첫째, 직무요건(job requirements)을 명확히 한다. 직무중심의 선발 방법은 컴퓨터, 회계기록, 영업활동 등과 같은 직무요건을 협의적 측면(narrow aspect)에 관심을 기울였을 뿐 성과를 달성하는데 필요한 다른 요소들을 고려하지 못했다. 역량모델은 직무를 수행하는데 고려해야 할 성과를 달성하는 유효한 요건들을 명확히 제시 함으로써 면접관으로 하여금 지식, 기술, 특성을 고려한 신뢰할 수 있는 선발이 가능하도록 한다.

둘째, 성공 잠재력을 갖춘 인재를 선발할 가능을 높여 준다. 면접관에게 있어서 성공 잠재력을 갖춘 인재를 어떻게 판단할 것인가는 쉬운일이 아니다. 역량모델은 직무의 성과와 상관관계가 높기 때문에 이러한 문제를 해결할 수 있다. 면접관은 직무수행에 요구되는 지식, 기술, 특성이 부족한 지원자를 가려내는 한편 탁월한 잠재력을 갖춘 인재를 선발할 수 있다.

셋째, 체계적이고 구체적인 선발 인터뷰를 설계한다. 역량모델은 면접관들이 지원자들의 역량을 평가할 때 중요 직무관련 성공요인에 초점을 맞추게 해주며, 선발과 관계된 사람들이나 타면접관들이 동일한 기준을 적용하고 있음을 확인시켜 줌으로써 선발의 타당성과 신뢰성이 확보되어 의사결정의 수용성을 높여 줄 수 있다.

넷째, 개발(development) 가능한 역량을 구분할 수 있다(Wood & Payne, 1999). 어떤 역량이 직무에서의 성과를 달성하는데 가장 유효한지를 명확히 해줌으로써 개발을 할 수 있는 속성인지를 알수있기 때문에 지원자들에 대한 역량을 더 잘 평가하게 한다.

2) 역량기반의 승진

Lucia & Lespsinger(1999)는 합리적이고 체계적인 승진·승계(Promotion & Succession plan)를 위해 고려해야 할 요소로 대상 직위별, 승진·승계를 위한 요건에 대한 책임자들간의 동의, 누가 준비된 인재이며 왜 그런가에 대한 이유를 설명할 수 있어야 한다고 하였다.

첫째, 승진·승계에 요구되는 일정 수준의 지식, 기술, 특성을 명확히 해준다. 중요 직위에 임용할 인재에 대한 개발은 많은 투자가 소요되기 때문에 그 직위에 대한 충원을 결정하기 전에 해당 직무의 요건과 탁월한 성과를 달성하기 위해 요구되는 역량들을 파악해야 한다. 역량모델은 그 역할을 수행하는데 필요한 역량과 성공을 예측할 수 있는 예측 가능한 변수가 되는 역량행위들을 정의하는데 도움을 줄 수 있으며, 해당 직위에 필요한 지식, 기술, 특성과 과거 높은 성과를 가져온 역량행위들을 구분할 수 있다.

둘째, 승진 후보자들의 역량보유 준비상태를 평가할 수 있는 방법을 제공한다. 승진·승계 후보자들에 대한 강점과 개발해야 할 점들을 평가할 수 있는 방법이 필요한데 역량모델은 이에 대응할 수 있다. 즉 역량모델은 어떤 후보자가 역량이 준비되어 있는지를 평가하는데 평가자로 하여금 해당 직무에서 요구되는 관련 특성에 초점을 맞추게 한다. Edwards & Ewen(1996)은 360도 피드백 과정의 사용은 후보자의 행동에 의해 직접적으로 영향을 받는 사람들로 하여금 정보를 제공하게 함으로써 이를 더 개선시킬 수 있다고 하였다.

셋째, 개발(development)을 통하여 부족한 역량을 보완하고 습득하게 한다. 합리적인 승진·승계는 누가 역량이 준비된 인재인가를 알게 할 뿐만 아니라 잠재력이 높은 후보자를 개발하기 위한 경로를 제공한다. 그러므로 역량모델은 해당 직위의 역할을 수행하는데 요구되는 역량을 기술하고 360도 피드백과정은 후보자의 현재 역량을 평가할 수 있는 방법을 제공해 준다.

3) 역량개발(development)

역량모델을 기반으로 한 역량개발은 조직의 단기 및 중장기적인 관점의 접근을 가능하게 한다. 전통적인 교육훈련 방법은 직무성과에 가장 관련되고 영향을 미치는 역량을 대상으로 한 것이라기 보다는 조직의 단기적인 필요성이나 문제해결을 위한 경향이 강했다.

첫째, 개발(development)활동이 조직의 전략과 연계되도록 한다. 역량모델은 조직의 비선 및 선략을 날성하는데 요구되는 것에서부터 출발하기 때문에 조직의 전략적 의사결정을 지원하는 것은 물론 조직의 목표를 달성하기 위하여 필요로 하는 것을 포함 한다.

둘째, 역량모델은 전략 및 전략과제와 연계된 성과 달성과 관련된 행위에 집중하도록 한다. 역량모델은 조직구성원으로 하여금 자신의 성과를 달성하는데 필요한 역량을 개선시키기 위해 개발할 필요가 있는 역량을 진단을 통하여 파악하고 개발에 접근한다. 따라서 역량모델은 성과와 관련이 높은 행위 및 기술에 집중하게 한다.

셋째, 개발(development) 활동의 타당성을 확보하고 효율적으로 지원한다. 역량모델은 직무성과에 가장 영향을 미치는 프로그램 및 직무에서 핵심적으로 필요로 하는 행위와 그렇지 않는 프로그램을 차별화 함으로써 조직구성원의 개발을 전략적 및 효율적으로 접근을 가능하게 한다.

넷째, 리더의 성과 코칭을 위한 적절한 기준을 제공해 준다. 인재개발체계의 근본적인 측면은 피드백을 통하여 어떤 역량을 개발하는 것이 가장 효용성이 있는지를 알고, 역량개발 프로그램에서 습득한 개념과 기술을 현업직무에 적용하고 강화시키는 것이다. 이때 리더는 명확하고 구체적인 역량모델을 근거로 조직구성원의 역량개발을 위한 활동을 충실히 수행할 수 있다.

4) 역량중심의 보상

보상제도는 산업혁명 이후부터 유지되고 있던 직종별 임금제도가 테일러의 과학적 관리법에 따라 직무급으로 전환되면서 보상시스템의 근간을 이루고 있으나 문제점이 나타나기 시작하였다. 자신이 맡고 있는 직무 이외에는 수행과 하지 않으려는 경향을 보이고 급격한 경영환경 변화로 직무가 자주 바뀔 수 있다는 것이다. 이를 개선하기 위해 직무중심(job-oriented)의 보상시스템이 기술(skill)을 중시하는 사람중심(person-oriented)의 보상시스템으로 대체되는 경향이 증가하고는 있으나 이 또한 생산직에게는 적합할 수 있으나 사무직에게는 적용하기 어려운 한계를 보여왔다. 그렇기 때문에 조직구성원의 개발가능성과 공정성을 확보할 수 있는 역량의 특성 때문에 역량기반의 보상시스템도 확산될 가능성이 존재한다. 그 이유는 Cofsky(1993)는 조직규모, 조직문화, 목표가 각기 다른 조직들에 있어 역량기반의 보상시스템은 유연하고 효과적인 대안을 제공해 줄 수 있다고 하였다. 즉 제조업, 서비스업, 도소매업, 대기업 및 중소기업도 적용될 수 있을 뿐만 아니라 개인과 팀, 전체 조직에도 적용이 가능할 수 있다. 또한 Cofsky는 역량중심의 보상시스템은 첫째, 조직의 핵심 사명(core mission)과 능력(capability)에 전략적 강조를 새롭게 할 수 있다. 둘째, 높은 직무성과의 가치를 강조할 수 있다. 셋째, 조직구성원들은 그들의 기술(skill)과 직무의 범위를 더 확장함으로써 그들이 기여하는 부가가치에 대하여 보상을 받을 수 있다. 넷째, 조직구성원들의 성과를 달성하는 방법을 분석할 수 있다고 하였다.

Theory-Model-Methodology

PART 2

평가센터 구축 및 운영

(Assessment Center)

CHAPTER 03

평가센터의 구축

1. 평가센터의 개요

1) 평가센터 개념

평가센터(assessment center)는 미래 혹은 현재 조직구성원의 다양한 역량이 다수의 평가자에 의해 복합적인 기법(질문지, 인터뷰, 역할연기 및 시뮬레이션)을 활용하여 평가하는 과정이다. 또한 평가센터는 기관이나 연구소 등의 개념이라기 보다는 평가절차(process)나 평가체계(system)의 개념이다.

흔히, 어떤 사람을 어느 직위에 선발할 때 '이 사람이 과연 이 직위에서 바람직한 행동을 하여 조직의 목표달성에 기여할 수 있을 것인가'에 대하여 생각하게 된다. 이러한 문제를 해결하기 위해서는 대상자의 행동과 태도를 미리 예측할 수 있어야 한다. 이러한 예측을 가능하게 해 주는 가장 타당한 기법 중 하나가 평가센터(assessment center)이다.

평가센터는 다수의 훈련된 평가자(multiple trained observers)가 다양한 기법(multiple techniques)을 바탕으로 피평가자의 행동을 측정하는 평가 기법이다. 행동의 측정은 모의상황(simulations)을 통하여 이루어지며, 이러한 측정은 통계적인 통합과정이나 평가자간의 회의를 통하여 종합적으로 통합된다. 평가센터에서 모의상황을 활용하는 이유는 실제 행동상황에서 대상자가 가진 역량을 가장 잘 관찰할 수 있기 때문이다. 이러한 이유로 평가센터는 직무성과 예측력이 가장 뛰어나다. 또한, 평가센터는 복합적인 행동를 평가하는데 유용하다. 의사소통이나 문제해결 또는 대인관계나 리더십 같은 영역은 보다 복합적인 행동이기 때문에 이러한 경우와 관련된 선발, 개발, 기타 인적자원관리 영역에서 평가센터는 그 효용성이 높다고 할 수 있다. 평가센터(assessment center)는 기관이나 연구소 등의 물리적인 장소 개념이라기보다는 평가절차(process)나 평가체계(system)

의 개념으로 외국정부에서는 역량평가를 위해 특별히 설계된 물리적 시설을 사용하여 평가센터를 운영하거나 연수시설에서 평가센터를 운영 한다. 민간의 경우는 자체적으로 운영하기 보다는 평가 전문기관들이 평가센터 프로그램을 대행하여 운영한다.

Kudisch(1998)에 의하면 정형화된 평가센터의 형태는 없지만 일반적으로 활용되는 기법은 In-basket(83%), 가상 코칭 미팅(78%), 리더십 집단토론(70%), 평가자에 의해 수행된 구조화된 인터뷰(70%), 프리젠테이션(68%)를 활용하였다.

평가센터의 궁극적인 목적은 인재 선발(승진)과 인재 개발에 활용된다고 보면 된다.

[표3-1] 평가센터 용어

용 어	설 명
평가센터 프로그램 (assessment center program)	평가센터에서 실시하는 평가 프로그램으로, 모든 실행프로그램을 합친 것을 지칭함
실행프로그램 (exercise)	하나의 평가 프로그램 단위로, 다양한 유형이 존재하며, 역량을 평가하기 위한 모든 요소를 갖추고 있음
모의상황 (simulation)	실행프로그램에서 행동 가이드와 평가체크리스트를 제외한 모든 내용을 지칭함
모의 상황구조 (plot)	업무상황에서 나타나는 역량을 평가하기 위해 조직의 성격과 특성을 반영한 갈등구조나 딜레마적 상황 구성
상황내용 (situation)	모의 상황구조를 보다 피평가자가 쉽게 이해할 수 있는 구체적인 상황으로 나타낸 것으로 모의 상황과의 차이는 진행을 위한 구체적인 자료 등이 없다는 것
행동가이드 (guide)	모의상황을 원활하게 운영하고 원하는 방향으로 평가가 진행되도록 하기 위한 행동지침
평가체크리스트 (checklist)	모의상황을 진행하면서 나타나야 하는 행동을 제시하여 평가가 객관적으로 이루어지도록 하는 평가항목(구체적인 행동으로 기술됨)

용 어	설 명
평가자 (assessor)	평가센터를 통해 피평가자를 관찰하고 역량에 대해 평가하여 점수를 부여하고, 피평가자에게 평가결과에 대해 피드백을 제공하는 자로, 많은 훈련을 필요로 함
평가보조자 (assistant/observer)	평가가 원활하게 이루어지도록 평가자를 도와 상황을 이끌어 나가는 역할을 하는 자로 외국의 경우는 배우를 활용하기도 함

● 평가센터 발전 연혁

평가센터(assessment center)는 제2차 세계대전 전에 독일군에 의하여 처음으로 사용되었으며, 제2차 세계대전 중에는 영국이 독일의 방법에 착안하여 영국전쟁장교선발위원회(British War Office Selection Board)에서 장교를 선발하는 데 이용되었고 또한, 미국에서는 CIA의 전신인 전략서비스국(OSS: Office of Strategic Services)이 첩보원을 선발하는데 이 방법을 이용하였다. 그리고 산업계에서는 1956년 미국 전신전화공사(AT & T)에서 처음 시도되어 평가의 공정성에 대하여 인정받아 1960년대 이후에 평가센터를 활용하는 기업들이 늘어났다. 또한, 1973년에는 평가센터에 관한 국제회의(1st International Congress on the Assessment Center Method)가 개최되어 1975년에 표준가이드라인이 설정되었다. 오늘날 미국에서는 수 천개의 평가센터가 운영되고 있으며, IT산업의 발달과 기술의 변화에 따라 효율적이고 객관적인 평가를 위하여 웹기반의 평가 도구(tool)를 개발되어 활용되고 있다. 그 밖에 캐나다, 영국, 호주 등 많은 나라에서 고위공무원의 선발 혹은 개발을 위하여 평가센터 기법을 활용하고 있다.

● 평가센터의 필요성

평가대상자들에게 직무상황과 유사한 역량평가과제들을 제시하여 이를 수행하게 하고, 훈련 받은 역량평가자들이 이 역량평가과제 수행을 관찰하여, 제시된 평가기준에 따라 요구역량의 수준을 평가하는, 직무성과에 예측력이 매우 높은 역량평가 도구이다. 필요에 따라 인터뷰, 테스트 기법을 포함하기도 한다. 평가센터의 필요성은 다음과 같다.

- 핵심인재관리: 준비된 행정가와 전문가를 확보하기 위한 조직차원의 인재에 대한 정의와 요건의 정립이 필요하다.
- 리더십: 조직의 지속 가능성과 성과를 책임질 수 있는 리더그룹을 확보해야 한다. 이를 위해서는 잠재력 있는 리더를 선발하고 육성해야 한다. 특히, 평가센터는 개발과 운영에 많은 투자가 소요되므로 상위 관리자의 선발 혹은 개발에 활용하는 것이 투자 효과측면에서 바람직하다.
- 경력전환: 성과부진 그룹을 지속적으로 재배치 관리함으로써 인재 수급의 유연성을 확보할 수 있다.
- 경력관리: 각 개인이 자기개발을 위해 노력할 수 있는 여건을 조성함으로써 경쟁력 있는 인재를 육성하고 개인의 시장가치를 증대시킬 수 있다.
- 성과보상: 성과를 공정하게 평가하고 보상함으로써 핵심인재 유지를 극대화 할 수 있다
- 선발: 정의된 역량모델에 부합되는 인재를 확보할 수 있다. 이는 효과적인 인재 유지와 인재관리 비용의 최소화를 위한 출발이 된다.
- 역량모델: 조직의 전략목표 달성 및 성과창출을 위한 역량모델을 구체화한다. 이는 이후 인재관리 전반의 핵심을 이룬다.

● 평가센터의 특징

평가센터는 다른 평가제도와는 구분되는 특징을 가지고 있다.

- 직무상황에 근거한 행동을 관찰·평가
- 미래 행동을 예측

- 복합적 평가기법의 활용
- 다수의 평가자 참여
- 합의에 의한 평가 결과의 통합

● **평가센터의 효용성**

피평가자들은 지필검사나 일대일 인터뷰 보다는 평가센터 경험으로부터 더 많은 것을 배운다. 평가센터에서 피평가자들은 자신의 행동방식에 관한 통찰을 얻고자 다른 피평가자들이 동일한 상황에서 어떻게 대처하는지 관찰할 수 있다. 이러한 효익은 훈련과정이 존재하지 않는 선발이나 승진 프로그램에서도 발생한다. 프로그램이 끝날 때 받는 피드백에서도 역시 도움을 얻는다. 선발 및 승진 프로그램이 제한된 피드백이라 하더라도 참가자들은 평가자들이 자신의 의사결정과 상호작용 유형을 어떻게 평가하는지 배운다. 추후 개발 활동이 계획되지 않더라도 결과를 활용하여 스스로 개선계획을 시작할 수 있다.

Alon(1977)은 평가센터를 실행하면 많은 긍정적인 효과가 있다고 언급하였다. 평가 역량 정의와 후보자 평가를 위해 함께 일하면서 모든 계층의 관리자 간에 관리자 모델에 대한 관점의 정렬을 할 수 있다는 것이다. 관리자들은 조직 전체의 효과적인 운영에 기여하고, 더 나아가 조직의 발전을 이끄는 행동들에 관해 서로에게 배우게 된다.

2) 평가센터의 구성요소와 평가프로그램 유형

● **평가센터의 구성요소**

평가센터는 평가대상자에게 직무상황과 유사한 역량평가과제들을 제시하여 이를 수행하게 하고, 훈련 받은 평가자들이 이 과제 수행을 관찰하여, 제시된 평가기준에 따라 요구역량의 수준을 평가하게 된다. 평가센터의 구성은 역량평가요소, 역량평가과제, 역량평가자, 피평가자, 피드백으로 이루어 진다.

- 역량평가요소(역량): 해당 직무를 탁월하게 수행하는데 요구되는 행동 특성
- 역량평가과제(상황과제 및 기타 평가도구): 역량을 평가할 수 있도록 구성된 직무 유사과제 혹은 역량평가프로그램. Group Discussion, Presentation, In-Basket, Role-Play 등 다양한 유형의 역량평가과제를 운영, 필요에 따라 인터뷰, 테스트 등을 포함하기도 함
- 역량평가자(훈련 받은 평가자): 대상자의 역량평가과제 수행을 관찰하거나 인터뷰를 진행하여 역량의 발휘여부를 판단, 역량요소와 역량평가과제 숙지 정도가 평가의 정확성을 좌우
- 역량관찰자: 내부 직원 혹은 평가 전문가로 역량평가프로그램이 원활하게 수행되도록 역량평가자를 돕는 역할
- 피드백(피드백 리포트): 시뮬레이션별 수행 상황과 개인의 강점, 개발 필요점이 상세히 기록되어 있는 피드백 리포트 제공

Colorado 주립대의 조지 C. 손튼(George C. Thornton III) 교수가 제시하는 평가센터의 8가지 기본요건은 아래와 같다(Assessment Centers in Human Resource Management, George C. Thornton III, 1992).

① 직무분석(Job Analysis): 직무 성공에 요구되는 스킬, 특질, 동기 등 차원(dimension) 혹은 역량을 확인하여 직무상황과제 개발의 기초자료를 제공

② 다수의 평가도구(multiple assessment techniques): 테스트, 인터뷰, 설문 및 상황과제 등 다양한 평가도구를 활용하고 역량 관련 행동을 반복적으로 관찰할 수 있도록 구성

③ 상황과제(situational exercises): 실제 직무에서 발생 가능한 복잡한 상황들을 과제로 구성하고 평가대상자의 상황 처리 행동을 직접 관찰

④ 행동 반응(behavioral responses): 직무에서 요구되는 행동을 직접 나타내는 것으로 복합적이고 역동적인 상호작용을 직접 관찰할 수 있음

⑤ 행동 관찰(behavioral observations): 훈련 받은 평가자가 평가대상자의 행동을 관찰하고 관찰 가능한 언행에 대한 구체적인 기술과 평가를 실시

⑥ 복수 평가자(multiple assessors): 개별 평가자가 가지는 편견의 역기능을 최소화하고 상이한 관점의 평가가 가능함. 보통 조직 내외의 직무 및 평가 전문가로 구성

⑦ 훈련 받은 평가자(trained assessors): 행동관찰, 관찰내용 기록, 관찰행동 분류, 수행수준 판단, 관찰내용 공유 및 통합, 피드백 제공의 역할을 수행하며 자격을 갖추도록 철저히 관리할 필요가 있음

⑧ 관찰의 통합(integration observations): 임상적(clinical)·판단적 정보 통합, 통계적·기계적 정보의 통합 방법이 있으며, 보통 두 가지 방법을 보완적으로 사용

● 역량평가프로그램의 유형

역량평가프로그램의 구체적인 유형으로는 Role-play, Presentation, Discussion, In-basket 등이 있다.

- Role-play: 피평가자와 역량평가자 및 관찰자가 참여하여 제시된 갈등 상황에 대한 논의나 역할을 진행
- Presentation: 주어진 자료를 피평가자가 나름대로 정리하여 프리젠테이션할 자료를 만들어 프리젠테이션을 하고 평가자가 이에 대해

확인하는 상황

- Discussion: 토의진행자(평가자가 이 역할을 수행할 수도 있음)가 해당 주제에 대한 토의를 진행하고 복수의 피평가자가 토의에 참여하는 유형(leader group discussion)과 토론 진행자 없이 참가자들 끼리 토론을 진행하는 형식(leaderless group discussion)이 있음
- In-basket: Basket 안에 구체적인 자료를 제시하고 이 자료를 보고 판단하고 의사결정하여 보고서를 작성하고 인터뷰를 통하여 확인함

[표3-2] 역량평가 도구

유 형	도 구	개 요
심리검사	Personality Test	개인의 성격 특성을 일정한 차원과 요인에 따라 평가(CPI, NEO_PI, MBTI, Birkman, 16PF 등), Web 기반 혹은 지필형으로 실시
	Cognitive Ability Test	다양하고 복합적인 데이터에서 의미와 패턴을 인식하고, 새로운 통찰과 통합된 구조를 개발할 수 있는 역량(전략적 사고 및 판단력)을 진단
	Motivational Fit Assessment	개인의 동기유발 요소와 직무·역할이 제공하는 동기적 보상의 적합성을 평가하는 도구. 보통 Web 기반 혹은 지필형으로 실시
피드백설문	360 Feedback Survey	360도 피드백 도구, 일반적으로 Web 기반으로 운영되며, 자기개발 계획수립, 역량 개발 가이드가 통합
인터뷰	Personal History Interview	개인의 경력에서 두드러진 성취 경험, 직무 선호, 경력목표, 개발요구 등을 파악하기 위한 구조화된 인터뷰
	Behavioral Interview	과거 직무수행을 심층 탐색하여 대상자의 역량 보유 수준에 대한 증거를 수집하는 전문적인 인터뷰 기법
시뮬레이션	Role Play	직무와 유사한 상황 시나리오를 제시하고 평가자와 대상자의 상호 작용(인터뷰, 회의, 프리젠테이션 등)을 통해 대상자의 행동을 직접 관찰
	In-Basket	제한된 시간 안에 서로 연관된 정보와 데이터(각종 메모와 메시지, 서한, 데이터 등)를 검토하여 주요 이슈를 파악하고 해결하는 과정을 평가

3) 평가센터의 운영 프로세스와 평가프로그램 개발과정

평가센터 운영은 사전과정, 협의의 평가센터, 사후개념의 프로세스를 거친다. 물론, 평가센터에 따라 사전과정과 사후관리 과정이 일부 생략되거나 간략히 진행될 수도 있다.

- 사전과정(pre-program): 구조화된 검사도구(기존의 인성검사, 다면평가, 개인개발계획서 등), 직무상황에서 조직이 필요로 하는 행동특성을 발휘한 사례분석(STAR 인터뷰 기법 등)
- 평가센터운영(simulation program): 가상의 직무상황을 설정하고 피평가자가 어떻게 대응하는지를 다수의 역량평가자가 평가하여 리더로서의 잠재성을 평가
- 사후관리(follow-up program): 피평가자와 면담을 통해 개인이 보유한 역량을 확인하여 리더로서의 장·단점을 파악하고 이를 통하여 개인개발계획을 수립하고 이를 지원해 주는 피드백 과정.

평가센터 역량평가프로그램의 개발과정은 역량의 확인 및 조직성과 파악, 역량평가프로그램의 Plot구성, 역량평가프로그램개발, Pilot Test의 과정을 거치게 된다.

◉ 역량의 확인 및 조직성격 파악

- 직무분석을 통해 도출된 직무기술서에 기술된 역량에 대하여 좀더 구체적으로 파악하여 평가해야 할 구체적인 역량요소 분석.
- 역량별로 역량행동지표를 추출하고 역량평가지표를 개발하며 조직의 특성 및 성격을 파악한다.

◉ 역량평가프로그램의 Plot(업무상의 갈등관계 등) 구성

- 업무전문가(SME)를 파악하고 이들과의 면담을 통하여 사업·조직의

성격을 고려한 평가프로그램의 틀(plot)설계
- 역량평가프로그램의 구체적인 내용 및 상황을 구성하며 이에 필요한 자료의 파악 및 확보

◎ **역량평가프로그램 개발**

- 다양한 역량평가프로그램 형식을 활용(인터뷰, 프리젠테이션, 집단토론, Role-play 등)하여 구체적인 역량평가기법을 개발하는 과정으로 이를 구체적으로 살펴보면, 역량평가자, 피평가자, 역량관찰자 역할 가이드 개발, 역량평가 주안점 정리, 역량별 행동지표에 기초한 체크리스트 개발이 필요함

◎ Pilot test

- 역량평가내용의 적합성, 역량평가의 타당도와 신뢰도 측정, 보완사항 확인, 운영상의 문제점 파악

한 가지 분명한 것은 위에서 소개한 역량평가프로그램 개발방법은 가장 기본적인 요소만을 소개한 것일 뿐 상황에 따라 복잡성이나 내용, 소요기간 등이 매우 다양하며 따라서 그 설계방법도 다양하므로 단일의 역량개발방법은 존재하지 않는다.

4) 평가센터 활용시 유의 할 점

평가센터는 피평가자의 말솜씨가 아닌 실제 행동특성을 근거로 평가함으로써, 조직내에서 수행해야 할 업무성과 및 문화와의 적합성을 보다 심도 있게 판별해 낼 수 있으며, 객관적이고 과학적으로 관찰된 행동을 근거로 역량평가가 이루어 지기 때문에 역량평가에 대한 신뢰도를 높일 수 있다. 이러한 장점들을 확보하기 위해서는 다음과 같은 사항에 유의하여야 한다.

첫째, 평가센터의 활용 목적에 따라 설계되고 운영되어야 한다. 평가센터는 승진 혹은 채용을 위한 선발(selection) 목적과 현직자 교육훈련을 위한 역량개발(development) 목적으로 시행되어 진다. 미국의 경우 공공기관의 80%이상이 선발 목적의 평가센터를 운영한다는 연구결과도 있다. 평가센터의 성공적인 구축과 운영을 위하여 선발 목적과 개발 목적의 차이를 분명히 인식하고 각각의 목적에 맞는 프로그램을 개발하여야 한다.

둘째, 상황에 적합한 평가 툴(tool)을 선정하여야 한다. Role-play, Presentation, Discussion, In-basket 등 다양한 평가 툴 중에서 평가하고자 하는 내용을 판별하는데 있어 어떤 방법이 효과적인지 구체적인 운영프로그램을 어떻게 적용할 것인지를 신중히 고려하여 선택해야 한다.

셋째, 체계적이고 철저한 역량평가자 교육이 실시되어야 한다. 일관성 있는 역량평가를 수행하기 위해, 평가센터 전문가들은 평가자들을 소집하여 역량평가항목에 대해 체계적인 교육을 실시하여야 한다. 역량평가자 교육에서 특히 중요한 것은 평가자간의 눈높이를 맞추는 일이다. 동일한 행동과 태도에 대하여 역량평가자의 주관에 따라 얼마든지 역량평가 결과가 달라질 수 있으므로 평가대상인 역량별 행동특성, 평가하는 모의상황 내용을 충분히 숙지하고 내용을 공유하여야 한다. 특히, 비디오 등 영상자료를 활용하여 특정 행동을 평가해 볼 수 있도록 함으로써 모든 역량평가자들이 동일한 행동에 대해 최적의 유사한 평가를 내릴 수 있도록 육성을 하여야 한다.

조직에서 필요한 탁월한 인재를 선발하거나 적재적소에 배치하기 위해서는 과학적인 평가방법이 이루어져야 한다. 평가센터(assessment center)는 새로운 평가방안의 하나로 AT&T, BT 등 선진 기업들의 경우 보다 과학적인 선발(selection), 승진, 배치의 목적으로 이를 적극적으로 활용하고 있다.

[표3-3] 평가센터의 목적에 따른 운영방안

구 분	선발 및 승진	개발요구 진단	스킬 개발
대상자	잠재력이 높은 직원 또는 승진대상자	관심이 있는 전 조직 구성원	관심이 있는 전 조직구성원
분석 직무	현재 또는 미래의 공석	현재 또는 미래 직무	현재 또는 미래 직무
대상 직위	현 특정 직위	현재 또는 잠재 직위	현재 또는 잠재 직위
역량의 수	적고 넓은 범위 5~7개	많고 구체적 8~10개	적게 5~7개
평가기준	잠재역량 특성	개발가능역량 교육 Needs	개발이 필요한 특정 Skill
평가기간	0.5~1일	1.5~2일	1.5~3일
과제의 수	3~5모듈, 일반적 실습	다수 6~8모듈, 직무와 유사	다수 직무 Sample 활용
보고서 유형	짧게 기술	길고 상세한 진단형식	현장 구두 보고
피드백 받는자	참가자, 차상위 관리자	참가자, 차상위 관리자	참가자, 가능한 경우 관리자
피드백 제공자	인사부서	인사부서 및 평가자	인사부서, 교육훈련 부서 및 강사
주요산출물	전반적인 평가 점수	영역별 평가 점수, 프로파일	기대행동제시 (behavioral suggestions)

최근의 평가센터는 선발(승진) 과정에서 관찰된 피평가자의 역량개발 포인트를 구체적으로 제시해 줌으로써 피평가자가 부족한 역량을 개발할 수 있는 객관적인 개발 관점의 피드백이 이루어 진다. 평가센터에서 통과된 사람일지라도 개발해야 할 부분을 제시해 줌으로써 지속적인 역량개발이 이루어지도록 하며, 미통과자의 경우는 자신이 잘 인식하지 못했던 단점들에 대해서 개발을 통하여 개선할 수 있도록 구체적인 피드백을 해주어야 한다.

2. 외국정부 고위공무원 역량모델 및 평가·개발

1) 미국

(1) 미국 고위공무원 역량모델

미국 연방정부의 인사 프로그램을 관리하고 있는 인사관리처(Office of Personnel Management)는 고위공무원(Senior Executive Service, SES)의 선발과 이들의 역량개발을 위한 기준으로 고위공무원 핵심역량(executive core qualification; ECQs)을 개발하였으며, 이를 통해 강한 리더십을 가진 고위공무원을 구성하고자 하였다. 미국 인사관리처(OPM)는 산하기관으로 OERM(Office of Executive Resource Management)을 두어 고위공무원(SES) 자격심사위원회(Qualification Review Board)의 운영 및 고위공무원의 직위관리(position management), 성과관리, 재임용, 보상 등의 전체 고위직 공무원의 인적자원관리를 담당하고 있다. 고위공무원 리더십 핵심 역량인 ECQs는 22개로 구성된 종래의 리더십 효과성 체계(leadership effectiveness framework)에서 적합한 사례들을 발전시켜 민간부문의 리더십 역량모델과 17개 정부 부처의 검증작업을 거쳐 1997년에 완성하였다. 인사관리처(OPM)는 ECQs가 성과 지향적인 문화를 창출해내고, 성공적인 팀을 구성하며 조직내외의 상호협력을 이끌어 내는 문화를 만들어 내는데 결정적 역할을 하고 있다고 여긴다. 고위공무원 핵심역량인 ECQs는 변화주도(leading change), 대인관리(leading people), 결과 지향(result driven), 경영마인드(business acumen), 지지 획득 및 의사소통 역량(building coalition & communication) 등 5개 영역으로 구성되어 있다. '변화주도(leading change)' 는 국정과 정책의 목표 및 우선순위, 가치 그리고 다른 요인들을 포함한 조직의 비전을 개발하고, 이를 실행에 옮기는 역량을 의미하며 지속적인 학습, 창의성과 혁신성, 상황파악력, 유연성, 일관성, 서비스 정신 등의 세부항목으로 구성된다. '대인관리(leading people)'는 자신이 속한 조직의 비전 및 임무와 목표에 맞추어 부하구성원들의 잠재력을 극대화하고, 높은 윤리적 기준 형성에 필요한 다양한 전략들을 설계하고 집행할 수 있는 역량을 의미하며 갈등관리 조직문화의 이해, 결속력과 정직성, 팀웍 구축 등이 세부요소로 구성되어 있다. '결과 지향(result driven)'은 업무에 대한 책임성과 지속적인 개선을 강조하는 기준으로, 적시에 효과적인 방법으로 업무관계를 구축 유지하는 것을 의미하며 책임성, 고객대응, 결단력, 기업가 정신 등으로 구성된다. '경영마인드(business acumen)'는 목표를 달성하기 위해 인적·물적 자원을 획득·관리하고, 의사결정에 새로운 기술을 적용할 수 있는 역량으로 재정관리, 인적자원관리, 기술관리 등의 세부요소로 구성되어 있다. '지지 획득 및 의사소통 역량(building coalition & communication)'은 특정한 사실을 설명하는 데 있어서 남들에게 확신을 심어주며, 조직 내 외부의 개인 또는 타 집단들과 협상을 도출하는 역량을 의미하며 영향력과 협상력, 대인기술, 화술, 친화력, 정치적 기지, 문장력 등의 세부 요소로 구성되어 있다.

[표3-4] 고위공무원 핵심역량(executive core qualifications, ECQ) 내용

역량명	영역별 핵심특성
변화주도(leading change)	지속적인 학습, 창의성과 혁신성, 상황파악, 유연성과 일관성, 서비스 정신
대인관리(leading people)	갈등관리, 조직문화의 이해, 결속력과 정직성, 팀워크구축
결과 지향(result driven)	책임성, 고객대응, 결단력, 기업가 정신
경영마인드(business acumen)	재정관리, 인적자원관리, 기술관리
지지 획득 및 의사소통 역량 (building coalition & communication)	영향력과 협상력, 대인기술, 화술, 친화력, 정치적 기지, 문장력

Sourec: Edwarda and Gregory, 1998.

(2) 고위공무원 역량평가 및 개발

고위공무원 지원자들은 이러한 5가지 리더십 핵심역량(ECQ)을 업무에서 어떻게 발휘했는지를 도전과제(challenge), 상황(context), 행동(action), 결과(result)방식의 지원서 기술을 통해 평가 받게 된다. 인사관리처(OPM)는 리더십 평가센터(leadership assessment center), OPM 리더십 360도 평가, 구조화된 인터뷰, 기술에서의 차이분석(skill gap analysis), 각종 검사지 등을 개발 및 보유하여 각 부처별 필요에 따라 평가 도구를 제공하며, 평가에 대한 타당화 연구 및 각 부처에 기술적인 자문을 제공하고 있다. 고위공무원의 역량개발을 위해 OPM에서는 고위 공무원단을 대상으로 Leadership Workshop을 진행하는데 이 프로그램을 통해 ECQ가 고위공무원이 갖추어야 할 특성으로서 왜 중요한지를 설명하고, 이를 기준으로 한 고위공무원 선발과정을 브리핑하게 된다. 또한 연방정부의 리더십 개발센터의 역할을 수행하고 있는 Federal Executive Institute와 Management Development Center를 통해 고위 공무원단을 위한 많은 개발 프로그램을 확보하고 이들을 지원하고 있다.

2) 호주

(1) 호주 고위공무원 역량모델

호주 연방정부의 고위공무원은 특정 기관에 소속되어 있는 것이 아닌 호주 연방정부 소속 공무원으로서 국가를 대표한다는 신념을 가질 수 있도록 연방정부 차원에서 통합적으로 운영 및 관리를 하고 있다. 특히 고위공무원의 리더십이 중요해지면서 이를 평가하고자 경력개발발전센터가 제안되었고, 리더십을 평가하기 위한 준거를 마련하기 위해 1999년 법무부 등 15개 부처가 참여하는 차관회의를 통해 호주정부의 인사위원회(Public Service & Merit Protection Commission, PSMPC)가 초안을 작성하였으며, 리더십 전략을 구현하기 위한 일원으로 리더 역할을 성공적으로 수행하기 위한 호주 고위공무원 리더십 역량모델(senior executive leadership capability framework, SELCF)을 개발하였다. 호주 고위공무원 리더십 역량은 결과지향(achieve results), 생산적인 업무관계 구축(cultivates productive working relationships), 전략적 사고(shapes strategic thinking), 추진력과 성실성(exemplifies personal drive and integrity), 그리고 영향력 있는 의사표현(communicates with influence)으로 총 5가지 핵심역량으로 구성되며 각 역량별 세부 요소들을 제시하고 있다. 역량별 세부 구성요소를 살펴보면, '결과지향(achieve results)'은 조직의 역량과 변화에 대한 대응성 제고, 전문성의 동원, 불확실한 환경 하에서의 대응력, 업무에 대한 책임감 등의 세부 요소로 구분되며, '생산적인 업무관계 구축(cultivates productive working relationships)' 은 네트워크 형성, 협력과 동반자 관계 구축, 개인차 및 다양성의 존중, 구성원들의 역량개발 등의 세부 요소로 구성되어 있다. '전략적 사고(shapes strategic thinking)' 는 목표와 방향제시, 거시적·장기적 차원의 사고력, 정보와 기회를 이용하는 수행력, 판단력·지성·상식의 표현 등으로 '추진력과 성실성(exemplifies personal drive and integrity)' 은 직업윤리와 정직성, 불굴의 정신, 최선을 다하는 자세와 침착성을 잃지 않는 일관된 자세, 자아성찰 및 자기계발에 대한 노력 등의 세부요소로 구분되어 있다. 마지막으로 '영향력 있는 의사표현(communicates with influence)' 은 명확한 의사소통, 적극적인 청취노력, 설득력 있는 협상력 등의 세부 요소로 구분되어 있다. 5가지 핵심요소와 20가지의 세부 구성요소로 이루어진 호주 고위공무원 리더십 역량모델은 고위공무원의 선발, 리더십 개발,

성과관리의 기준으로 사용되며, 고위공무원의 장·단기적 계획 및 광범위한 조직개발에도 활용된다.

(2) 고위공무원 역량평가 및 개발

호주 연방정부 인사위원회(Australian Public Service Commission)는 2003년 고위공무원 리더십 역량모델(SELCF)을 보완하는 Leadership Pathway 프로젝트에 착수했다. 이는 특정 수준에서의 리더십 역량요건을 명확히 이해하고 이를 위해 경력관리와 전문가로서 자신의 역량을 개발할 수 있는 가이드라인을 제공하는 등의 고위공무원 리더십 역량모델의 활용성을 높이기 위한 목적을 갖고 있다. 이와 유사한 목적으로 고위공무원 리더십 역량모델을 활용하여 360도 피드백, 경력개발평가센터(career development assessment center), 리더십 개발 네트웍(leadership development network) 구축 등의 고위공무원 역량 개발 프로그램을 운영하고 있다. 그 중 고위공무원 지원자들을 대상으로 실시하는 경력개발평가센터(CDAC)는 1998년 8월 공직분야에서의 수상보좌관(Minister Assisting the Prime Minister for the Public Service)을 맡고 있던 David Kemp 박사의 주도로 그 필요성이 제기되어 개발되어 졌다. 이 프로그램은 평가센터(assessment center)라는 역량평가방법론을 사용하고 있으며, 고위공무원 리더십 역량모델(SELCF) 역량들을 몇 가지 시뮬레이션을 통해 평가하고 있다. 1999년 12월에 제 1기 센터를 열었으며 일반공무원과 중간관리자 임용에 대해서는 일정한 기준을 정해주고 그 결과에 따라 개발해야 할 부분이 있으면 사후관리를 통해 개발해주는 방식으로 운영되며, 주 목적은 SES로 승진될 후보군을 대상으로 리더십 역량이 어느 정도 되는지를 평가하여 장점은 살리되 단점은 교육 및 훈련을 통해 보완하고자 하는 것이다. 이 센터는 SES로 승진하기 위한 필수적인 전제조건으로서 전문적이고 기술적인 역량을 측정하는 것이 아닌 실무에 기초해서 현실적으로 부딪칠 수 있는 다양한 상황에서의 대응력을 살펴보고자 하는 일종의 개발(development) 목적의 프로그램이다. 이 외에 경력 포인트 프로그램(career point program)을 운영하여 고위공무원으로서 자신의 역할, 책임감 그리고 도전과제를 통해 얻게 되는 경력상의 핵심포인트가 무엇인지에 대해 오리엔테이션을 실시하고 있으며, 주제별 특별 세미나 실시, 개별 코칭 서비스 등을 통해 고위공무원 역량개발을 지원하고 있다.

[표3-5] 호주 Senior Executive Leadership Capavility Framework

Competence	Discussion
전략적 사고	목적과 방향감을 불어넣는 것, 전략적 사고에 집중하는 것, 정보와 기회를 이용하는 것, 판단력과 상식을 보여주는 것
결과창출	유기적 역량과 책임감을 유도하는 것, 프로적 숙련성, 변화주도, 결과를 이끌어 내는 역량
생산적 업무관계 생성	대내외 관계를 이끌어 내는 것, 파트너십, 개인차와 다양성을 평가하는 것, 지도력, 인재개발 역량
모범제시 및 청렴	공공서비스의 전문성, 청렴, 위험을 감수하고 개인적 용기를 보여 주는 것, 자기확신을 보여주고 자기개발 주도
의사소통	명확한 의사소통, 청취, 이해하기, 청중집중력, 협상력

3) 영국

(1) 영국 고위공무원 역량모델

영국에는 내각에 대한 일반적인 지원기능을 담당하는 내각사무처(Cabinet Secretariat)를 비롯하여 전체 공무원 교육훈련을 담당하는 Corporate Development Group(CDG), 공무원들의 리더십 개발을 지원하는 Office of Public Service Reform(OPSR) 등이 영국 수상실 내에 구성되어 있다. 영국의 고위공무원(senior civil service, SCS) 관리는 고위

관리직의 직무를 효과적으로 수행하는데 필요한 자질, 능력, 경험 등 핵심적인 직무특성을 정해놓고 이를 기준으로 직무평가를 실시하며, 선발과 각종 보상 및 인적자원관리 전반에 사용하고 있다. 이러한 고위관리직 직무특성기준(core criteria for SCS)은 9가지로 크게 리더십(leadership), 전략적 사고 및 기획(strategic thinking and planning), 행정적인 성과제시(delivery of results), 구성원 관리(management of people), 의사전달(communication), 재정 등의 자원관리(management of financial and other resource), 개인적인 효과성(personal effectiveness), 지적역량, 창의력 및 판단력(intellect, creativity and judgement), 전문기술역량(expertise and professional competence) 분야로 구분되어 있다. 이와 같은 직무를 수행하는 데 필요한 자질이나 기준 요건들과는 달리 고위공무원을 정부 리더로 육성하기 위한 기준으로 고위공무원 리더십 역량체계(senior civil service competence framework)가 개발되었다. 고위공무원(SCS) 역량체계는 고위공무원이 리더로서 보여주어야 하는 행동들에 대한 기대를 반영하고 있다. 6가지 핵심 행동들을 살펴보면, 미래의 가치를 창출하고 전 구성원에게 이를 전달하는 목적과 방향제시와 관련된 행동과 구성원에게 영향력을 미칠 수 있을 정도의 실제 실천행동 그리고 구성원들의 높은 성과를 유인해내는 개발활동과 동기부여행동, 더 나은 성과향상을 위한 새로운 아이디어 제공이나 경험사례, 경제적으로 가치 있는 성과를 창출해 낼 수 있는 행동들이다. 이러한 행동들을 바탕으로 개발된 역량체계 구성은 목적 및 방향제시(giving purpose & direction), 영향력 구축(making a personal impact), 전략적 사고(thinking strategically), 성과유인(getting the best from people), 지속적인 학습 및 개선(learning & improving), 성과창출(focusing on delivery)로 구성되어 있다. 이는 고위공무원의 리더로서의 역할과 책임에 대한 평가기준이 된다.

(2) 고위공무원 역량평가 및 개발

고위공무원의 교육과 관련된 부분은 형식상으로 각 기관의 권한으로 되어 있으나 실제로는 '공무원관리강령(civil service management code)' 상의 규정을 통해 내각사무처에서 주도적으로 관리하고 있다. 내각 사무처(Cabinet Office)의 한 기관으로 전체 공무원의 인력개발 업무를 담당하고 있는 Corporate Development Group(CDG)에서 고위공무원 역량개발에도 관여하고 있다. 기존에 독립 기관이었던 공무원 대학(Civil Service College)이 CDG에 통합되면서 Center for Management and Policy Studies(CMPS)기관에서 전체 공무원들의 교육훈련을 담당하고 있다. CMPS의 목적 중 하나는 각 부처의 역량을 개발하고 리더십을 향상시키는 것이며, 이를 위해 다양한 프로그램과 교육과정을 운영하고 있다. 특히, SCS의 경력개발을 위한 Route Map(www. routemap.cmps.gov.uk)을 구성하여 개인의 경력목표에 맞춰 역량개발을 할 수 있도록 하였다. SCS 개발 Route Map은 SCS 역량과 밀접하게 관련되어 있으며, SCS 역량기준에 도달할 수 있도록 안내자로서의 역할을 수행할 것이다. 또한 개인의 경력목표에 가장 적합한 교육 프로그램과 해당 프로그램을 통해 얻게 되는 결과를 제시하여 프로그램 선택 시 참고할 수 있도록 하였다. 여기에는 온라인상에서 뿐만 아니라 오프라인에서 진행되는 공식적인 프로그램들도 포함되어 있다. SCS 교육 및 개발을 위한 Route Map은 첫번째 페이지에선 SCS의 현재 역할을 수행하기 위한 자신의 개인개발계획과 실천방법 그리고 장기적인 경력개발을 위해 Route Map이 도움을 제공할 것이라는 안내메시지가 제시되어 있다. 다음은 Route Map의 메인 페이지가 나오는데 두 페이지 분량의 Route Map Guide

와 현재 직위를 바탕으로 자신의 경력목표를 설정하는데 도움을 제공하는 'Defining your career goals', 그리고 SCS로서의 경력개발을 위해 밟아가야 하는 루트의 사례와 활용할 수 있는 경력개발 옵션들을 제공하는 'Key Development Stages'와 개발 활동들을 실천해나가기 위한 자기학습 방법과 구체적인 개발기회 및 방법들을 알려주는 'Taking Development Action'으로 4가지 테마로 구성되어 있다. 영국 고위공무원은 이러한 SCS Route Map을 통해 자신의 경력개발 목표를 설정하고 이에 적합한 교육 프로그램들을 선택하게 된다. CDG에 개설되어 있는 교육 프로그램을 살펴보면, 고위공무원 임용초기에 입교하게 되는 역량개발센터(development center)와 개인별 역량개발 계획 수립(personal development plan), 고위 관리직 프로그램(top management program) 등이 있다. 역량개발센터(development center)는 임용초기단계에 SCS로서 갖추어야 할 직무특성 기준에 관한 이해를 높이고, 이 특성에 따른 자신의 장·단점을 분석하여 향후 역량개발 및 교육훈련 니즈를 파악하기 위한 교육프로그램으로서 과정기간은 2~3일 정도이다. 개인개발계획 수립(personal development plan)은 모든 SCS는 일상업무를 통한 역량개발 외에 자신에게 필요한 역량개발 계획을 수립하여 이를 실천해야 하는데, 이 계획서에는 구체적인 훈련내용과 빈도, 이수시간 등이 포함되어야 하며 연간 최소 40시간 이상의 훈련을 받아야 한다. 고위관리직 프로그램(top management program)은 신입 국장급 공무원과 이에 상응하는 민간인사로 구성되는 민·관 합동 합숙프로그램으로 연간 3회 운영되며, 과정당 기간은 4주 정도이다. 그러나 SCS 제도 도입 이후에는 프로그램 참가자를 각 부처에서 자율적으로 결정하여 참석하게 하고 있다. 또한 향후 SCS로 진입할 후보군을 양성하기 위해 상위관리자(senior managers)를 대상으로 역량체계에 기반한 역량진단을 실시하고 있다. 이는 먼저 자기평가와 다면평가를 실시하고, 이 결과에 따라SCS로 진입하기 위한 개인별로 개발계획을 수립하며 마지막으로 여러 SCS 직위의 특성들을 검토하는 과정으로 구성되어 있다. 이로써 SCS로 진입하는데 있어서 자신의 현재수준과 SCS 직위의 특성을 미리 알게 되어 향후 SCS로 진입했을 경우, 그에 적절한 역량을 보유하게 되며 요구되는 역할과 책임을 정확하게 파악하고 수행하게 된다.

[표3-6] 영국 Senior Civil Service Competence Framework

Competence	Key attributes
비전 제시	비전을 설계하고 제시하는 것
방향 제시	방향을 제시하고 사례를 보여주는 것
동기유발	각자의 최선을 다하도록 유도하는 것
학습	경험으로부터 배우고 새로운 사고를 이끌어 내는 것
전략적 사고	목표에 도달하기 위해 사고와 기회를 이용하는 것
성과지향	VMF(value-for-money)와 결과에 도달하는 것

4) 뉴질랜드

(1) 뉴질랜드 고위공무원 역량모델

뉴질랜드 국가공무원위원회(State Service Commission, SSC)는 중앙인사관장기관으로서 공무원의 리더십 향상에 중추적인 역할을 담당하고 있다. SSC는 고위공무원 관리와 관련해서 Chief Executive(CE)의 임용 절차와 보상 정책, 현재 CE 직위의 공석에 대한 정보, 현재와 향후 상위 관리자들의 개발 프로그램 운영, 위원장이 주최하는 고위직 공무원들의 연차회의(annual conference)에 제공될 자료집 구성, CE의 성과 검토 등의 역할을 수행하게 되며, CE가 각 부처별 성과달성을 위해 필요한 부서별 역량(capability)과 전략을 향상시킬 수 있도록 지원하고 있다.

뉴질랜드의 고위공무원은 각 부처별 Chief Executive를 배출하기 위한 목적으로 운영되며 중견 및 고위직 관리자(deputy and senior manager)를 고위공무원(SES)으로 구성하고 있다. 이들은 Chief Executive 바로 아래 직급으로 최근 추진하고 있는 'Senior Leadership & Management Development'는 고위공무원으로서의 향후 Chief Executive 후보군으로 고급인력 풀(pool)을 질적·양적으로 확장시키고자 추진되고 있다. Chief Executive는 각 부처의 방향, 구조, 체계를 제시 및 문화 형성, 구성원들의 경력에도 영향을 미치게 된다. 또한 정부 지침에 대해 시민들이 확신을 가질 수 있도록 해야 한다. 이러한 Chief Executive의 역할을 수행하는데 필요한 뉴질랜드 고위공무원 역량(New Zealand Public Service Chief Executives' Competencies)이 종합적인 심층 인터뷰(FGI) 그리고 워크샵 등을 통한 토론과 분석작업을 통해 개발되었다. 뉴질랜드 고위공무원 역량은 개인의 고유한 특성과 관련된 인적속성에 대한 부분과 전문적인 관리기술을 발현하는 관리자 역량, 그리고 조직 내 방향을 제시하고 목표를 설정해 주는 리더로서의 역할과 관련된 리더십 역량으로 구분된다. 인적속성에 대한 역량은 직무에 대한 헌신(commitment to achievement), 정직과 성실성(honesty and integrity), 지적역량(intellectual capability)으로 구성되며, 일반적인 관리자 역량은 대인관리(management of people), 전문적 관리(managerial expertise), 효과적인 의사전달(effective communication)으로 구성된다. 리더십 역량은 관계구축 및 유지(building and sustaining relationships), 전략적 리더십(strategic leadership), 정치-문화적 소양(managing in political-cultural context)으로 총 3개 영역의 9가지 역량항목으로 구성되어 있으며, 각 역량의 측정치(indicator)는 성과목표를 달성하기 위해 필요한 행동들로 구성되었다. 각 역량별로 효과적인 행동지표와 비효과적인 행동지표가 제시되어 있다. 이 역량에 대한 개념을 이해하는 데 있어서 중요한 지점은 어떤 행동의 결과(output/outcomes)를 측정하는 성과평가와 결과를 이끌어내기 위해 필요한 투입(input)의미의 역량(competencies)을 구분하는 것이다. 이 역량은 선발, 후임양성(succession management), 그리고 개인적인 개발이나 경력 계획 과정에 활용된다. 예를 들어, Chief Executive 선발 시 여러 가지 제출 서류 중 하나로 역량평가 질문지를 작성하여 제출하게 된다. 이는 자기평가로 이루어지며, 자신이 수행했던 프로젝트나 업무경험에서 해당되는 각 역량별로 해당 역량을 발휘했던 사례를 쓰도록 되어 있다.

Chief Executive의 후보군인 중견 및 고위관리자 즉, SES는 향후 Chief Executive로서의 역할과 책임을 제대로 수행해내기 위한 리더십 훈련을 받게 되는데 뉴질랜드는 Chief Executive 역량과 구분하여 이들에게 필요한 리더십 역량(leadership capability profile)을 따로 규명해 놓고 있다. 이는 변화를 주도하고 뉴질랜드의 사업을 이끌어갈 리더로서 필요한 개인적인 속성과 경험 및 경력경로(pathway)의 깊이와 넓이, 개발하고 적용해야 할 리더십역량, 그리고 국민들을 위한 성과창출과 관련한 역할들이 제시되어 있다. 이는 다른 조직적인 역량의 보완적 수단으로 활용되며, Chief Executive들의 경력개발을 위한 기준으로써 뿐만 아니라 이들의 선발에 지속적으로 사용되고 있는 Chief Executive Competencies와 연계되어 있다.

[그림3-1] Leadership Capability Profile

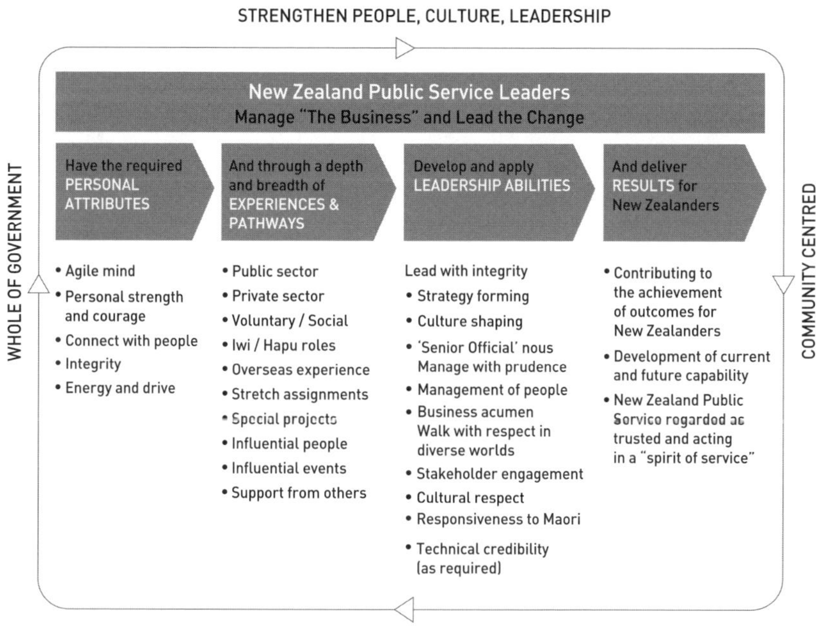

(2) 고위공무원 역량평가 및 개발

Chief Executive를 위한 프로그램으로는 이들이 성과관리 프로그램과 경력개발을 연계하여 운영하고 있는 고급공무원 관리 프로그램(the chief employment management framework, EMF)이 추진되고 있으며, 최고행정관 협의회에 의해 운영되는 Management Development Center(MDC)에서는 교육훈련에 대한 조언만 제공할 뿐 직접적인 훈련은 제공하지 않는다. 이 외에 1~2일 정도의 연례고위관리자회의(Annual Public Service Senior Manager' s Conference)를 개최하고 있다.

고위공무원(SES)의 역량개발과 관련해서는 Chief Executive가 그 책임을 맡아왔다. 또한 고위공무원 관리 프로그램이 별도로 진행되지 않고 리더십 역량개발센터(leadership development center, LDC)에서 제공하는 리더십 프로그램에 개인적으로 참여함으로써 개발해야 한다. 그러나 뉴질랜드는 고위공무원(SES)을 위한 'Senior Leadership & Management Development' 전략을 추진하고 있다. 이 전략은 미래의 리더를 예측하고, 이를 육성하기 위한 역량개발 프로그램 운영하며 향후 리더(chief executives)인력 Pool을 구축하기 위한 목적으로 추진되고 있다.

리더십 역량개발센터(Leadership Development Center, LDC)는 공직에서의 현재 및 미래 고위직 리더발굴을 위해 새로운 접근 방법으로 Senior Management Development를 관리하겠다는 의미이다. 리더십역량개발센터(LDC)는 국가공무원위원회(State Services Commissioner)를 대신하여 Executive Leadership Program을 제공하며, Chief Executive 외에 고위직 공무원과 기술전문가, HR 관리자들과 관리자로 승진하려는 모든 사람들에게 서비스를 제공하고 있다. Executive Leadership Program에 참여하기 위해서는 온라인 평가(self-check)를 실시하며 이를 통해 SES는 미래 리더로서의 준비성을 평가 받게 된다.

Executive Leadership Program은 리더십 개발센터에서 가장 중요한 프로그램으로 지원자들을 고위공무원 역할에 가장 적합한 특성을 가진 사람들로 개발하여 리더로서의 준비성을 갖추기 위한 목적을 가지고 있다. 이는 누구나 참여할 수 있는 것이 아닌 어느 정도의 잠재성을 지닌 사람들이 이 프로그램에 참여하게 되며, 따라서 이 프로그램 참가신청과정은 지원자를 선발하게 되는 과정으로 이루어진다. 먼저, Chief Executive으로부터 추천을 받아야 하며, 프로그램 참가 자격여부를 판단하기 위해 자기 평가(self-check)나 개인 프로파일(personal profile) 중 하나를 선택하여 작성하여야 한다. 그 다음 상사 또는 자신의 Chief Executive와 논의하여 그들로부터 지원을 약속 받은 후 지원자는 프로그램 추천양식(program nomination form)과 지원자 서류(candidate nomination forms), 성과기록(accomplishment record), Chief Executive추천서와 상사추천서 그리고 관리자 평가기록을 리더십 개발센터로 보내게 된다. 리더십 개발센터에서는 지원자들을 고위직 역량개발을 위한 평가센터(assessment center for executive development)에 참여하게 함으로써 개인의 리더로서의 준비성을 평가하고 리더십 역량 프로파일과의 차이를 분석하게 된다. 리더십개발센터위원회는 지원자들과 그들의 개인평가 기록을 참고하여 프로그램 참가자를 제안하고 국가공무원위원회(SSC)가 이를 최종 승인하게 된다. Executive Leadership Program 참가자 선발에 사용되는 평가센터(assessment center)는 리더십 역량과 개발 니즈에 대한 깊이 있는 정보를 제공함으로써 고위공무원으로서의 역할을 수행하려는 사람들의 준비를 도와주며, 고위공무원의 리더역할을 위해 필요한 전략적 스킬이나 준비성을 확인하고자 개발되었다.

[그림3-2] 고위공무원 역량개발을 위한 각 기관별 역할

Leadership Capability Profile

국가공무원위원회 (State Services commissioner)	리더십 개발센터 (Leadership Development Center)	해당부처 (Departments)
• 역량개발 기준설정–리더십 역량 프로파일 (Leadership Capability Profile) • Executive Leadership Program 참가 승인 • 리더십 개발 전략 및 정책개발 • 전략 실행의 진척사항 평가 • 여러 다른 기관들간의 전략적인 관계 수립	• 국가공무원위원회를 위한 Executive Leadership Program 개발 및 제공 • 리더십 역량 프로파일 (Leadership Capability Profile)을 기반으로 한 지속적인 프로그램 제공 • 경험확대를 포함한 다른 개발기회 제공 및 중재 • 경력 중반부터 리더로 개발되기까지의 Chief Executive 지원	• 정부 내 모든 고위직 리더를 위한 인력풀(pool)을 형성에 기여 • 모든 직급 및 계층에서의 리더 발굴 및 육성

먼저, 다면평가를 통해 사전평가(pre-assessment)를 실시하고, 여러 가지 Exercise를 통한 실제평가(actual-assessment)를 실시한다. 마지막으로 실제평가 결과에 대해 개인적으로 피드백하고 향후 개발포인트를 제안하는 사후평가(post-assessment)를 실시하게 된다. 평가과정은 4명의 후보에 대해 후보자당 2명의 평가자(chief executive 1인, 심리학자 1인)가 1~2일 동안 평가하게 되며, 사전평가에서 실시되는 다면평가 외에 실제평가에서 집단문제해결 과정, 미디어 인터뷰, 인지능력 테스트, 집단인터뷰 등으로 프로그램이 구성되어 있다. 사후평가에서 실시되는 개인 피드백과 개발포인트는 향후 교육과정과 연계되어 있다.

즉, 뉴질랜드 고위공무원은 Chief Executive가 되기 위한 후보군으로

Chief Executive 역량과 연계된 미래 리더로서의 잠재성을 평가하는 기준인 리더십 역량 프로파일(leadership capability profile)을 규명해 놓고 있으며, 리더십 개발센터의 Executive Leadership Program을 통해 이를 평가하고 개발하기 위한 노력을 기울이고 있다. 리더십 역량 프로파일을 기반으로 한 고위공무원 역량개발을 위한 국가공무원위원회(SSC), 리더십 개발센터(LDC), 각 해당부처의 역할이 그림에 제시되어 있다.

5) 네델란드

네델란드의 SPS(Senior Public Service)는 공공서비스에서 프로정신, 청렴성과 같은 질적 기준을 제공하기 위해서 1995년에 설계되어 졌다. 약 360명의 인원을 대상으로 시작하여 현재는 800명 정도로 확대되어나. 1999년에 만들어진 17개의 SPS구성원에 대한 역량은 16개 기관이 추가되어졌고 7개영역의 28개 역량에서 42개 역량으로 확장되어 졌다. 또한 개인들이 필요한 경우 자신의 업무의 특성에 적합한 Skill을 보완 할 수 이도록 허용되어져 있다. 7개의 Cluster는 일관성 있는 관리력, 문제해결, 대인행동, 업무효율성, 영향력, 회복력, 통제민감성 등으로 분류되어있다. 이 7개의 Cluster는 SPS의 모든 역량의 행위적 측면을 더 더 상세하게 재분류 되어졌다. 이러한 제도를 다른 국가에서 보다 더욱 특성화되어져 있으며 이를 통해 개념정의나 선발, 자기개발 등의 좋은 도구로 쓰여질 것으로 기대되어지고 있다.

[표3-7] 네델란드 Competencies for Senior Managers

Cluster	Key attributes
일관성 있는 관리력	비전제시, 목적지향, 구조적 사고, 리더십
문제해결	정보분석, 판단, 변화 유연성, 목적의 일관성
대인행동	청취기술, 대인 민감성, 유연성, 협업력

Cluster	Key attributes
업무 효율성	독창성, 통제력, 대표성, 빠른 상호 작용
영향력	구두 의사소통, 자기신뢰, 확신, 끈기
회복력	에너지, 스트레스 저항, 성과지향, 학습능력
통제민감성	환경 인지력, 통제 친화력, 청렴, 헌신

Source: Hongeghem and Vandermeulen, 2002.

3. 평가센터 결과의 선발에서의 활용

탁월한 인재를 선발하기 위한 프로세스는 역량요건분석(competency requirements analysis), 개인 역량평가(individual competency assessments), 직무와 수행자의 연결(job-person matching), 역량기반의 선발(competency-based selection)의 순으로 이루어져야 한다.

구축된 역량 모델을 선발방법으로 활용하기 위해서는 선발 후보자가 해당 직무에 필요한 잠재 역량을 보유하고 있는지를 면접자들이 확인할 수 있어야 한다. 이를 위해서는 인터뷰 질문 Tool이 개발되어야 한다. 면접관들이 해당직무의 필요역량을 잘 파악할 수 있도록 사전교육이 필수적으로 선행되어야 한다.

그리고 실제 인터뷰 시 각 선발 후보자의 잠재역량을 종합 비교할 수 있는 Tool(평가자회의 등)도 사전 개발하여 활용하여야 한다.

1) 역량기반의 선발(competency - based selection)

역량기반의 선발이란 선발된 후보자가 조직 내에서 미래 직무에서 높은 성과를 낼 수 있을 것이라는 예측을 할 수 있는 핵심적인 개인의 역량을 기반으로 과학적으로 선발하는 것을 말한다.

아이오와 대학의 Kristof & Brown(2000년)의 연구결과에 의하면, 미국 기업들의 선발에 있어서 직무의 적합성을 측정하기 위해서 후보자의 지식(knowledge), 기술(skill), 능력(ability)이 어떻게 발휘되는지에 대해 고려하며, 또한 사람과 조직의 적합성을 측정하기 위해서는 후보자의 가치관(values)과 인성적 특성(personality traits)을 사용하여 선발하는 경향이 강한 것으로 밝혀 졌다.

최근 미국 등 선진 기업의 연구들에서는 인지적 능력(cognitive ability)이 후보자의 선발 후 직무성과와 밀접한 관련이 있다는 연구결과가 발표되고 있다. 그로 인하여 인지적 능력에 대한 관심이 높아지고 있다.

인지적 능력은 인지능력검사에 의해 측정되는 것이 일반적이다.

기업에서 일반적으로 사용되는 인지능력 검사로는 Wesman Personnel Clssification Test(WPCT)를 들 수 있다.

WPCT는 언어적, 비언어적인 60개 문항으로 구성된 검사이다.

Gold-Stein(2000년)은 평가센터(assessment center)에서 실제로 참가자들의 인지역량을 측정했다.

인성적 특성 중에는 인적자원 선발에 가장 많이 사용되는 다섯 가지 대표적인 특성 5가지(big five)가 강조되고 있다. 이 다섯 가지 특성은 성실성, 수용성, 개방성, 외향성, 그리고 정서적 안정성이다.

다섯 가지 인적 특성을 구조화된 선발 인터뷰(structured selection interview)에 적용할 때 면접자는 Big Five 특성을 어느 정도 지니고 있는지를 집중적인 질문을 통하여 후보자의 과거 직무에서의 직접체험을 묻는 형식으로 진행된다.

여기서 가장 중요한 것은 미래행동의 가장 탁월한 예측치는 유사한 상황에서의 과거 행동이다.

조직이 필요로 하는 미래에 탁월한 성과를 창출 할 수 있는 인재를 선발하기 위해서는 개인의 역량과 직접관련이 있는 인지적 능력, 인성적 요소(성실성) 역량중심의 선발기법을 강화하여야 할 것이다.

그 이유는 21세기의 글로벌리제이션 조직 환경하에서 개인의 역량이 직무의 성공 요인에 중요한 영향을 미치기 때문이다. 평균적인 인재보다는 특정 직무에 필요한 특정의 탁월한 인재를 선발하여 조직의 탁월한 성과를 창출해야만 하기 때문이다.

D사의 사례를 보면 역량기반의 면접평가는 역량중심의 질문서(competency-based questionnaire)를 토대로 선발을 실시한다. 특정한 직무에서 보여 주었던 과거의 행동을 유추할 수 있는 질문들로 구성한다.

예를 들면 적응력, 창의력, 동기부여, 팀웍, 리더십, 고객응대, 문제분석 및 해결력, 자기계발, 윤리, 협상력, 위험 감수성, 기술지식, 스트레스 내성, 커뮤니케이션, 기획력 등을 들 수 있다.

질문을 통해 밝혀내야 하는 내용은 조직 및 직무에 대한 이해를 잘 하고 있는가, 지원동기, 그 직무가 조직에서 요구하는 경험 및 지식의 보유자인가, 빠른 적응과 그 직무를 성공적으로 수행할 수 있는 역량이 있는가, 지속적인 자기계발을 하려는 열정과 성장 잠재력이 있는가, 긍정적이고 적극적이며 합리적인 사고의 소유자인가, 다양한 문화(이문화)에 대한 적응력이 있는가, 대인관계 및 팀워크 등 개인적인 사항을 통한 성품 탐색을 실시한다. 최종 선발자에 대한 결정은 그 직무가 요구하는 역량에 대하여 각 면접자의 평균 점수 환산을 참조하여 모든 면접자의 합의에 의해 이루어 져야 하며, 현재의 지식도 중요하지만 선발 후 성장과 조직성과에 기여할 수 있는 잠재력과 미래에 요구되는 역량도 중요한 선발의 기준이 된다.

[그림3-3] 역량중심의 선발 체계

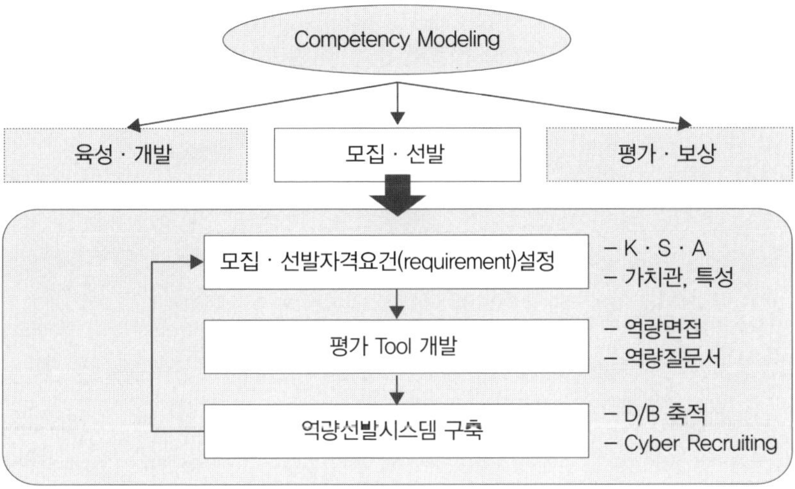

2) 역량기반 선발의 장점

Lucia & Lepsinger(1999년)는 선발과정에서 역량모델이 어떠한 긍정적인 영향을 주는지를 다음과 같이 정의하고 있다.

첫째, 직무요구조건(job requirements)에 대한 명확한 기준을 제공한다. 역량모델은 직무를 수행하는데 무엇을 고려하여야 하는지에 대한 정의를 내릴수 있으며, 선발면접 담당자로 하여금 선발 후보자의 지식과 기술 외의 특성을 고려하여 선발하도록 한다.

둘째, 조직에서 탁월한 성과를 달성할 수 있는 인재를 선발할 가능성이 높다. 선발면접 담당자들은 역량모델에 의해서 직무수행에 필요한 중요 특성, 지식, 기술이 부족한 지원자들을 배제하는 한편 탁월한 잠재력의 소유자를 선발할 수 있다.

셋째, 조직의 요구사항에 적응하지 못할 사람들을 배제시킨다. 효율적으로 직무를 수행하지 못할 사람을 사전에 탈락시키는 것이 조직의 생산성과 수익성에 이익이 될 것이다. 그러므로 역량모델은 선발과정에서 이러한 사람을 사전에 배제시킴으로써 기회 비용을 최소화 할 수 있다.

넷째, 보다 체계적이고 합리적인 인터뷰 과정을 설계한다(Berman, 1997년). 역량모델은 모든 선발면접 담당자들이 지원자들의 역량을 토론할 때 성공에 관련되는 중요 직무관련 요인에 집중하게 해 준다. 또한 역량모델은 선발에 관계되는 모든 사람들이 똑같은 기준을 적용하고 있음을 확인시켜 줌으로써 선발 의사결정의 수용성을 높인다.

다섯째, 개발 가능한 역량을 구분하게 한다(Wood & Payne, 1999년). 어떤 역량이 성공에 가장 관련이 있는지를 명확히 해 줄 뿐만 아니라 교육훈련을 통하여 쉽게 개발될 수 있는 역량과 그렇지 않는 역량을 구별하게 한다. 따라서 지원자에 대하여 가지고 있는 정보를 더 잘 측정하게 하고, 효율적인 성과를 위하여 조직 구성원이 필요로 하는 개발의 질과 양을 판단해 주며, 현실적인 개발의 의사결정을 하도록 해 준다.

여섯째, 선발된 인재와 결정과 향후 직무성과 간의 상관관계에 있어서도 역량접근법은 탁월한 성과를 내게 하는 내적 특성을 고려하며 역량모델은 이를 체계적으로 찾아낸다.

그러므로 역량모델에 의한 선발은 선발기준의 모호성이나 추상적이라는 문제점을 해결할 수 있게 된다. 또한 선발에 있어서 전사 공통(기본)역량뿐 아니라 충원이 필요한 직무가 속한 직군에 필요한 역량을 보유하고 있는지도 파악할 수 있게 된다. 결국 역량모델에 의한 선발방식은 조직의 성과달성을 위한 과학적인 탁월한 접근방법이라고 할 수 있다.

3) 평가센터에서의 선발

평가센터는 역량평가 결과에 대해 순위를 매기기 위한 것이 아니다. 최소한의 선발 기준을 마련하고 이 기준을 통과하지 못한 후보자에 대해서는 해당 년도에 승진을 유보하도록 한다. 따라서 선발 기준을 설정하는 것이 중요하다. 선발 기준을 너무 강화하면 진입자가 너무 적어지고, 선발 기준을 너무 완화하면 거의 모든 후보자가 통과하게 되어 평가의 의미가 없어 질 수 있다.

모든 후보자들이 뛰어난 역량을 가지고 있어 통과한다면 큰 문제가 없으며, 또한 모두 통과한다고 할지라도, 평가결과를 역량개발에 활용하는 데는 문제가 없을 것이다.

선발의 방법 및 역량평가기준

평가센터를 통한 선발은 평가의 기준을 설정하고 이를 통과한 사람을 발탁하는 것으로, 평가기준이 절대적인 점수(커트라인)의 형태로 제시되기도 하고 상대적으로 등수를 매겨 높은 점수로부터 일정한 사람의 수를 제시하기도 한다. 선발방법은 선발기관의 목적에 따라 선택할 수 있다. 만일, 선발의 목적이 최소한의 역량을 갖춘 피평가자를 선발하고자 한다면 절대점수(커트라인)을 설정하여 평가를 진행해야 하고, 선발하는 인원을 정하고 선발한다면 상대적으로 점수를 비교하여 높은 순서대로 선발해야 한다.

역량평가 결과의 제시

역량평가 결과는 각 역량에 대한 평가점수의 형태로 나타나게 되며, 역량평가 결과에 대한 피드백은 피평가자를 직접 평가한 역량평가자가 담당하거나 차상급자가 담당하게 된다. 평가에 대한 피드백을 담당한 사람은 피평가자가 자신에 대한 역량평가 결과에 대해 수긍할 수 있도록 역량평가에 참조한 자료 및 역량평가 근거가 되었던 내용을 정리하여 제시하는 것이 바람직하다.

4. 평가센터 결과의 타당성

타당성은 평가(assessment)나 개발(development) 절차를 통해 바라는 목적이 달성되었는가를 나타내는 개념이다. 평가센터 관점에서 보면 수집된 증거들이 고위관리자로서의 성공잠재력 확인, 직무관련 역량 진단, 관리역량 개발 가능성을 검토할 필요가 있다.

평가센터가 정말로 무엇을 측정하는가? 라는 질문은 결국 경험적 연구에서 그 답을 찾아야 할 것이다. 평가센터 방법의 광범위한 증거들을 잘 이해하기 위해 내용 대표성에 대한 증거(내용타당도), 준거 측정치와 관련된 증거(준거 타당도), 그리고 평가센터 방법과 다른 평가방법과의 관계에 대한 증거(구성 타당도)라는 세가지 종류로 분류할 수 있다.

1) 내용 타당도

내용 타당도에 관한 정보는 역량평가 활동들과 관련된 증거로 구성되며, 다음 두 가지 요건이 충족되는지 검토해야 한다. 첫째, 역량평가 내용이 해당 직무 상황을 나타내는 대표적 사례인가?

둘째, 역량평가에서 요구되는 반응이 해당 직무에서 요구되는 수행의 대표적 사례인가? 내용 타당도 검증은 이 두 가지 요건이 충족되었는지에 대한 전문가의 판단으로 이루어 진다. 역량평가과정이 관련된 모든 일을 포함할 필요는 없지만 해당 직무의 핵심 요소들은 반드시 포함되어야 한다(society for industrial and organizational psychology, 1987).

실제 직무 상황과 역량평가과제 상황간 유사성 판단은 조직에서 평가센터의 타당성을 입증하기 위해 사용하는 가장 일반적인 방법이다(Gaugleer et al, 1990).

조직은 보통 다음과 같은 점을 지적하면서 평가센터를 지지 한다.

- 평가할 역량은 직무분석을 토대로 선정한다.
- 상황과제는 중요하면서 자주 일어나는 직무활동을 포함한다.
- 역량평가과제에서 보이는 피평가자 행동은 중요한 수행 역량으로 분류될 수 있다.
- 훈련 받은 역량평가자가 일관성 있고 정확하게 피평가자의 행동을 관찰한다.

평가센터의 타당성 입증을 위해 내용 타당도 증거를 사용하는 경우 상기의 제시한 내이 이외에도 지시사항, 채점방식, 역량평가 결과의 해석 방법 등과 같은 역량평가절차의 중요한 특징을 주의 깊게 고려해야 한다 (Sackett, 1987).

피평가자의 지식 및 스킬 수준을 측정하기 위해 평가를 실시할 경우 내용 대표성과 관련된 증거를 적용하는 것이 특히 적절하다. 평가센터 관점에서 보면 평가센터 과제를 현재 개발요구(development needs)를 진단하는 목적을 가진 경우와 후보자의 직무관련 역량을 측정하려고 할 경우, 내용 타당도를 검토하는 것이 가장 적합하다.

2) 예측 타당도

평가센터에 대한 가장 심한 비판들 조차도 평가센터 종합평정이 관리자로서의 성공을 광범위하게 일관성을 가지고 예측할 수 있다는 점에는 이의가 없다. 종합평정의 예측 타당도에 관한 연구결과들을 요약해보면 Havard Business Review에 게재된 Byham의 논문(1970) 부터 통계분석(Gaugler, Rosenthal, Thorton, & Bentson, 1987)까지 포함되어 있다. 이는 평가센터에서 높은 종합평가를 받은 사람일수록 그렇지 않은 사람에 비해 이후 직무에서 더 높은 성공을 보일 것이라는 의미이다.

[표3-10] 평가센터 종합평가(overall assessment rating)의 예측 타당도 리뷰

연구자	연구 시기	핵심 내용
Byham	1970	종합평가는 지속적으로 승진하는 관리자를 확인하였음, 평가 받은 관리자의 성공률이 평가 받지 않은 관리자보다 더 높음, 종합평가와 성과와의 상관관계는 .27에서 .64
Cohen et al.	1974	수행과의 상관관계 중앙치는 .33, 잠재력과는 .63, 승진과는 .40
Thornton & Bayham	1982	종합평가는 다양한 기준/준거(criteria)를 예측(승진, 성과)
Hunter & Hunter	1984	직무수행 관련 추정된 타당성 .43
Schmit et al.	1984	다양한 준거 관련 추정된 타당성 .41
Gaugler et al.	1987	승진, 성과, 평가관련 추정된 타당성 .37

이러한 결과들을 볼 때, 평가센터 방법이 타당하다는 것은 분명하다. 종합평가는 관리자로서 성공과 관련이 있다. 어떤 연구는 관리직 승진, 교육 또는 직무수행 평가, 직무효과성에 대한 개별 연구자의 관찰 등 다양한 범위의 준거(criteria)를 포함하고 있다. 그러므로 이러한 연구들은 편향되지 않은 관점을 지닌 광범위한 표본들을 대표한다고 볼 수 있다.

3) 구성 타당도

하나의 연구나 상관관계로는 평가가 무엇을 측정하는지 정확히 알기 어렵다. 역량평가 점수의 의미를 해석하려면 많은 연구로부터 축적된 증거들을 검토해야 한다. 역량평가자가 역량평가과제수행 시 피평가자 행동을 관찰하고, 이 행동들을 의미 있는 역량으로 분류할 수 있다. 한 과제에서 한 명의 역량평가자가 관리 효율성의 한 역량을 평가하는 것은 정확성이 낮다. 한 역량평가과제에서 "잘 한다", "못 한다"등의 일반적 인상이 단일 역량평가과제 내의 모든 역량평가에 영향을 미칠 수 있다. 이러한 경향은 역량평가자에게 단일 과제 수행 후 역량평가를 요구하기 때문에 발생될 수도 있다. 행동관찰 방식에서는 이러한 평가 방식을 지양한다. 반면 여러 역량평가과제에 걸친 행동에 기초해서 역량평가를 할 경우 일관성과 정확성이 훨씬 더 높았다. 여러 평가자가 판단을 종합 했을 때 최종 역량평가의 일관성과 정확성이 한층 더 높아지는 것을 보여주었다. 또한 역량평가자들이 각 역량의 정보를 종합해서 최종 종합평가를 했을 때 관리직 수행 및 승진에 대한 예측도가 높다는 것을 볼 수 있다.

4) 평가센터에 대한 비판과 한계

그간 평가센터에 대한 많은 비판이 제기되어 왔다. 일부 비판은 실용적인 측면에 대한 것이었다. 과정이 복잡하고, 관리자를 역량평가자로 육성하는데 많은 시간이 필요하다. 저렴한 비용의 다른 평가방법과 비교해 평가센터 방법이 이익이 되는지를 의구심을 갖는 사람들도 있다. 다른 비판은 전형적인 평가센터 절차를 지지하지 않는 연구결과에서 기인한 것이다. 예를 들어 역량관찰, 보고, 종합하는 과정에서 혼선이 있을 수 있다는 것이다. 이론적 관점의 비판도 있다. 즉, 인간의 행동 지각, 사회적 판단의 정확성에 관한 평가센터의 기본적 전제를 부정하는 관점이다.

그럼에도 불구하고 다양한 인적자원관리 기능을 지원할 수 있는 유연한 평가기법이다. 직무의 특징과 조직풍토를 반영함으로써 다양한 인적자원관리 철학을 반영할 수 있다. 태도 조사결과 내부 직원과 외부 지원자 모두 평가센터가 역량을 보여줄 공정한 기회를 제공했으며 개발(development) 필요점 진단을 위한 좋은 방법이라고 믿었다. 평가센터에 대한 비판이 제기되었지만 신중한 고려가 필요하다.

CHAPTER 04

평가센터 운영

1. 역량 및 평가도구

평가센터는 해당 조직 및 직위에서 요구되는 역량모델이 존재하고 이 역량을 피평가자가 어느 수준으로 확보하고 있는지를 평가하기 위한 평가도구로서 발표(presentation), 역할수행(role playing), 인터뷰(interview), 서류함기법(in-basket), 집단토론(group discussion)등 을 활용하여 역량 관련 행동을 반복해서 관찰하고 평가할 수 있도록 설계되어야 한다.

● **역량**(역량모델)**분석**

역량분석은 평가자들이 어떤 역량요소를 측정해야 하는지 이해할 수 있도록 하기 위해 실행된다. 역량은 평가센터에서 측정의 기본이 되는 것으로 직무상황에서 나타날 수 있는 행동을 제시하는 요소가 된다. 이러한 역량을 고려하여 평가센터 평가 프로그램을 만들기 때문에 역량에 대한 분석은 매우 중요하다. 일반적으로 모든 업무상황에는 많은 말과 행동 또는 의사결정이 작용한다. 그러한 말과 행동을 통해 피평가자가 표출하는 역량을 측정할 수 있도록 지속적인 평가자 훈련을 실시하여야 한다.

영국은 공무원 역량 프레임웍(Civil Service Competency Framework)을 통하여 공무원이 보다 효과적으로 업무를 추진할 수 있도록 인적자원관리를 실시하고 있다.

CSCF는 공무원들이 지켜야 할 덕목인 정직성, 진실성, 공평성과 객관성을 강조하여 모든 업무에 이 덕목들이 적용될 수 있도록 하며, 방향설정, 협동과 협조, 결과달성 이 세가지 높은 리더십의 행동기준을 적용한다.

각각의 역량에는 해당 Level의 의미와 그 역량에 대한 효율적/비효율적 행동을 제시하고 있다. 예를 들어 Level 3의 공무원은 Level 1과 2의 수준을 갖추고 있다는 뜻이다.

[표4-1] 영국의 공무원 역량 구조

역량군	역량명	레 벨
전략적 클러스터-방향설정 (Strategic Cluster-Setting Direction)	큰 그림 보기	- 기관장 레벨(Level 6) - 부 기관장 레벨(level 5) - Grade 7&6과 동급(Level 4) - HEO&SEO와 동급(Level 3) - EO와 동급(Level 2) - AA 또는 AO 동급(Level 1)
	변화와 개선	
	효과적인 의사결정	
사람 클러스터-사람들 간의 협동과 협조(People Cluster-Engaging People)	선두에서 지휘하고 대화하기	
	협력과 동반	
	모두를 위한 능력 만들기	
실행 클러스터-결과 달성 (Performance Cluster-Delivering Results)	목표달성	
	투입에 걸 맞는 가치 달성	
	질 좋은 서비스 관리	
	지속적 실행	

[표4-2] 평가과제 유형과 사용빈도

	평가과제	사용되는 비율
복잡	- 경영 게임	25%
↑	- 서류함기법	81%
	- 집단토론(역할 있는)	44%
	- 집단토론(역할 없는)	59%
	- 구두 발표	46%
	- 사례 분석	73%
↓	- 정보 탐색	38%
단순	- 역할 연기(인터뷰)	47%

Source: G. C. Thomton, Ⅲ & R. A. Mueller-Hanson, 2004.

평가센터에서는 반드시 복수의 평가과제(exercise)를 사용하여 역량을 중첩 측정하여야 한다. 이점은 평가센터기법 방식의 역량평가가 다른 평가방법과 다른 고유한 특징 중의 하나이다. 평가과제는 조직에서 누구나 직면 가능한 실제 상황과 유사한 모의상황으로써 그 유형은 매우 다양하다. 가장 많이 사용되는 평가과제는 서류함기법(in-basket)이고, 그 다음은 사례 분석, 역할(리더) 없는 집단토론 등이다.

2. 상황과제

평가센터 기법의 독특한 특징 중 하나는 상황과제이다(Bray & Grant, 1966). 상황과제란 대상 직무의 주요 측면을 반영하여 유사하게 구조화한 직무 모의과제이다. 역량모델을 통해 직무수행자가 직면하는 주요 과업, 발생가능한 문제 및 기타 상황들을 확인하고 이러한 직무의 특징들을 반영하여 가장 유사한 상황과제를 구조적으로 설계한다.

상황과제를 수행하는 피평가자들은 일련의 복잡한 과제를 처리하는 과정에서 역량을 발휘한다. 상황과제의 특징은 피평가자에게 실제 직무에서 발생할 수 있는 여러 복잡한 상황들을 구조화하여 제시하고 처리해 보도록 한다는 것이다. 상황과제의 이점은 피평가자가 복잡한 역량평가과제들을 어떻게 수행하는지 행동들을 직접 관찰할 수 있다는 점이다.

평가과제는 평가하고자 하는 역량을 측정하기 위해 상황 및 관련자료를 제시하는 것으로 여기에는 평가자 역할 가이드, 관찰자 역할 가이드 등이 포함되어 있어 피평가자가 표출하는 행동에 대한 대처요령 및 평가하고자 하는 역량을 이끌어 내기 위한 방법 등이 자세히 제시된다. 또한 평가자가 피평가자를 객관적이고 공정하게 평가하도록 하기 위해 평가지표별 평가척도를 제공한다.

역량평가(실행)과제는 일반적으로 표준화되지 않은 진단도구로 다양한 상황이 제시되고 이에 대한 피평가자의 말과 행동을 통해 발현되어 이를 관찰하는 평가자에 의해 평가된다. 이러한 특성으로 인해 기대이상의 다양한 행동의 관찰이 가능해진다. 실행과제는 표준화된 진단도구처럼 바로 수치화 될 수 없기 때문에 측정하려는 역량이 평가과제 속에서 충분히 발현되어 평가가 납득 가능하고 신뢰성을 가질 수 있도록 해야 한다. 또한 여러 개의 역량평가과제가 진행되기 때문에 피평가자들이 어렵고 힘들 수 있으나 다양한 형태의 실행과제를 개발하여야 한다.

[표4-3] 역량평가과제 유형

평가과제 유형	상황(예시)
역할연기 (role play)	부하, 동료, 고객 등 불만을 제기하거나 이슈를 제기하는 상대방을 1:1 대화로 설득
분석 및 발표 (analysis & presentation)	상황이 비교적 복잡한 주제를 주고 이를 분석하여 발표
집단토론 (group discussion)	이해관계가 복잡한 공동의 사안에 대해 정해진 시간 내 문제를 토론해 집단 의사 결정
서류함기법 (in-basket)	주어진 시간 내 업무를 얼마나 잘 처리할 수 있는가를 볼 수 있도록 편지, 메모, 문서, 투서 등에 대한 문제 해결 및 의사결정을 하는 상황

Source: G. C. Thornton Ⅲ, 1992.

상황과제는 업무상황에서 나타날 수 있는 갈등 구조를 토대로 모의상황을 구조화 하여 구성한 것으로 평가자가 피평가자의 행동특성을 용이하게 평가할 수 있도록 개발하여야 한다.

역량평가과제가 실제 직무상황을 얼마나 잘 반영하는가의 문제는 간단히 답할 수 있는 것은 아니다. 분명한 것은 역량평가과제는 직무를 아주 자세하고 정확하게 대변할 수 있어야 한다는 것이다.

직무표본(work sample)이나 직무모사(job replicas)는 역량평가과제를 직무의 일부로 복제하는 것이다. 직무표본 테스트는 실제 업무의 일부를 그대로 묘사하는 것이다. 직무표본은 평가센터의 목적이 현재 스킬 수준이나 구체적 업무수행 역량을 평가하는 것이면 적절하다.

실행과제 충실도가 높은 것이 오히려 부적절한 경우도 있다. 이는 실행과제가 어떤 행동을 해야하는지를 가늠하게 할 수도 있고, 현업에서 숙달된 행동들이 평가과제에 반영될 가능성이 높기 때문이다. 평가센터의 목적이 잠재력을 확인하는 것이면 평가과제는 스킬 자체가 아니라 스킬을 학습하는데 필요한 기본적 자세와 잠재력을 측정할 수 있도록 구조적으로 설계되어야 한다.

3. 역량평가자

평가센터의 성공적인 실행은 평가자의 역량에 크게 의존하게 된다. 평가자의 역량은 평가의 타당성과 신뢰성에 절대적인 영향력을 미치기 때문에 평가자의 신중한 선발이 요구된다. 1988년 General Motors에서 수행한 연구에 따르면 평가내용의 질은 평가자훈련에 참가한 시간에 비례하는 것으로 나타나고 있다.

복수의 평가자

평가센터에서는 복수의 평가자가 피평가자를 평가한다. 복수의 평가자가 관찰하면 평 편견을 최소화할 수 있고 최종 평가결과의 신뢰성을 높일 수 있다. 따라서 평가자가 가지는 편견을 최소화하려면 복수 평가자의 관찰이 필요하다.

역량평가에서는 서로 다른 관점을 가진 역량평가자가 도움이 될 수 있다. 다른 배경과 경험으로 인해 피평가자의 다양한 측면을 관찰할 수 있기 때문이다. 이러한 다양성 때문에 피평가자에 대한 평가가 상이하게 나타날 수 있다. 그러나 각각의 평가는 그 자체로 가치있는 정보를 제공한다. 또한 복수 평가자에 의한 이러한 의견 차를 통하여 피평가자의 역량을 정확히 논의하고 결론을 내릴 수 있다. 이는 복수 평가의 본질 중 하나다.

역량평가자 역할

역량평가자는 역량에 대한 기본적인 지식을 보유하고 있어야 하며, 평가센터에 대해 잘 알고 이를 실행할 수 있는 외부 혹은 조직내부의 역량평가전문가 이다.

역량평가기법이나 역량평가과제에 대해 훈련을 받은 사람으로 역량평가과제의 내용을 명확히 파악하고 역량평가가 진행되는 동안 피평가자의 행동을 관찰하고 기록하며 평가 후에 피평가자의 행동에서 부족한 역량에 대한 개발 가이드를 제공하는 역할을 한다.

첫째, 평가센터 평가과제 내용과 역량평가자의 역량에 대한 완벽한 이해이다. 평가센터에 있는 일부 역량평가 실행과제는 역량평가자나 평가보조자가 적극적으로 피평가자의 행동을 이끌어 내어 평가를 진행하도록 설계되고 또 다른 일부 역량평가 실행과제는 상황에 따른 적절한 역량평가자의 대응이 필요하다. 즉, 역량평가자가 역량평가 실행과제의 내용과 어떤 역량을 측정하고자 하는지를 이해하고 있어야 피평가자의 잠재적 역량을 정확히 끌어낼 수 있다. 즉, 피평가자와 상호작용을 통해 역량을 측정할 수 있게 된다.

둘째, 역량평가과제 수행중 피평가자들의 행동을 정확하게 관찰한다. 역량평가자는 각 역량평가 실행과제가 진행되는 동안 피평가자의 행동을 유심히 관찰하고 기록해 두었다가 각 과제가 끝나면 평가표를 작성한다. 이 과정에서 행동을 발휘하게 된 동기나 원인을 찾아 내야한다. 비록 역량평가자가 이러한 평가에 대한 경험이 많다고 하더라도 피평가자가 실제 표출한 행동을 정확히 관찰하지 않고는 피평가자에게 정확한 피드백을 제공할 수 없게 된다. 그러므로 피평가자의 행동을 정확히 잘 관찰하여야 한다.

셋째, 역량평가표 및 행위평정 척도에 따라 역량평가를 실시한다. 피평가자의 행동을 관찰하고 이러한 행동이 평가표의 해당 역량항목에 나타났는지를 확인하여 평가를 실시한다. 역량평가표는 역량평가자가 객관적인 역량평가를 할 수 있도록 설계되어야 한다. 이때 주의해야 할 점은, 역량평가표에 제시된 역량평가항목을 글자 그대로 해석하고 평가해서는 안된다는 것이다. 역량평가표의 내용은 모의상황이 진행될 때 나타나고 확인해야 할 중요한 역량행동지표를 미리 예측해서 정리한 것으로, 실제로 운용되는 과정에서는 변형되거나 다른 행태로 나타날 수 있기 때문에 이를 그대로 적용한다면 실제로 평가할 수 있는 항목이 많지 않을 수 있다. 따라서 역량평가자는 평가표에 제시된 역량평가지표를 주관적 판단이나 선입견을 배제하고 융통성 있게 적용해야 한다.

넷째, 평가자 회의를 통하여 본인이 평가한 결과를 다른 역량평가자들과 공유 및 통합하고 합의한다. 평가센터는 여러 명의 역량평가자와 여러 개의 역량평가기법을 활용하고, 역량평가기법에 따라 측정할 역량을 할당하고 있어, 한 명의 피평가자에 대해 같은 역량을 최소한 2번에 걸쳐 서로 다른 역량평가자가 역량평가를 하게 된다. 따라서 피평가자의 역량을 보다 구체적이고 구조적으로 보다 공정하게 평가하기 위해서 역량평가자들이 평가한 결과를 다른 역량평가자들의 역량평가 결과와 공유하게 된다. 특히, 자신과 같은 역량을 평가한 역량평가자와는 서로가 평가한 역량에 대해 공유하고 차이가 발생한 부분에 대해서는 서로 간의 역량평가 결과를 바탕으로 어떤 부분에서 차이가 발생하고 차이가 발생하게 된 원인이 무엇인지를 논의하여 하나의 역량평가점수를 확정하게 된다.

다섯째, 역량평가 결과를 바탕으로 역량별로 자세한 역량평가보고서를 작성한다. 역량평가 결과에 대한 보고서는 참여한 모든 역량평가자들이 작성하게 된다. 우선, 역량평가자별로 담당할 피평가자가 정해지고, 그 피평가자에 대해 담당 역량평가자가 더욱 관심을 기울여서 평가하도록 한다. 역량평가가 종료된 후, 역량평가자간의 역량평가 결과 공유 및 합의 과정에서 역량평가 결과에 대한 합의를 하고 해당 피평가자에 대한 각 역량평가자들의 역량평가 결과 및 내용을 취합하여 담당 역량평가자에게 전달하면, 역량평가자들은 자신이 담당한 피평가자의 역량평가 결과보고서를 작성하게 된다. 역량평가 결과는 추후 피평가자에게 피드백할 때, 근거로 활용할 수 있도록 가능한 한 구체적으로 일반화된 문장으로 기술되어야 한다.

여섯째, 역량평가 결과 단점 및 부족한 점에 대해서 육성의 관점에서 피평가자에게 피드백 한다. 역량평가 결과보고서가 작성되면 정리한 역량평가 결과에 대해 피드백을 제공한다. 피드백 과정에서 역량평가자는 구체적인 근거를 제시하여 피평가자가 역량평가 결과에 대해 납득할 수 있도록 해야 한다.

● 역량평가자 가이드

역량평가자 가이드는 역량평가과제에서 역량평가자가 수행하여야 하는 역할에 대한 내용을 제시한다. 따라서 역량평가자는 모의상황의 모든 내용과 역량평가자가 가이드를 숙지하고, 자신은 물론 피평가자나 평가보조자에게 제시된 역할에 대해 숙지하고 있어야 한다. 그런 상태에서 자신의 역할을 수행할 때에만 피평가자가 발휘한 행동을 평가할 수 있으며, 피평가자에게 측정해야 할 역량을 확인하기 위한 말이나 행동을 추가적으로 유도하는 상황을 연출할 수 있게 된다.

● 역량평가자 선발

역량평가자는 조직 내의 관리자, 인사담당자를 포함하여 외부 컨설턴트 및 대상 직무에 익숙한 다양한 개인들로 구성된다. 연구에 따르면 평가자 다양성은 평가에 매우 효과적인 기여를 할 수 있다(Gaugler,

Rosenthal, Thornton, & Bentson, 1987).

역량평가자의 선발은 외부평가자를 활용할 것인가 내부평가자를 활용할 것인가를 결정하여야 한다. 외부평가자를 활용하게 된다면 어떤 역량이나 경험을 가지고 있는 역량평가자를 확보할 것인가가 중요한 문제가 된다.

내부평가자의 경우 선발 후 역량평가자훈련을 전제로 한다면 선발에 있어서 다음과 같은 원칙을 가지고 있어야 한다.

첫째, 조직의 위계상 피평가자의 역량을 파악할 수 있는 피평가자 보다 상위 직위에 있어야 한다. 예를 들어 평가센터의 목적이 관리자를 선발하는 것이라면 역량평가자는 조직 내에서 피평가자가 수행하는 핵심적인 역할을 알고 평가해야 한다. 역량평가자는 조직의 미래 활동과 개발에 대한 책임을 질 사람이 누구인가를 결정한다. 일반적으로 역량평가자의 지위가 높을수록 선발과 평가도구로서 평가센터의 효과성이 커진다고 가정할 수 있다.

둘째, 평가센터를 상시로 운영하지 않는다면 내부 역량평가자를 활용하기 보다는 외부전문가 또는 평가센터 전문기관을 활용하여 평가센터를 운영하는 것이 효과적이다.

셋째, 역량평가의 신뢰성과 타당성을 확보하기 위해서는 역량평가자는 일정 시간 지원자를 관찰하는 훈련을 통해 역량평가에 대한 연습이 필요하다. 선발과 관련된 하나의 이슈로는 호주의 평가센터와 같이 역량평가자로 전문 배우를 선발하여 활용하는 것이다.

전문 배우를 활용하여 역량평가과제를 운영하는 경우, 역할의 수행은 보다 원활하게 이루어 질 수 있어, 피평가자들이 역량평가과제의 상황에 깊이 몰입할 수 있다는 장점이 있다. 하지만 전문 배우가 아무리 역량평가자 훈련을 받는다고 하더라도 역량평가와 관련된 전문가가 아니기 때문에 역량평가에 필요한 적절한 질문이나 반응을 유도하고 피평가자의 말과 행동, 태도 등을 통해 역량을 평가하는 것이 쉽지 않다.

4. 평가센터 운영 사례

1) 미국 리더십평가센터

(1) 개요

미국은 인사관리처(OPM: Office of Personnel Management)의 역량평가과(competency assessment branch)가 주관하는 리더십평가센터(leadership assessment center)를 운영하고 있다. 운영이념은 최고의 인재 선발과 육성이며, 각 정부기관의 요청에 따라 ECQs의 토대인 다양한 리더십 역량을 측정하여 선발, 승진, 경력개발의 목적으로 사용하고 있다. 평가의 목적에 맞추어 실행프로그램(exercise)를 조합하여 사용하며 지원자는 가상조직에서의 관리자 역할을 수행한다.

(2) 실행프로그램 유형

상황과제(exercise)의 유형은 다음과 같다.

- Individual Exercise: 문제해결, 의사결정, 유연성, 대인관계의 기술, 화술 등을 평가하며, 지원자는 주어진 과제를 해결하는 가장 효율적인 행동을 결정해야 함
- Group Exercise: 대인관계의 기술, 갈등관리, 팀 형성, 화술 등을 평가하며, 지원자들이 소수의 그룹을 형성하고 주어진 시간 내에 문제를 해결함
- Strategic Analysis Exercise: 전략적 사고, 비전 제시 등 역량을 평

가하며, 지원자는 유용한 정보를 평가하여 기관이 직면한 전략 계획 상황에서 가장 합당한 행동을 결정하여야 함
- Management Problems: 결단력, 유연성 등을 평가하며, 관리자의 일상과 같은 매우 가시적이고 빠른 반응을 요구하는 상황을 묘사함

2) 캐나다의 SELEX(Simulations for the Selection of Executives)

(1) 인사심리센터의 개요

캐나다 인사위원회(Public Service Commission)는 연방정부 차원의 공무원 선발, 승진 등을 총괄하는 기관으로, 그 산하기관인 인사심리센터(Personnel Psychology Center: PPC)는 사무국장(Director General) 지휘 하에 130여명의 인력이 배치되어 있고 이중 다수의 심리학자가 평가방법 개발, 각 부처의 인사담당자에 대한 자문(consulting), 대상자에 대한 평가 및 카운셀링(assessment & counseling) 등의 역할에 있어 중요한 기능을 수행하고 있다.

(2) 인사심리센터의 평가센터 : SELEX

인사심리센터(PPC)는 단순한 서무직(Entry Level Clerk)에서부터 고위공무원(Senior Executive Level)에 이르기까지 다양한 평가대상 및 직렬의 수요에 맞는 다양한 평가방법을 갖추고 있으며, 부처의 요구에 따라 특화된 맞춤형 평가방법을 제공하기도 한다. 이중 과장(EX1) 진급자를 선발하기 위해 새롭게 개발한 역량평가방법인 SELEX는 기존의 Assessment Center for Executive Appointment(AC for EXA)를 대체하여 2004년 1월부터 사용되고 있으며 폭넓은 활용성을 가진 대표적인 평가센터방법으로 평가 받고 있다.

SELEX의 평가대상역량은 인사심리센터(PPC)가 개발한 총 14개의 역

량파일 중 인지력(Cognitive Capacity), 의사소통(Communication), 행동관리(Action Management), 윤리와 가치(Ethics and Values), 조직인식(Organizational Awareness), 행동의 유연성(Behavioral Flexibility), 대인관계(Interpersonal Relations) 등 7가지를 대상으로 하고 있다.

SELEX는 캐나다 보건과학박물관(Canada Health Science Museum)이라는 가상의 정부기관을 설정하고 평가 7일 전에 이에 관한 정보(조직, 구성, 예산, 기관목표 등)을 평가대상자에게 제공하여 사전에 숙지하도록 한다. 평가대상자는 가상의 정부기관의 관료로서 3가지의 서로 다른 시뮬레이션 상황에서 제기되는 다양한 이슈들을 해결하며 자신의 역량을 평가받는다. 시뮬레이션은 각각 상사와 동료, 부하직원, 고객과 동료 등과 미팅상황이다. 3명의 평가자는 평가대상자의 역량을 관찰, 기록, 평가한 후 개별 모의상황이 끝난 후 바로 각자의 평가결과를 상호 조정·통합하여 최종 평가결과를 도출한다. 평가자는 2명의 전직 공무원과 1명의 인사심리센터(PPC) 소속 심리학자로 구성되며, 각 시뮬레이션에서 7개의 역량을 모두 평가한다.

SELEX는 단일의 시나리오를 가지고 계속적으로 사용할 예정이며, 시뮬레이션상의 다양한 질문사항이나 평가지침 등이 유출되지 않는 한 동 시나리오의 유출에 따른 사전숙지가 평가에 영향을 미치지 않는다는 입장이다.

3) 호주 경력개발평가센터

호주 연방정부 경력개발평가센터(CDAC) 참관기

김명식 | 중앙인사위원회 부이사관 / 호주 인사위원회(PSMPC) 파견

(1) 들어가면서

필자는 행정자치부의 국제전문가양성과정 프로그램에 따라 지난 3

월부터 호주 연방정부의 인사위원회(Public Service & Merit Protection Commission, PSMPC)에 파견근무 중인데, 이 위원회의 인사조직개발팀(People & Organization Development Team, POD Team)에서 고위공무원(Senior Executive Service, SES)이 되려는 자에 대한 리더십개발훈련의 하나로서 운영하고 있는 경력개발평가센터(Career Development Assessment Center, CDAC, 여기서는 흔히 이니셜만 가지고 '씨댁'으로 부르고 있다)의 제28기(2002년 4월 29일~5월 1일) 과정에 참관하는 기회를 얻게 되었다.

이 훈련프로그램은 고위공무원에 대한 체계적이고 과학적인 관리기법의 하나로서 좋은 제도라 생각되어 이 지면을 빌려 소개하고자 한다. 요즘 우리나라에서도 인적자원관리(human resources management) 또는 사람관리(people management)가 국가경쟁력의 요체라는 공감대가 널리 형성되어가고 있다. 게다가 국정관리(governance)의 개념이 확산되면서 정부의 고위공무원들은 정책을 입안하고 결정하는 행정책임자로서 영향력을 가질 뿐만 아니라, 정부조직을 능률적으로 운영하고 직원을 효과적으로 관리하며 대외관계에서도 중요한 역할을 담당하고 있는 만큼, 호주 연방정부가 운영하고 있는 리더십역량 평가방법은 우리나라의 공무원정책 수립에 많은 시사점을 줄 것으로 기대한다.

(2) 경력개발평가센터(CDAC)의 개요

호주 연방정부는 1999년 공무원법을 개정하여 종래 중앙집권적인 인사관리 방식을 탈피하고 각 부처(departments & agencies)에게 행정환경과 부처의 기능에 적합한 인재를 자율적으로 충원할 수 있도록 재량권을 대폭 확대하였다. 그리고 종래 지침이나 윤리적 의무로 인식되어 왔던 공무원의 기본적인 가치(value)와 행동강령(code of conduct)을 법적 의무로 승격하여 공무원법에 포함시켰고, 또한 각 부처의 고위공무원(SES)에 대한 임용절차에 연방정부인사위원회(PSMPC)가 직접 관여함으로써 사실상 정부의 정책을 결정하는 고위공무원에 대한 인적자원관리는 더욱 엄격하게 하는 것으로 정책을 전환하였다. 그 대신 일반 공무원(APS: Australian public service 1~6)과 중간관리자(EL: executive level 1, 2)의 임용에 대하여는 일정한 기준을 정해주고 그 결과를 보고 받아 잘못이 있으면 교정하는 사후관리방식을 운영하고 있다. 이러한 선발과정의 일환으로 조만간 SES로 승진될 후보군이라 할 수 있는 EL2 공무원들이 리더십 역량기준에 얼마나 근접 한가를 평가하여 그들이 갖고 있는 장점은 계속 살리되 단점은 교육훈련을 통하여 보완하기 위하여 경력개발평가센터(CDAC)를 설치하게 된 것이다.

이 센터는 1998년 8월 '공직분야에서의 수상 보좌장관'(Minister Assisting the Prime Minister for the Public Service)을 맡고 있던 David Kemp 박사의 주도로 그 필요성이 제기되어 만들어졌다. 그런데 이를 위해서는 우선 고위관리자에게 요구되는 리더십의 수준을 판단하기 위한 기준이 있어야 하므로 1999년 3월 19~20일 동안 법무부 등 15개 부처가 참여하는 차관회의에서 토의를 통해 PSMPC가 초안을 작성한 고위공무원리더십역량표(senior executive leadership capability framework, SELCF)를 최종적으로 확정하였다. 그 이후 당시 PSMPC 위원장 겸 리더십개발자문회의 의장이었던 Helen William 여사는 참여한 부처로부터 기금을 지원 받기로 하고 CDAC를 설립하여 드디어 1999년 12월에 제1기 센터를 열게 되었다. 이 때 PSMPC는 기본계획을 수립하고 세부내용은 용역계약을 체결한 민간컨설팅 회사가 설계하였다. 지금은 연방정부의 25개 부처가 이 프로젝트에 참여함으로써 대부분의 EL2 공무원들은 SES가 되기 전에 CDAC에서 자신의 리더십능력에 대한 평가를 받고 있다. 다만, 이 센터는 SES로 승진하기 위한 필수적인 전제조건으로서 전문적이고 기술적인 역량을 측정하는 것은 아니라, 실무에 기초하여(practically based) 현실적으로 부딪칠 수 있는 다양한 상황에 대응할 수 있는 활동역량을 살펴보기 위한, 일종의 훈련목적으로 활용되고 있다. 다시 말하면 교육훈련을 하기 위한 사전 단계로서 현재 자신의 소질과 특성이 어느 수준인지 알아보는 것이라 할 수 있다. 번역에 따른 오류를 줄이기 위하여 원문으로 표기한 SELCF는 [표4-4]에서 보는 바와 같이 5개의 핵심요소와 20개의 세부요소로 되어 있다. 각 요소는 많은 연구와 자문 그리고 최고 관리자 등의 여론수렴을 거쳐 만들어졌는데, 고위공무원들이 갖추어야 할 기본적인 자질과 덕목이라고 할 수 있는 것들이 대부분 포함되어 있다. 물론 이 요소들은 기본적인 것이고 부처별로 특성에 맞게 몇 개 항목을 추가할 수도 있다.

[표4-4] 고위공무원리더십역량표(SELCF)

핵심요소	세부요소
achieve results	builds organizational capability and responsiveness
	marshals professional expertise
	steers and implements change and deals with uncertainty
	ensures closure and delivers on intended results
cultivates productive working relationships	nurtures intemak and extemal relationships
	facilitates cooperation and partnerships
	values individual differences and diversity
	guides, mentors and develops people
shapes strategic thinking	inspires a sense df purpose and direction
	focuses strategically
	hamesses information and opportunities
	shows judgement, intelligence and commonsense

핵심요소	세부요소
exemplifies personal drive and integrity	demonstrates public service professionalism and probity
	engages with risk and show personal courage
	commits to action
	displays resilience
	demonstrates self awareness and a commitment to personal development
communicates with influence	communicates clearly
	listens, understands and adapts to audience
	negotiates persuasively

(3) 경력개발평가센터(CDAC)의 프로그램 개요

이 센터의 프로그램만 보면 이틀 반 동안의 단기과정에 불과한 것 같다. 하지만 센터에 들어오기 전부터 직근 상사(line manager)와 참가자에 대한 연방정부인사위원회(PSMPC)의 1시간짜리 브리핑과 바로 이어서 참가자와 상사간에 본인의 향후 역량개발계획을 준비하기 위한 미팅, 그리고 이와 병행하여 360도 다면평가를 실시하며, 또한 센터의 평가가 끝난 뒤에도 개인별 피드백 미팅과 최종 개인별 평가보고서를 참고하여 역량개발계획서를 확정하고 나중에 이를 기초로 얼마나 역량이 향상되었는지를 점검하는 사후관리과정까지 포함한다면 장기간에 걸친 역량개발 훈련프로그램이라 할 수 있다. 다만 이러한 장기 훈련프로그램의 핵심요소인 CDAC 평가는 워낙 심층적으로 이루어지기 때문에 한번에 많은 인원을 수용하지 못하고 매 기마다 EL2 공무원 12명만 선발하여 실시하고 있다.

CDAC은 우리나라의 중앙공무원교육원과 같이 어떤 정부의 고정된 시설물에 설치되어 있는 것이 아니라, 호텔이나 민간시설 4곳을 빌려서 돌아가면서 사용해 왔는데 최근에는 캔버라시의 남쪽에 위치한 Tuggeranong 구에 역사적 건물로 보존되고 있는 농가(homestead)에서 실시하고 있다. 이 건물은 1860년대에 처음 지은 꽤 오래된 건물이지만 지금은 내부를 수리하여 카페, 레스토랑, 음악회, 회의실 등으로 활용하고 있는 중이다.

이틀 반 동안 진행되는 센터의 세부 운영시간표는 다음과 같다.

[표4-5] 경력개발평가센터(CDAC) 첫날 시간표

시 간	활 동	비 고
14:30~15:00	도착 및 참가자 등 인사	
15:00~15:30	CDAC 에 대한 전반적인 소개	담당계장
15:30~16:30	감정이해(Emotional Intelligence)	SHL컨설턴트
16:30~17:00	APSAA안내 및 센터 안내	

첫날은 거의 오리엔테이션 과정이다. 참가자간의 인사와 상호 소개, 센터의 설치목적과 배경, 훈련내용, 감정이해(emotional intelligence), 그리고 다음 날에 있을 역할연기 상황에 안내와 준비 요령, 스케줄 관리 방법을 알려준다. 특히 참가자들에게는 평가를 위해 부닥치게 되는 여러 가지 상황을 실제라고 여기고 대처하도록 당부하였다. 위 표의 마지막 시간에 들어 있는 APSAA는 Australian Public Service Advisory Agency의 약자로서 센터의 훈련을 위해서 가상적으로 만든 행정기구로서 각 참석자는 이 기구의 GM(general manger)으로서 모의활동(simulation)에 참여한다. 감정이해를 설명한 SHL 컨설턴트는 PSMPC의 지침에 따라 이 프로그램을 운영하고 있는 조직심리학 전문가였다. 참고로 다음날 컨설턴트 직원 2명이 더 와서 관찰자로서의 역할을 담당하였다.

[표4-6] 경력개발평가센터(CDAC) 둘쨋날 시간표

시 간	활 동	비 고
08:00~09:00	관찰자와 참가자 교육 모의 활동을 위한 자료 배부	
09:00~09:45	1차 집단토의 -Regional Service Advisory Group	
09:45~10:15	APSAA보고서 작성 Shane porter Meeting 준비	
10:15~10:45	Shane porter Meeting 1조	4명씩 동시에 다른 방에서 진행됨
10:45~11:15	Shane porter Meeting 2조	
11:15~11:45	Shane porter Meeting 3조	
11:45~12:15	APSAA보고서 작성	
12:15~13:15	점심식사	
13:15~13:45	APSAA보고서 장관브리핑 보고서 작성	
13:45~14:15	Kim jennings Meeting 1조	4명씩 동시에 다른 방에서 진행됨
14:15~14:45	Kim jennings Meeting 2조	
14:45~15:15	Kim jennings Meeting3조	
15:15~15:40	장관브리핑 1조	4명씩 동시에 다른 방에서 진행됨
15:40~16:05	장관브리핑 1조	
16:05~16:30	장관브리핑 1조	
16:30~16:40	보고서정리	
16:30~17:10	2차집단토의 Cotporate Direction	
17:15	종료	

둘째 날은 아침 8시부터 시작되어 위 표에서 보는 바와 같이 12명의 참가자들이 때로는 두 개 조로 나뉘어 집단회의에 참가하고 때로는 3개조로 나뉘어 개별적으로 각 방에 들어가서 임시 배역을 맡은 부하직원(Shane Porter)을 만나서 잘못을 추궁하거나 업무보고를 받고 지시하며, 또 다른 부처의 고위공무원(Kim Jennings)을 만나서 현안업무를 논의하고, 또 가상

의 장관(Minister)에게 브리핑을 하는 등 잠시도 쉴 틈이 없이 바쁘게 돌아가는 본격적인 평가가 진행된다. 아침 일찍 센터에 와서 바로 모의상황으로 들어가며, 집단토의와 1:1 면담, 보고서 준비 등이 계속 이어진다.

그리고 이들 참가자들 외에도 관찰자(observers)가 6명 있는데 이들은 그냥 옆에 앉아서 구경하는(watch) 것이 아니라 각 참가자들의 발언내용, 행동, 제스처 등을 일정한 서식에 꼼꼼하게 정리하고 평가하는 CDAC의 중심역할을 하는 사람들이다. 관찰자는 사전에 잘 훈련된 각 부처의 현직 고위공무원(SES band Ⅰ · Ⅱ) 4명과 이 센터를 지원하는 민간컨설팅 회사 직원 2명이 맡고 있다. 공무원인 관찰자는 고정되어 있는 것이 아니라 센터가 열릴 때마다 약 40여 명의 풀 중에서 업무에 지장이 없는 공무원을 개별적으로 위촉하고 있다. 관찰자는 2개조로 나뉘며, 조별로 2명의 공무원과 1인의 컨설팅직원으로 구성되는데, 이들 3명의 관찰자가 6명의 참가자를 각각 전담하고 있는 것이다.

관찰방법은 먼저 1:1 면담의 경우에는 관찰자가 1명씩 방에 들어가는데 각 역할 연기마다 들어가는 관찰자를 달리 배치한다. 즉 한 관찰자가 한 사람만 전담해서 관찰하지 않고 해당 조에 있는 다른 사람을 골고루 돌아가면서 보도록 하는 것이다. 이렇게 함으로써 그 조에 속한 관찰자는 비록 역할은 다르지만 그 조에 속한 모든 참가자를 집중 관찰할 기회를 가질 수 있게 된다. 다만 장관브리핑 모의실험의 경우 컨설팅 회사 직원은 공직사회를 잘 모르기 때문에 관찰자로 참여하지 않고 공무원인 관찰자만 들어간다.

역할 연기는 전문적인 배우 4명을 위촉하여, 때로는 부하직원으로서 때로는 다른 부처의 직원으로서 주어진 연기를 잘 소화하여 상황에 따라 적절히 질문하고 답변한다. 그러나 장관역할은 참가자로부터 보고를 받고 또 그 보고서의 내용을 이해하여 이와 관련된 질문도 해야 하기 때문에 관찰자 경험을 가진 SES band Ⅲ의 현직 고위 공무원이 맡고 있다.

6명이 하는 집단토의는 처음과 마지막, 두 차례 실시 되는데 관찰자 3명이 동시에 회의실에 들어가서 각자 2명씩 맡아서 집중적으로 관찰한다. 이 때 관찰자들이 앉는 좌석은 자신들이 맡은 사람들의 얼굴이 정면으로 보이게 앉는다. 물론 참석자들은 누가 자신을 집중적으로 평가하는지 모르며 지정된 원탁 테이블에 앉아 토의를 진행한다.

1:1 면담 상황은 모두 녹화를 하는데 비디오 카메라에 얼굴이 보이는 쪽에 참가자들이 앉도록 좌석을 배치하고 역할 연기를 하는 배우와 장관은 등이 보이게 앉는다. 이때 관찰자는 절대로 녹화를 하는 비디오에 찍히거나 음성이 들어가지 않도록 좌석을 배치하고 주의를 촉구한다. 녹화한 비디오 테이프는 둘째날 모의훈련이 끝나고 귀가할 때 일단 참가자에게 주었다가 각자 집에 가서 보고 오도록 한다.

이튿날까지는 참가자와 관찰자들이 서로 접촉되지 않도록 철저히 시간을 안배하고 운영센터 사무실과도 멀리 떨어지도록 배치한다.

관찰자들은 둘째날 관찰한 자료를 저녁에 각자 숙소로 갖고 가서 메모식으로 정리한 것들을 다시 점검하고 확인하여 나름대로 자신이 관찰한 참가자에 대하여 1차 평가를 한다. 평가 등급은 SES 역량에 필요한 기준보다 아주 우수하면 'WAS' (well above the standard), 조금 낫다고 생각되면 'AS' (above the standard), 중간 정도인 'A' (at the standard), 다소 미흡하다고 생각되면 'MBS' (marginally beneath the standard), 많이 떨어진다고 생각되면 'SBS' (significantly beneath the standard)의 5개로 되어있다.

[표4-7] 경력개발평가센터(CDAC) 세쨋날 시간표

시 간	활 동	비 고
08:30~10:00	APSAA활동평가	
10:00~11:00	360 도 다면평가 피드백	
11:00~12:15	비디오 평가	각조별
12:15~13:15	점심식사	
13:15~16:00	감정이해를 포함한 경력개발계획 수립요령 설명	컨설팅사 직원
16:00~16:30	설문조사	
16:30~17:30	종료 및 다과	

마지막 날은 참가자에 대하여 전날 실시한 모의실험에 대한 사후 평가를 한다. 우선 360도 다면평가에 대한 피드백을 한다. 이때 개인적인 평가결과 자료는 공개하지 않으나 총괄적인 통계와 경향을 설명한다. 그리고 나서 참가자들은 전날 녹화하여 나누어 준 비디오 테이프를 가지고 3개조로 나누어 4명씩 서로 보면서 각각 장단점에 대하여 토의하게 한다. 이는 일종의 동료평가(peer review)과정의 일환이라 할 수 있다. 점심식사를 한 뒤에는 센터의 다음 과정인 경력(리더십) 개발계획을 수립하게 하고 다음 날 PSMPC에서 있을 피드백 미팅을 준비하게 한 뒤 설문조사를 하고 모든 평가훈련이 끝난다. 이때 비디오 테이프는 도로 회수하여 모두 파기하거나 지워서 개인정보가 유출되지 않도록 한다.

한편, 관찰자들은 아침 8시 반부터 별도의 방에서 조별(2명의 공무원과 1명의 컨설팅사 직원)로 모여 전날 각자 관찰한 사람에 대한 평가 결과를 서로 말하고 이를 다른 사람이 확인·점검·수정·보완하면서 개인별 평가서를 완성해 나간다. 평가표의 서식은 아래와 같은데, 각 역할(활동에서)과 SES 역량 특성별로 어떻게 연결되는지 하나하나 짚어간다. 표에서 보는 바와 같이 원래 SELCF의 세부항목은 모두 20개로 되어 있으나 그 중 하루 동안의 행동만으로서는 판단하기 어렵고 또 평소 소속기관에서 상급자로부터 정기적으로 평가되는 'Achieves Results'에 속한 4개의 세부 항목을 제외한 나머지 16개 항목에 대하여, WAS·AS·A·MBS·SBS에다 때로는 +, −까지 붙여서 모두 15단계로 세분해서 평가한다. 이렇게 자기가 보고 느낀 것을 한 사람이 발표하면 다른 관찰자가 또 보충하여 서로 대조하면서, 혹시라도 특정인에게 지나치게 관대한 것은 아닌지 아니면 가혹한 것은 아닌지를 재점검하여 모두 동의하면 각 핵심요소별로 총괄적인 평가등급을 매겨나간다. 이렇게 하다 보니 한 명의 참가자를 평가하는데 평균 70분 정도가 소요되었다.

[표4-8] 평가표

역량/활동	Shane Proter meeting	1차 집단토의	장관 브리핑	Kim jennings Meeting	2차 집단 토의 보고 서작성	총 평 (overall)
Shapes Strategic Thinking	✓	✓	✓	✓	✓✓	
Cultivate Productive Working Relationships	✓✓	✓✓	✓	✓	✓	
Exmplifies Personal Drive and Integrity	✓	✓	✓✓	✓✓	✓	
Communicates with Influence	✓✓	✓	✓✓	✓	✓✓	

* ✓✓ 항목은 이 모의활동에서 이 역량을 더욱 주의 깊게 보고 가중치를 둔다는 뜻임

센터의 집합 모의훈련을 마친 다음날부터 이틀간 컨설팅사 직원은 참가자들과 피드백 미팅을 갖는다. 12명을 6명씩 나누어 하루에 2시간 30분 동안 한 사람씩 PSMPC 회의실로 불러서 면담하는데, 이 때 관찰자들의 전반적인 소감을 말하고 본인의 장단점에 대한 피드백, 앞으로의 경력개발 계획 등에 대해 이야기한다. 이들 자료를 근거로 해서 컨설팅 회사 직원은

최종 평가보고서(executive summary report)를 작성하여 약 3주 뒤 360도 평가결과와 함께 본인과 기관장에게 각각 대외비 문서로 통보한다.

(4) 느낀 점들

3일 동안 줄곧 이들과 같이 행동하면서 여러 가지 생각이 들었다. 특히 바로 직전 27기에 참가한 사람에 대한 최종 평가보고서 초안을 컨설팅사 직원이 보여주는 것을 읽어보고 무척 놀랐다. 어쩌면 이렇게까지 '안면몰수' 스타일로 적나라하게 한 사람에 대한 장단점을 표현할 수 있을까. 참가자의 발언, 행동, 제스처 등을 기초로 SELCF 척도와 하나하나 대조하면서 "당신은 저런 점은 좋지만 이런 점이 부족하니까 이렇게 고치면 좋겠다"라는 식의 표현이 아주 구체적으로 적혀 있었다. "아, 이렇게 하기 위해서 관찰자들이 그토록 열심히 자기 직무에 충실했나 보다"라는 생각이 들었다. 우리도 남을(얼마든지 마음 속으로) 평가할 수는 있다. 그러나 이를 글로써 잘 적지는 못한다. 사람이 사람을 평가하는 것에 많은 부담을 갖거나 아니면 지나치게 겸손(?)한 나머지 그런지는 몰라도 6개월에 한번씩 하는 근무성적 평정에서도 간단하게 몇 자 적는 게 현실이 아닌가.

여하튼 놀라움 뒤에 생기는 몇 가지 궁금증은 과연 이런 평가시스템이 취지대로 잘 운영되고 있는지 등에 대하여 담당공무원과 컨설팅회사 직원들에 물어보았다.

첫째로, 관찰자가 옆에서 체크하고 있어 참가자들이 심리적으로 부담을 느낄 수 있으므로 실제로 자신이 갖고 있는 역량을 충분히 발휘하지 못할 수 있지도 않겠는가, 차라리 몰래 카메라 같은 것을 설치해놓고 다른 방에서 여러 명의 관찰자들이 동시에 평가하면 어떨까. 이에 대하여 컨설팅 회사 직원은, 물론 처음에 답할 때는 관찰자를 의식할 수 있지만 약 5분 정도만 지나면 자신의 역할에 집중하느라 옆에 사람이 있다는 사실을 별로 느끼지 않는다는 심리학의 연구결과가 있고, 또 옆에서 직접 보면서 정리하는 것이 내부 분위기와 표정, 행동 특성을 자세히 볼 수 있기 때문에 더욱 효과적이라고 한다.

둘째로, 아무리 프로 배우라 할지라도 배우들의 반응에 따라 참가자들의 발언이나 행동이 다르게 나타난다면 이것도 형평에 어긋날 수 있지 않겠는가. 이에 대하여는 전문 배우들을 사전에 충분히 훈련시켰고 거의 모든 질문과 답변을 구조화하였으며(structured), 또 관찰자들도 유사한 상황을 여러 번 봐 왔으므로 노련하고 사명감이 있어 편견이나 부당한 평가에 대하여는 걱정할 필요가 없다고 한다.

셋째로, 실험하고 있는 모의상황은 줄곧 동일한 것을 사용하고 있는데, 만약 뒤에 들어오는 사람들이 먼저 교육을 받은 사람들에게 시나리오를 물어보고 모범답안을 알고 들어온다면 형평에 어긋날 수 있지 않을까. 이에 대하여는 담당계장인 Pauline Camm(Ms.)은, 센터가 끝나는 날 이 교육프로그램의 내용에 대하여 절대로 다른 사람들에게 누설하지 말라고 부탁했기 때문에 그런 일은 없을 것이라고 믿고 있다고 한다. 좀 부끄러웠다.

넷째로, 만약 관찰자가 평소 잘 아는 사람을 관찰하게 되면 아무래도 관대하게 평가할 가능성이 높지 않겠는가. 이에 대하여 필자와 함께 계속 관찰한 PSMPC의 Kevin Issacs 조직개발팀장은, 관찰자들도 이 센터의 중요성을 잘 알고 있어 설령 잘 아는 사람이라고 해서 일부러 평가점수를 높여 줄 리는 없고, 다만 선입관이 작용할 수 있기 때문에 아는 사람이 배당되면 관찰자가 바꿔달라고 요청하고 이를 수용하고 있다고 했다. 또 이 센터의 기본 취지가 점수를 매겨 고득점자부터 승진시키는, 즉 참가자간에 우열을 결정하는 것이 아니라 순수하게 관리자 능력 기준에 어느 정도 미흡한가 또는 우수한가를 결정하는 것이므로 객관성이 생명이기 때문에 이에 관한 염려는 별로 하지 않는다고 하였다.

다섯째로, 아무리 관찰을 잘 한다고 해도 하루 동안의 역할 연기를 보고서 그 사람에 내재된 역량을 다 평가하는 것은 무리가 아닐까. 이에 대하여는 물론 100% 완벽한 것은 아니라는 것을 인정하지만 오랜 시간을 내기도 어려울 뿐만 아니라 사람을 평가하기 위해서는 하루 동안이라도 약간의 긴장된 상황을 설정하고서, 그 사람의 생각과 말과 행동과 보고서 등을 보면 상당부분 판단할 수 있다고 한다. 그래도 사람의 역량은 시간이 흐름에 따라 바뀔 수도 있으므로 CDAC의 최종 평가보고서는 1년 내지 1년 6월 정도의 효력만 갖는다고 표시하고 있다는 말도 덧붙였다.

여섯째로, 어찌되었던 일부라도 평가결과를 승복하지 못하겠다고 항의를 받는 경우는 없었는가. 이에 대하여 담당계장은 가끔 자신의 발언, 행위에 대한 평가결과에 이의를 제기하는 공무원도 없진 않았으나, 대부분은 이에 수긍하고 평가결과에 만족을 표시하였다는 2001년 4월의 CDAC 중간 평가보고서를 보여주면서 미소를 지었다.

(5) 글을 맺으면서

그 동안 책에서만 보았던 평가센터(assessment center)를 직접 눈으로 확인한 소중한 경험에 무척 감사하고 있다. 고위관리직 공무원들이 갖추어야 할 기본적인 역량을 추출하고 이들의 수준을 몇 단계로 설정한 뒤 대상자들이 현재 어느 수준인지를 객관적으로 측정하고 이를 기초로 각자에게 부족한 것을 개발시켜 개인과 조직의 역량을 향상시키려는 시도는 인상 깊었다.

우리나라도 목표관리제, 360도 다면평가제 등을 통하여 정기적으로 평가를 실시하고 있고, 또 SES에 해당한다고 볼 수 있는 3급으로의 승진 시 다양한 경로를 통한 사전 검증과 중앙인사기관의 최종 심사 등 몇 단계의 과정을 거치면서 공정하고 합리적인 심사를 위해 애쓰고 있다. 다만 그에 덧붙여 대상자의 잠재역량과 실제 행동역량을 보다 객관적으로 평가하는 데 있어서 이런 종류의 평가센터가 있다면 더욱 도움이 될 것이라고 생각한다.

물론 나라마다 독특한 역사적 배경과 문화를 갖고 있기에 경력개발평가센터(CDAC) 프로그램도 우리 실정에 맞도록 수정 보완될 점도 있다고 본다. 예컨대 역할 연기를 위한 시나리오는, 다소 어려움이 있더라도 센터마다 조금씩 변형되는 것이 참가자들의 학습효과를 방지하는 차원에서 바람직하지 않을까 하는 생각이 들고, 또 다면평가도 본인에게 자신을 평가할 사람을 선정하도록 하기보다는 중앙인사위원회가 개발한 다면평가프로그램에서 추출하는 방식이 신뢰성 제고 측면에서 더 낫지 않을까 하는 생각도 해본다.

그러나 무엇보다도 이러한 평가제도가 성공하려면 각 부처의 인사권자가 고위공무원의 자질과 역량을 제대로 검정하여 이를 기초로 능력을 향상시킴으로써 궁극적으로 우리나라 공무원의 수준을 한 차원 높여야겠다는 공감대가 형성되어야 할 것이다. 왜냐하면 인사의 불공정시비가 일어날 때마다 등장하는 각종 연줄을 제거하여 능력·성과·책임에 기초한 실적주의 인사를 정착하기 위해서는 객관적인 검정절차는 반드시 필요한 것이기 때문이다. 직원에 대한 실무교육도 중요하지만 이들을 관리하는 고위공무원들의 리더십 역량은 조직의 능력, 나아가서 정부의 경쟁력과 맞물려 있기 때문에 이들에 대한 체계적인 훈련과 리더십 능력향상은 아무리 강조해도 지나치지 않을 것이다.

CHAPTER 05

평가센터 실행과제 개발

1. 역량평가과제개발 프로세스 및 방법

역량평가과제의 개발에서 복잡성을 결정하는 속성으로 자극자료의 표준화와 참가자에게 요구하는 반응의 구조화가 있다.

첫째, 표준화는 역량평가과제 상황이 얼마나 정형적인가를 말한다. 고도로 표준화된 평가과제의 경우, 모든 참가자에게 정확히 동일한 유형의 지시와 질문이 주어진다.

둘째, 평가과제의 구조화는 참가자의 임의적 반응에 대한 허용도를 의미한다. 비구조적인 평가과제에서 참가자는 자기 반응을 스스로 결정할 수 있다. 리더 없는 집단토론이 비구조적 과제에 속한다. 표준화된 평가과제는 명확하고 구조화된 반응을 요구하며, 비표준적 평가과제는 반응상의 특별한 제약을 부여하지 않는다. 그러나 평가에 사용되는 자극과 요구 반응의 복잡성이 직접적으로 관련되는 것은 아니다. 예를 들면, 단순한 지필 평가과제가 복잡한 의사결정 프로세스와 서술반응을 요구할 수 있으며, 반대로 복잡한 비즈니스게임이라 하더라도 비교적 단순한 선택을 요구할 수 있다. 다음의 표는 두가지 변수인 표준화와 구조화의 측면에서 기존의 평가과제 도구들을 정리한 것이다.

[표5-1] 평가센터 과제 모델(model of assessment center exercises)

<table>
<tr><th colspan="10">자극자료의 표준화 수준</th></tr>
<tr><th rowspan="3">반응유형
구조</th><th colspan="9">표준화 … 비표준화</th></tr>
<tr><th colspan="6">역할연기자(부하·동료·상사·고객)</th><th colspan="3">다른 참가자</th></tr>
<tr><th>문 서</th><th>비데오
테잎</th><th>운영자</th><th>평가자</th><th>한명의 역할
연기자</th><th>두명 이상
의 역할
연기자</th><th>역할
배정</th><th>역할
비배정</th><th>기타
팀</th></tr>
<tr><td>구조화
양식작성</td><td>능력검사, 성격검사, 이력서양식</td><td></td><td></td><td></td><td></td><td></td><td></td><td></td><td></td></tr>
</table>

자극자료의 표준화 수준									
반응유형 구조	**표준화**								**비표준화**
			역할연기자(부하·동료·상사·고객)				다른 참가자		
	문 서	비디오 테잎	운영자	평가자	한명의 역할 연기자	두명 이상의 역할 연기자	역할 배정	역할 비배정	기타 팀
문서 작성	사례연구, 인바스켓		인바스켓						
프리젠테이션	사례연구				정보수집	문제사원	분석/토의		
질문에 답변					백그라운드 인터뷰, 인바스켓 또는 분석 후 인터뷰	화난고객			
참가자 통제 인터뷰		인터뷰 시뮬레이션		정보 수집	인터뷰 시뮬레이션				
집단토론		사례연구, 리더 없는 집단토론				팀미팅	리더 없는 집단 토론	리더 없는 집단 토론	게임
복수집단 토론									게임
언어, 문서 및 신체적 행동의 조합 **비구조화**									게임

Source: Thornton & Byham, 1992.

역량평가과제 개발은 일반적으로 역량평가과제 결정, 역량평가과제 개발, 역량평가과제 검증의 프로세스로 이루어 진다.

1) 역량평가과제 결정

역량평가과제의 결정 시 집단토론, 서류함기법, 인터뷰 등 어떤 유형이 측정하는데 적합한 것인가를 결정하는 것이다. 따라서 핵심 활동(key action)은 역량평가를 적용하고자 하는 직무의 상황 정보를 수집하고 분석하여 그 결과를 기반으로 측정하고자 하는 역량이 피평가자의 행동으로 가장 잘 표출될 수 있는 역량평가과제를 선택한다.

● **역량평가과제 개발 목적의 설정**

역량평가과제는 기능별, 직무별로 선발, 승진, 개인개발, 진단의 목적에 따라 관찰되고 평가되는 역량이 다르므로 적용 집단과 목적을 반드시 잘 확인하여야 한다.

승진 목적의 경우는 승진하고자 하는 직급의 필요 역량을 승진후보자에게 적용하여야 하며, 진단과 개발의 경우는 현재 직무수행에 필요한 역량을 파악할 수 있도록 과제가 개발 되어야 한다.

● **직무 정보의 수집·분석**

특정 업무상황에서 발휘되는 역량의 자료를 수집하여야 한다. 적용할 자료는 현업에서 발생했던 이슈화된 상황을 활용하거나, 부족할 경우 새로운 자료를 확보하여야 한다.

확보해야 할 자료는 직무특성 자료, 직무와 관련된 이해 당사자와 그들의 상호작용 행위를 확인할 수 있는 자료, 기타 평가과제 개발에 필요한 업무현장의 구체적인 업무상황자료이다.

업무상황의 조건(5W 1H)에 대해서 확인하거나 판단할 수 있어야 한다. 수집된 자료를 분류 및 검토하여 역량–업무상황–이해관계자–업무 목적 및 이유–업무수행 방법–시기와 장소를 기준으로 업무상황을 세부적으로 분류하고 상호작용 형태를 분석한다.

[표5-2] 역량평가과제 개발 자료 목록

직무특성	- 직무, 직위관련 자료 - 기능 및 조직관련 자료 - 업무분장표, 직무기술서 - 역할과 책임(Role & Responsibility) - 직무역량모델
상호작용	- 직무와 관련 조직 내외부 이해관계자 관련 자료 - 주요 이해관계자의 이슈 내용
구체적 상황 정보	- BEI 인터뷰나 설문조사 자료 - 중요 사건(critical incident)조사 - 중요 사건의 행동

업무수행에서 나타날 수 있는 상황유형을 다음의 4가지 정도로 보고, 이해관계자의 상호작용의 구조를 살펴 본다.

[표5-3] 업무수행 상호작용 형태(예시)

상호작용 유형	상호작용 내용
개인적 활동	- 업무수행자 단독으로 수행하는 업무유형 - 개인적 문서작업(문서 작성, 검토 등)
상호 작용	- 업무수행자 본인과 상대방 간의 상호작용 - 대화 및 면담, 업무 지시
집단 상호 작용	- 집단을 대상으로 일방적 또는 쌍방적 상호작용 - 이해관계자에게 발표
집단내 상호작용	- 집단 속에서 타인들과 상호작용을 하는 형태로 회의 - 집단적 업무수행

● 역량평가과제 결정

역량평가과제는 업무의 특성 및 상호작용 형태에 따라 다양하게 설계된다. 직무에 대한 상황 파악 후에 역량을 가장 잘 관찰 및 측정 할 수 있는 역량평가과제를 선정하여야 한다. 역량평가과제의 개수는 평가하여야 할 역량의 수, 역량평가의 운영 목적(선발, 승진 등), 역량평가 운영 시간, 물리적 공간, 역량평가자 가용 인력 등을 고려하여 결정하여야 한다.

[표5-4] 상호작용 형태와 역량평가과제 유형

상호작용 형태	평가과제 유형	내용(예시)
개인적 활동	서류함기법	- 복수의 과제들을 제한된 시간 안에 처리하는 평가과제
개인간 상호작용	인터뷰 시뮬레이션	- 다양한 관계자들과 대화를 통하여 문제를 해결하는 평가과제 - 상사·부하·동료·고객에 따른 갈등 문제 해결 평가과제
개인 대 집단 상호작용	프리젠테이션	- 특정 집단을 대상으로 문제의 주제를 발표하도록 하는 평가과제
집단 내 상호작용	집단토론	- 특정한 주제 지정 및 집단적 의사결정을 내려야 하는 평가과제 - 리더가 있는 경우와 그렇지 않은 경우로 구분하도록 하는 평가과제

역량평가과제와 역량과의 메트릭스(matrix) 구조를 통하여 역량을 잘 관찰할 수 있는 역량평가과제를 매칭시킨다. 이때 역량이 2개 이상의 역량평가과제에서 관찰 될 수 있도록 설계하고, 하나의 역량평가과제에서 3개 이내의 역량이 관찰될 수 있도록 설계한다. 역량평가에서 역량평가과제의 수는 평가하고자 하는 역량의 수에 따라 달라지나 일반적으로 3~6개 정도의 범위에서 설정된다. 또한 유사한 역량평가과제가 반복되지 않도록 상호작용 형태를 반영하여 구조화한다. 마지막으로 역량평가과제의 개발 용이성을 고려하여 역량과 역량평가과제의 매트릭스(matrix)를 최종 결정한다.

[표5-6] 역량과 역량평가기법 매트릭스(예)

역량/역량평가 과제	In-Basket	Presentation	Interview	Written	Group Discussion
역량 A	●	●		●	
역량 B			●		●
역량 C	●	●		●	
역량 D			●		●

2) 역량평가과제 개발

역량평가과제 개발은 평가하고자 하는 역량을 여러가지 역량평가과제들의 유형을 잘 반영하여 직무상황과 유사한 상황을 개발하여야 한다. 역량평가의타당성과 신뢰성을 확보하기 위해서는 역량평가과제가 잘 구조화되게 설계되어야 한다.

● 역량평가과제에서 관찰·평가 역량 확인

역량과 평가과제 매트릭스를 통해 역량평가과제에서 관찰 및 평가해야 할 역량을 확인하여야 하며, 해당 역량의 행동지표와 행동사례에 나타난 행동특성 이해를 통해 요구 행동이 표출되도록 역량평가과제의 상황과 정보를 설계하여야 한다.

● 역량평가과제 설계

피평가자의 역량을 측정하기 위한 업무상황을 설정하는 단계로 업무상황은 역량평가과제 유형에 따라 설계된다. 역량평가과제 유형에 따른 업무상황은 이해관계자의 상호작용 형태에 따라 다르게 설계된다.

- 역량평가과제 상황을 조직의 특성에 맞게 설정한다.
- 상황에서 이해관계자의 직면한 문제를 설정한다.

이해관계란 과제에서 역할이 주어지는 당사자를 의미하며, 상황에 대처하는 이해관계자들의 입장과 태도 등을 역량과 관련된 행동을 발휘할 수 있는 자극 요소가 포함되어야 한다. 이해관계자들의 자극 요소는 상호비교를 통해 가능하면 균형을 이뤄 구조화한다.

- 인터뷰 과제의 상황 구성(예시)

역량평가과제에서는 가상의 조직상황을 설정할 수 있다. 피평가자의 역할 계층은 승진의 경우는 승진할 상위계층의 역할을 부여한다. 피평가자에 따라서 상사·동료·부하·고객 등으로 구체적 상황이 주어지며, 부하의 경우 개인신상상담, 평가 피드백 및 코칭, 개인개발 등으로 설계할 수 있다.

● 직무자료 수집

역량평가과제를 개발하기 위해서는 조직 및 직무와 관련된 자료, 역량모델에서 수집된 자료, 탁월한 역량발휘 상황 자료, 역량평가과제에서의 업무상황과 관련된 자료가 수집되어야 한다. 이 자료는 적용 직무의 정보를 수집하고 분석하는 활동을 통해서 확보하게 된다.

● 피평가자에 대한 지시문

설정된 직무상황과 관련하여 배경 정보와 피평가자가 속해 있는 조직(가상조직), 당사자의 조직 내 역할과 책임, 역량평가과제의 상호작용에서 이슈가 되는 문제의 내용으로 구성한다.

배경정보가 작성되면 역량평가에 참여하는 피평가자 집단을 통해 공정한 정보인지를 확인하여야 한다.

- 역량평가과제의 상황이 피평가자에게 유·불리한 상황인가?
- 상황이 특정의 직무경험을 요구 하는가?

지시문은 피평가자가 수행해야 할 역량평가과제의 요구사항으로 배경정보 설명 후, 그 상황에서 취할 피평가자가 취해야 할 행동을 작성한다.

● 피평가자에게 제공할 자료

역량평가과제에서 피평가자에게 제시되는 정보는 과제 안내, 준비자료, 역량평가과제에서 수립해야 할 성과목표, 역량평가과제에서 대상자가 수립할 계획 기초자료이다.

◉ 역량평가자 및 진행자용 매뉴얼 개발

역량평가과제와 관련하여 개발하여야 할 매뉴얼은 평가자용과 진행자용을 개발 하여야 한다.

- 역량평가자용: 평가센터에 대한 이해, 행동사건면접, 평가진행 기본지침, 평가기법별 평정 요소와 평가역량간 연계 현황, 역량평가진행 순서, 평가역량의 정의, 역량평가과제에 대한 이해가 제시되어야 한다.
- 진행자용: 전체과정 운영자 회의, 피평가자 오리엔테이션 등 제시 평가자용 매뉴얼에는 평가하는 역량 및 행동지표, 관찰기록지의 양식 및 작성방법, 행동수준의 평가 기준, 평가양식을 제시하여야 한다.

또한 역량평가과제 진행과 관련하여 피평가자가 수행해야 할 내용과 원칙을 매뉴얼에 반영한다.

- 역량평가과제에서 피평가자의 반응이 약한 경우 대처 스킬
- 피평가자의 역량 관련 행동이 표출되도록 유도하거나 촉진할 수 있는 스킬

3) 역량평가과제 타당성 · 신뢰성 검증

역량평가과제 검증은 개발된 역량평가과제를 적용하기 위해 모의 테스트(pilot test)를 통하여 과제의 타당성을 확인하는 단계이다. 역량평가과제가 실제로 적용되는 직무상황과 유사한 조건에서 실시하여, 진행 과정에 대한 전문가의 모니터링을 통하여 발생하는 문제점을 확인한다. 모의 테스트에서는 역량평가과제의 운영과 참석자들에 대한 반응 내용을 통하여 역량평가과제의 타당성이 검증어야 하며, 모의 테스트를 할 수 없는 경우에는 내·외부 역량 전문가들과 SME회의를 통하여 역량평가과제에 대한 검토가 이루어져야 한다.

● **역량모의 테스트(Pilot Test)**

모의 테스트는 실제로 역량평가가 진행될 시설이나 시간 등 환경과 유사한 조건으로 수행한다. 역량평가자는 실제와 동일하게 모의 테스트 피평가자들의 행동을 관찰·기록·분류·평가한다.

모의 테스트가 완료된 이후에 피평가자와 평가자를 분리하여 평가과제에 대한 개선점을 도출한다. 도출할 내용은 제공되는 정보의 이해 용이성, 역량평가과제 수행시간의 적절성, 각 과제에서의 난이도, 제공되는 각 과제별 정보량의 적정성 등이다.

역량평가자를 대상으로 역량관찰·역량기록·역량분류·역량평가에 대한 개선할 사항을 도출한다. 도출할 내용은 평가자 매뉴얼의 이해 용이성, 각 과제에서 역량의 관찰 용이성, 관찰 기록지 작성 및 평가의 용이성 등 평가에 대한 전반적인 개선할 사항들이다.

● **역량평가과제의 수정·보완**

모의 테스트에서 나타난 결과를 영역별로 정리하여 역량평가과제를 수정·보완하여야 한다. 또한 역량평가자 매뉴얼 개선사항에 대해서도 수정·보완하여야 한다.

2. 분석 및 발표(Analysis & Presentation)

분석 및 발표는 주어진 제한된 시간 내에 자료를 분석하고 그 결과를 발표하고 평가자가 이 내용에 대한 분석과 질문을 통해 역량을 측정하는 평가기법이다.

이 때 피평가자가 도출한 분석결과에 대해 논리적 오류를 지적한다. 어떤 경우에는 여러 명의 피평가자가 프리젠테이션을 하고 자신들이 낸 제안에 대해 토론을 통해서 결론을 도출하기도 한다.

발표과제는 지적 역량, 사회적 스킬 및 의지력에 대한 것을 평가할 수 있다. 그어나 계획을 수립하고, 실행 가능한 제안을 수립하는 점을 좀 더 강조한다. 발표를 준비하는 동안 발표자료를 요약 정리하고 보고서를 작성한다. 평가센터에 따라서는 플립 차트, 마커펜, 프로젝터와 같은 보조 도구를 제공하고 의사소통의 효과성을 높인다.

분석 및 발표과제는 이해관계자를 설득하고 단독으로 특정한 문제에 대해 분석한 결과를 중요한 이해관계자에게 발표하는 상황에 적합하다.

상사, 부하 직원, 시민단체, 국회, 언론 등 특정의 이슈화된 문제에 대한 결과 발표를 많이 하는 담당자에게 적합하며, 전문가의식, 분석적 사고력, 개념적 사고력, 창의력, 발표력, 학습, 영향력, 대인 이해 등의 역량이 평가 가능하다.

[분석 및 발표의 특징과 장·단점]

- 분석 및 발표는 준비시간(1~3시간) 안에 분석하도록 하는 과제이다.
- 역량평가자는 분석 발표가 종료되면 평가자용 매뉴얼에 따라 질문하고 피평가자는 자신이 분석한 내용을 답변하게 되는데, 피평가자가 도출한 결론에 반론을 제기하거나 오류를 지적함으로써 의도적으로 갈등 상황을 조장하여 피평가자의 반응을 관찰한다.

[표5-7] 분석 및 발표 결과물 이미지

지시문에 제시할 내용	배경자료에 제시할 내용
- 개요(지위, 역할 소개) - 발표 주제 - 발표 대상자 - 발표 진행사항 - 역량평가과제수행을 위한 Tips	- 조직 및 현황 소개 - 역량평가과제 제시 - 피평가자에 대한 요구사항

3. 인터뷰(Interview)

인터뷰 과제(interview simulation)는 미리 설정된 가상 상황에서 피평가자가 어떤 행동을 취할 것인지를 결정하도록 하여 인터뷰 형식을 통해 이러한 결정이 어떻게 이루어졌고, 어떻게 할 것인가에 대해 질문을 통해 평가하는 방법이다. 역할연기(role play)라고 하는데, 상대방은 상사·부하·동료·이해관계자·고객 등 다양하게 설정할 수 있다.

이 역량평가기법은 측정하고자 하는 역량을 확인하기 위해 실제의 인터뷰 상황을 설정하고, 피평가자에게 요구하는 질문을 미리 제시하고 피평가자가 제시된 자료를 바탕으로 질문에 답변을 준비하고 응답할 때, 역량평가자가 응납에 따라 역량평가자 매뉴얼에 제시된 질문을 통해 역량을 측정할 수 있다. 이때 측정하고자 하는 역량과 이를 확인하기 위한 질문들은 미리 구조화되며, 평가자는 주어진 모의상황에서의 역할을 수행함과 동시에 역량평가를 위한 인터뷰를 실시하게 되는 것이다.

제시된 모든 상황에서 평가자는 표준적인 방식으로 행동하도록 상황에 따라 질문을 하거나, 제안을 하거나, 답변을 하거나 압박을 가하기도 한다. 피평가자는 주어진 시간 내에 평가자와 대화를 통해 문제를 해결해야 하며 평가자가 이 과정을 관찰한다. 인터뷰 과제는 구두 의사소통, 공감 및 임기응변, 사람과의 문제 해결과 같은 역량을 측정하는데 효과적이다.

이 과제의 이점은 짧은 시간내 측정이 가능하다는 것이다. 과제 준비에 30분~1시간, 과제 수행에 10~20분 정도 걸리도록 설계한다. 그러므로 다양한 종류의 인터뷰 과제를 여러 개 진행할 수 있다. 이 과제는 특히 초급 관리자의 훈련 목적으로 개발된 평가센터에 적합하다. 그 이유는 의사소통 및 문제해결 스킬을 평가 하고 훈련할 수 있는 통제된 상황을 제공하기 때문이다(Thornton & Cleveland, 1990). 그러나 고위직 선발에서도 많이 사용되고 있다.

[표5-8] 인터뷰 역량평가과제(예시)

대상 직무	피면접자(평가자)	모의 상황
임원	언론사 기자	기관운영에 대한 조사
관리자	부하직원	고민상담·수행 문제에 대한 토론
영업 담당	고객	상품 및 서비스 불만
고객 서비스 담당	불만 고객	정책·상품 하자에 관한 불만

특정한 상황을 설정할 경우는 역할 연기자가 필요하므로 평가 인원이 증가할 수 있다. 대안으로는 역량평가자가 동시에 역할 연기를 하는 것이다. 그러나 역량평가자가 동시에 두 가지 어려운 역할을 수행해야 한다는 점이 단점이 될 수 있다.

인터뷰 과제는 특정 이슈에 대한 해결방안 제시, 업무적 및 대인적 갈등해결, 상대방에 대한 자문 및 조언, 의견제시 상황에 적합하다.

조직단위 책임자·감독자 및 이해관계자와 접촉이 빈번한 실무자 직무에 적합하며, 성과관리, 문제해결, 의사결정, 방향제시, 대인관계, 갈등관리, 고객만족 등의 역량이 평가 가능하다.

[표5-9] 인터뷰 역량평가과제 상호작용 형태 및 소재

상호작용 형태	내용 기술
관리자-부하 상호작용	낮은 성과, 잦은 결근, 조직내의 갈등 등과 같은 문제를 논의하기 위해 부하직원과 면담하는 관리자의 역할을 수행한다. 이런 상황의 변형으로, 리더십 코칭을 하기 위하여 하급자와 면담하는 참석자/관리자가 될 수 있다.
동료간 상호작용	이슈를 논의하고, 문제를 해결하고, 함께 프로젝트를 수행하기 위해 동료와 면담한다.
고객과의 상호작용	문제 제기한 고객을 다루어야 하는 고객·서비스 팀원으로 역할을 수행한다. 고객은 내·외부인일 수 있다. 난이도의 수준은 다양하게 설정한다.
부하-관리자 상호작용	새로운 아이디어 제시, 정보 제공, 의사결정의 정당화 등을 목적으로 상사와 만나는 팀원의 역할을 수행한다.

상호작용 형태	내용 기술
지역사회 구성원과의 상호작용	지역사회 구성원을 다루어야 하는 조직인의 역할을 수행한다.
직무 지원자와의 상호작용	직무 지원자와 인터뷰를 하는 채용 담당자의 역할을 수행한다.
갈등 해결의 상호작용	두 당사자들의 분쟁을 조정한다.
자금 조달의 상호작용	역할 연기자로부터 기부를 이끌어내려고 한다.
거래처와의 상호작용	만족스러운 서비스를 제공하지 않는 거래처를 다루어야 한다.
특수 집단과의 상호작용	적절하고 민감한 방식으로 신체장애자와 상호작용하여야 한다. 이런 사람들은 지역사회 구성원·고객·팀원 등이 될 수 있다.
정부규제와의 상호작용	기록 검토, 재무 감사, 안전조사 등을 행하는 정부 규제자와 상호작용하여야 한다.
영업상의 상호작용	제품 및 서비스를 역할 연기자가 구매하도록 설득한다. 이런 상호작용의 수준은 다양하다.
파트너와의 상호작용	조직은 고객에게 해결책을 제공하기 위하여 보완적 제품을 제공한다. 이런 상황에서 참석자는 파트너와 새로운 관계를 진행시키고, 현재의 관계에서 문제들을 논의 한다.
매체 관계자와의 상호작용	조직 문제와 관련하여 매체의 대표자를 다루어야 한다.

Source: G. C. Thornton Ⅲ & R. A. Mueller-Hanson, 2004.

인터뷰 역량평가과제 개발시는 갈등 상황구조를 서로 대립되도록 이슈화 하여야 실제 상황처럼 대응하는 장면을 표출시키고 관찰할 수 있다. 제공되는 정보 내에서 상호 갈등 내용의 강도를 통하여 갈등 상황을 설정할 수 있다.

4. 서류함기법(In-Basket)

서류함기법(in-basket)은 노트, 메모, 이메일, 보고서, 기타의 자료들을 제시하고, 주어진 시간 내에 이를 단독으로 해결하고 조치하도록 하는 역량평가과제를 말한다. 서류함기법은 문서의 형태, 전자메일 형태 또는 이 두 가지가 결합된 제3의 형태로 구성될 수 있으며, 서류함, 문서함, 미결함 기법으로 부르기도 한다.

피평가자는 지시사항을 문서로 작성 준비하며, 의사결정을 내리고 회의 일정을 계획한다. 이 모든 일을 비교적 짧은 시간 내에 수행해야 한다. 그러므로 일의 우선순위를 정하는 것이 중요하다.

서류함기법에서 나온 문서들은 관리 스킬과 관련된 여러 역량을 측정할 수 있도록 구분하여 채점하기도 한다. 피평가자가 의견을 평가자에게 설명하는 사후 인터뷰가 진행되는 경우도 있다. 문서자료가 기록된 근거인 만큼 설명은 피평가자의 사고 과정에 대한 관찰을 가능하게 한다. 그렇다 하더라도 피평가자가 과제 수행 동안에 가졌던 자신의 생각을 이후 설명 단계에서 정확히 기술하기는 어렵다는 점을 평가자에게 주지시켜야 한다. 왜냐하면 통상 사람들은 어떤 행동을 할 때 자신의 판단이나 의사결정 프로세스를 크게 인식하지 않기 때문이다(Hammond, McClellan, & Mumpower, 1980).

[그림5-1] 서류함기법 처리 프로세스

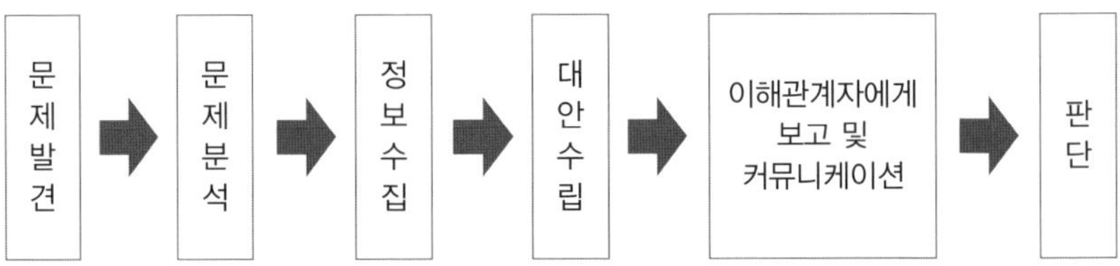

서류함기법 역량평가과제는 다양한 평가 역량을 측정할 수 있다는 이점이 있다. 또한 광범위한 관리 직무에 적합한 내용으로 구성될 수 있다.

서류함기법의 특징을 살펴보면 업무위임, 계획 수립, 판단과 같은 평가 역량들이 서류함기법을 통해 평가될 수 있다. 서류함기법 역량평가과제 수행과 실제 성공적 업무 수행 간의 관계에 대해 많은 연구가 진행되었다(Schippmann, Prien, & Katz, 1990; Thornton & Byham, 1982). 이에 따르면 서류함기법 점수가 실제 관리업무 수행, 고위직으로의 승진, 그리고 서류함기법 내용과 유사한 실제 업무 수행에서 높은 관련성이 있는 것으로 나타났다. 그러나 Schippman 등은 서류함기법의 내용이 매우 다양하고 행동의 증거들이 단편적임을 경고하고 있다. 평가센터를 위해 서류함기법을 고려하고 있는 인사관리자들은 주의 깊게 검토해야 할 것이다.

서류함기법 역량평가과제의 한계는 시간이다. 대개 과제를 완성하는데 2~3시간이 걸리고 또 채점하는데 많은 시간이 소요된다. 또한 사후 인터뷰나 인터뷰 채점에 추가 시간이 필요하다. 채점 또한 쉽지 않은데 역량평가자는 몇 가지 항목에 걸친 복잡한 반응들을 검토하고 또한 반응의 근거도 고려해야 한다. Brannick(1989) 등에 따르면 만약 역량평가자가 한가지 확실한 항목에 근거해서 몇 가지 역량에 대한 추론을 하게 된다면 평가 역량 간에 매우 높은 상관성이 나타나는 것은 불가피하다. 이런 문제는 보다 구체적인 채점 표준이 제공된다면 최소화될 수 있을 것이다. 또한 역량평가자에게 적절한 훈련을 제공함으로써 평가자 간 높은 일관성을 확보할 수 있을 것이다(Schippmann et al., 1990; Thornton & Byham, 1982).

[그림5-2] 의사결정 매트릭스

서류함기법은 인터뷰나 피평가자가 작성한 문서로 피평가자의 역량이 측정되기 때문에 피평가자의 지식, 통찰력 측정에 대한 아이디어는 얻을 수 있어도 개인적 성향(사회성, 리더십 등)에 대한 통찰력은 측정하기가 어려울 수 있다. 서류함기법 과제를 통해 정보수집, 분석적 사고(문제에 우선 순위를 부여하고 논리적으로 해결하는 역량), 개념 활동(정책 또는 의사결정 상의 규칙 준수) 또는 개념 창출(제기된 문제의 패턴을 인식하고 이를 해결하기 위해 특별한 전략을 고안함) 등의 역량을 평가할 수 있다.

서류함 기법은 단독으로 해결해야 할 과제의 대안을 수립하고, 판단하고, 의사결정해야 하는 상황에 적합하다.

부하직원을 거느리고 있는 단위 조직의 관리자 및 감독자에게 적합하며, 문제인식, 주도성, 동기유발, 문제분석, 감수성, 판단력, 통찰력, 의사결정 등 과제를 해결하거나 판단하여 의사결정을 내리는 인지적 역량이 평가가능하다.

[표5-10] 서류함 역량평가과제 본문 구성 소재(예시)

문 제	내 용
조직간 갈등	해당 조직과 다른 조직간에 의견을 달리하고 있다는 것을 알리는 상황
고객불만	고객이 요구사항을 들어 주지 않으면 어떤 행동을 취할 것이라고 위협하는 상황
법률적 해결	정책에 대한 법률적인 문제를 제기하는 상황
상사요구	상사가 특정한 행동을 요구하거나 긴급성을 요하는 업무를 지시하는 상황
시간 갈등	2개 이상의 과제가 같은 날짜, 같은 시간에 잡혀 의사결정을 해야 하는 상황
부하 불만	부하 직원이 업무, 보수, 근무환경 등에 대해서 불만을 표출하는 상황
재무적 처리	특정 금액(%)만큼 삭감 또는 증액을 요구하는 상황
구매 요청	새로운 장비의 도입과 같은 사항에 대해 승인을 요청하는 상황
인력 채용	신규 채용에서 즉각적인 의사결정을 해야 하는 상황
중요하지 않은 사항	시간이 소요되면서 비교적 중요하지 않은 몇몇 과제들을 제시하고 조치해 보도록 함
윤리 문제	윤리적 또는 기술적으로 의심스러운 행동을 요구하는 상사의 메모를 제시함
상충되는 상황	모순된 상황을 부여하고 발견하도록 함
과제간 통합	여러 과제들이 하나의 문제와 관련되어 있도록 구성함. 이러한 경우 참가자들은 기저에 깔린 문제를 인식해야 함

Source: G. C. Thomton III & R. A. Mueller-Hanson, 2004.

[서류함 역량평가과제 개발시 주의사항]

- 역량평가과제의 내용은 특정 직무에 유리·불리하게 구성하면 피평가자들부터 타당성과 수용성을 확보하기 어렵다.
- 서류함기법 역량평가과제는 피평가자가 취해야 할 행동을 문서로 작성하도록 하여, 그 문서를 근거로 역량을 관찰하고 평가하며, 피평가자와 인터뷰를 통하여 확인함으로써 타당도를 높인다.
- 역량평가과제의 개수와 시간은 난이도와 관계가 있으며, 피평가자의 대상에 따라 난이도를 조정하여야 한다.

- 서류함기법의 개발시 과제수행 시간을 적절하게 안분하여야 한다.

5. 집단토론(Group Discussion)

집단토론(group discussion)은 소집단 구성원에게 공통의 문제해결 과제를 제시하고, 정해진 시간 내에 토론을 거쳐 서로 만족하는 합의안을 도출하게 하는 역량평가과제를 말한다.

집단토론은 일반적으로 어떤 문제에 대하여 일치되는 견해나 결론을 얻기 위해 조직적으로 토론하는 문제해결의 사고 과정으로 정의된다. 집단토론은 직무와 관련된 실제적인 문제에 대해 피평가자들이 그룹을 정해 회의를 하는 평가센터 평가기법의 하나이다. 토론이 진행되는 동안 피평가자들은 어떻게 상호작용하고 각 피평가자들이 어떤 리더십과 의사소통 기술을 발휘하는지를 관찰한다.

이 평가기법은 3~6명의 피평가자들의 참여가 필요하며, 한 가지 이상의 정해진 주제에 대한 토론이 이루어 진다. 피평가자 각자에게 다른 역할과 지침을 부여해서 공통의 합의를 도출하게 하거나 찬반 토론이 가능한 하나의 주제가 주어지기도 한다. 집단토론은 자연스럽게 자신의 의견이나 생각을 표출할 수 있고, 관계형성을 쉽게 잘 관찰할 수 있다는 장점이 있는 반면, 토론에 적극적으로 참여하지 않는 피평가자의 역량을 측정하기 어렵고, 토론의 내용이 원하는 방향으로 나아가도록 하거나 측정하고자 하는 내용을 포함하여 토론이 진행되도록 하기가 어려운 단점이 있다.

- **리더없는 집단토론(leaderless group discussion)**

4~8명 정도의 피평가자가 주어진 시간, 대개는 1~2시간 내에 몇 가지 문제들을 해결하는 역량평가과제이다. 문제에 대해 토론해서 모든 피평가자가 동의하는 결론을 끌어 내야 한다. 예를 들어, 조직 내 인사 이슈의 처

리 방법에 대한 제안이 문제로 제시될 수 있다. 역할을 정하지 않고 모든 피평가자가 함께 협력하여 최적의 대안을 도출해 내는 집단토론이 있는 반면 각 피평가자가 돌아가면서 부분장의 역할을 맡거나 아니면 두 그룹으로 나누어 진행하는 보다 경쟁적인 상황으로 구조화하는 수도 있다.

리더없는 집단토론은 아이디어 제안 역량이나 토론 진행역량 같은 집단리더십을 평가하는데 효과적이다(Harris, 1949). 문제분석 및 의사결정 역량도 평가할 수 있다(Bass, 1950, 1954).

리더없는 집단토론은 몇 가지 한계점이 있다. 집단 간에 토론의 분위기가 다를 수 있다. 집단의 구성에 따라 매우 도전적인 집단이 있는 반면 분위기가 침체된 집단이 있다. 잠재되어 있는 이러한 집단 간 표준화의 차이는 관찰한 행동이 개인의 특징인지 집단의 영향 때문인지 혼동을 가져올 여지가 있다. 리더가 없는 조직 상황이 거의 없기 때문에 대부분의 조직에는 공식적으로 리더십 역할을 부여 받는 관리자나 팀장이 있다. 이상적이긴 하지만 여기서 확인하고자 하는 것은 개인이 발휘할 수 있는 리더십 기능이라고 보면 된다. 경우에 따라서는 지명된 리더를 포함하는 과제가 더 적절할 수 도 있다.

집단토론은 이해관계자들과 함께 문제를 해결하고 아이디어를 제시하는 등 소속 조직의 입장 전파 및 팀간 합의하고 조정하는 상황에 적합하다.

의사결정 할 회의가 많고, 많은 사람들의 의견을 수렴하는 부서의 관리자에게 적합하며, 의사소통, 리더십, 팀워크, 구두 발표력, 분석적 사고, 협상력, 결과지향 등 토의를 거쳐 공동의 합의안을 도출해야 하므로 대인관계 관련 역량이 평가가능하다.

[표5-11] 집단토론 역량평가과제 본문 구성 소재(예시)

주제 유형	내 용	장·단점
시사 및 이슈	현재 이슈화된 문제 토론	설계가 쉽고, 유출 위험이 높으며, 매년 업데이트해야 하는 부담과 시사에 밝은 피평가자가 유리함
경쟁	승리자를 누구로 선정할 것인가 토론	토론 활성화가 어려움
예산 배분	예산을 어떻게 배분할 것인가를 결정, 각 피평가자는 자신의 조직에 많은 예산을 배정 받기 위한 담당자 역할	– 피평가자 참여 기회와 토론 활성화 유도가 유리 – 모방 및 유출 위험이 적음 – 역량평가과제의 구조화가 어려움
인재배치	누구를 선발하고 승진시킬 것인가 결정, 각 피평가자는 자신이 지지하는 후보가 직무에 가장 적합하다는 것을 다른 피평가자들에게 설명	
협상 · 설득 추진	여러 조직에서 발생하는 특정의 업무를 조정함	

CHAPTER 06

평가센터 공정성 확보

1. 역량평가위원 평가자훈련

평가센터의 역량평가자는 복합적인 평가 기능을 수행해야 하며 이를 위해 필수적으로 역량평가자훈련을 받아야 한다. 행동을 관찰하고 일정 양식에 맞춰 관찰 내용을 기록하며 관찰한 행동을 평가 역량에 맞춰 분류하고 피평가자의 역량 발휘 수준에 대한 평가를 내리며 이러한 관찰들은 다른 역량평가자에게 설명하고 다른 출처나 역량평가과제에서 나온 행동 관찰 자료들을 서로 통합시키는 것이 역량평가자가 할 일이다. 때로는 성과를 평가하고 미래 역량개발을 위한 육성의 관점에서 조언도 해야 한다(Byham, 1977). 이러한 기능을 수행하려면 역량평가자훈련을 잘 시켜야 하며 교육 이후에도 평가 기능을 정확하게 수행할 수 있는 평가자만을 선별해서 참여시켜야 한다. 역량평가자훈련에서는 역량의 의미 이해, 행동 관찰 및 평가 실습, 정보 통합 및 피드백 제공과 같은 내용이 포함되어야 한다.

역량평가자는 역량평가의 성패를 좌우하는 중요한 요소이기 때문에 평가에 필요한 지식과 스킬들을 숙달시키는 훈련을 실시해야 한다. 역량관찰-역량기록-역량분류-역량평가-역량평가자회의-역량평가 결과보고서 작성 등의 평가자 기술을 숙달하도록 한다.

평가자 훈련의 목표는 평가의 타당성·신뢰성을 확보하는 것이다.

● 역량과 평가센터의 지식 습득

역량평가자들이 학습해야 할 것은 역량에 대한 이론과 역량구조 그리고 각 과제에서 평가하고자 하는 역량의 정의와 행동지표 등을 파악하고 이해하여야 한다.

또한 평가센터의 개념, 운영방법, 평가자의 역할과 책임에 대한 내용을 알아야 한다.

첫째, 평가센터에 대한 이해, 역량에 대한 개념의 이해, 각 역량평가과제에서 평가하고자 하는 역량모델에 대한 이해가 필요하다.

둘째, 역량모델의 구조를 이해하고 역량별 행동지표를 숙지하여야 하며, 평가센터의 이해 및 역량평가과제의 구조를 파악하여야 한다.

셋째, 역량별 정의, 하위요소의 이해, 행동지표의 이해, 평가과제의 구조 이해, 역량평가과제별 평가대상 역량 파악, 역량평가자의 역할을 숙지하여야 한다.

역량평가자 훈련

역량평가자를 양성하기 위한 훈련의 타당성과 신뢰성을 확보하기 위해서는 기본적으로 3일, 24시간 정도의 시간이 필요하다. 역량평가자훈련 내용은 다음과 같다.

[표6-1] 역량평가자 훈련시간표(예시)

교육 내용(강의·토의·실습)	시 간
• 평가센터(AC)의 개념	2H
• 역량 개념, 역량의 특징, 필요성, 역량모델링	3H
• 역량평가 스킬 안내 – 역량관찰/기록: 관찰/기록 방법, 상황극을 보고 기록 하기 – 역량분류: 분류에 대한 설명, 긍정적/부정적 행동지표 구별하기, 행동특성에서 역량분류 – 역량평가: 평가의 개념, 평가해 보기, 평가 오류 방지 방법	3H
• 서류함기법(IB) – IB 과제수행 평가 – 토론 및 강사 피드백	4H
• 집단 과제(GD) – GD 및 평가 – 토론 및 강사 피드백	3H
• 분석 및 발표(AP) – 자료 분석 및 발표 준비 – 발표 및 평가 – 토론 및 강사 피드백	3H

교육 내용(강의·토의·실습)	시 간
• 통합 – 역량평가 내용 공유 및 통합 포인트 설명 – 통합회의시 유의 사항	3H
• 역량평가 결과보고서 작성 – 보고서의 중요성에 대한 설명 – 보고서에 포함할 내용	3H

2. 역량평가자 스킬

역량평가자 훈련은 피평가자의 행동을 역량관찰–역량기록–역량분류–역량평가하는 기술을 학습시키는 것이 필요하다. 이러한 기술의 학습을 통해 역량평가자는 피평가자의 행동특성을 체계적으로 관찰하고 타당성과 신뢰성을 가지고 평가할 수 있다.

역량평가자의 평가 스킬

– 역량평가과제에서 피평가자의 행동에서 표출된 행동 관찰(observe) 방법
– 행동의 정확하고 신속한 기록(record)방법
– 기록한 행동들이 어떤 역량인지를 분류(classify)하는 방법
– 행동 수준을 보고 척도에 따라 역량을 평가(rate)하는 방법
– 통합을 위한 평가자회의에서 역량평가자간 피평가자의 정보의 공유(share)방법
– 피평가자의 역량평가 결과보고서 작성(report)

평가자훈련은 역량관찰 및 기록, 역량분류, 역량평가, 통합, 역량평가 결과보고서 작성 기술을 순차적으로 훈련하고 통합적으로 평가하는 방법을 반복적으로 실시하는 것이 필요하다.

1) 역량관찰 및 기록

피평가자는 역량평가과제가 주어지면 역량평가과제의 지시문과 주어진 정보에 따라 대응하여야 한다. 대응이란 피평가자가 표출하는 행동(behavior: 글, 말, 행동)을 의미한다. 평가자는 이러한 피평가자의 행동을 관찰하여 내용을 정확하고 신속하게 기록하게 한다. 행동은 피평가자가 역량평가과제를 수행하면서 실제로 표출한 말·행동을 의미한다. 행동은 관찰이 가능하고, 측정 가능한 것이어야 한다.

역량평가는 행동에 초점을 맞추어야만 타당성을 확보할 수 있게 되며, 자의적 오류를 방지할 수 있고, 다른 역량평가자들과 역량평가 결과가 상이할 때, 명확하게 의견을 제시할 수 있게 된다.

대부분의 평가센터는 역량평가자가 역량평가과제 중에 관찰한 행동을 서술형이나 체크리스트 기록 방식을 따르며, 관찰된 내용을 직접기록하는 서술형이 더 정확한 방법이 될 수 있다.

[표6-2] 행동체크리스트_리더없는 집단토론 과제(예시)

체 크	"주도성" 예상 행동
	회의를 체계적으로 진행할 수 있는 실질적인 새로운 방법을 제안한다.
✓	모두 동의한다면 제시된 의견을 제외하겠다고 구성원에게 새롭게 제안한다.
	초반에 제시된 해결 가능성이 낮은 의견중 선택하여 후반부에 토론하겠다고 대안을 제안한다.
✓	토론을 활성화 시키기 위해서 토론의 다양한 방법을 제안한다.
	개별적으로 사안들에 대하여 우선순위를 매겨 진행하고자 제안한다.
	대부분의 구성원이 선호하는 안을 선택하자고 설득하고 제안한다.
	여러 대안들을 검토하고 토론을 활성화 한다.
✓	기존안을 수정 보완하여 새로운 측면에서 제안한다.
	토론을 종결하기 위한 투표 방식을 소개한다.
	최종 두 개 안 중에서 선택을 결정하지 못한다면 새로운 안을 제시하고 선택할 수 있도록 유도한다.

체 크	"주도성" 예상 행동
✓	계속 언급되어 왔던 문제점에 대한 해결방안을 제시한다.
	찬반투표 절차의 합리성을 설명한다.
	효과적이고 효율적으로 토론을 주도해 나간다.
	다양한 의견을 제시 함으로써 토론을 조정 통제한다.

행동체크리스트 방법의 이점은 평가자의 기록 시간을 줄임으로써 피평가자를 더 심도 있게 관찰할 수 있다는 것이다. 행동체크리스트 방법의 단점은 역량평가자가 행동 체크리스트에 매몰되어 실제로 나타나는 피평가자의 행동을 관찰 할 수 없는 경우가 발생한다는 것이다. 역량평가자는 관찰된 행동이 체크리스트의 행동과 일치하는지 판단을 해야 하며, 일치하는 항목이 없을 수 있다는 것이 문제이다. 행동 체크 리스드가 모든 행동을 포함하는 것은 아니기 때문에 평가자는 추가적인 행동을 기록하여야 한다.

역량평가자는 피평가자들이 역량평가과제를 수행하면서 표현한 말과 행동을 놓치지 않고 관찰하고 신속하게 기록할 수 있어야 한다. 역량평가 기록을 잘하기 위해서는 자신만의 표기방법을 개발하면 효과적이다.

역량평가자는 역량평가과제에서 피평가자가 표출한 행동이 유일한 증거가 될 수 있음을 인식하여야 하고 그 근거에 의해 역량평가의 신뢰성을 확보할 수 있다.

● 역량관찰 및 기록 기술

역량평가과제가 진행되고 있는 과정에서 피평가자들의 역량을 관찰하고 기록하는 기술을 습득하게 한다.

피평가자가 역량평가과제 실행 중에 표출한 행동 내용을 신속하고 정확하게 기록하고, 행동에 대한 명확한 이해 및 개인적인 판단이나 편견을 제시했을 경우 반론이 가능한 수준으로 숙달되어야 한다.

또한 말과 행동의 이해, 발휘행동에 기반한 명확한 근거 확보, 기록해 보고 다시보기, 신속하고 정확한 기록을 위한 자신만의 속기법 개발(핵심 단어 중심의 기록 등)의 습득이 필요하다.

2) 역량분류

피평가자의 행동 근거(evidence)를 정확하게 관찰하고 기록했다 하더라도 관련 역량으로 분류하지 못하면 평가는 문제가 있다. 역량평가자는 피평가자 평가과제 수행 중에 표출된 행동을 세밀히 관찰하고 신속하게 기록한 후 그것을 해당 역량으로 분류할 수 있어야 한다. 정확한 분류를 통하여 피평가자가 불합리한 평가를 받는 일이 없도록 하여야 한다.

해당 역량에 따라 분류된 각 행동특성들은 평정을 위해 긍정적(강점) 행동과 부정적 행동(약점)으로 분류되어야 한다. 역량분류 방법은 직접기록·분류방법과 비교체크·분류방법으로 구분할 수 있는데, 장단점이 있어 평가의 환경에 따라 취사선택하여야 한다.

역량평가자가 평가할 수 있는 역량의 수에는 한계가 있다. 일반적으로 여섯개 역량 이상을 평가하게 되면 역량분류에 어려움이 발생할 수 있다고 알려져 있다.

[표6-3] 역량의 행동특성 분류방법 비교

항목	기록 방식	체크리스트 방식
기록	역량평가자가 피평가자의 행동을 직접기록	관찰 Sheet에 따라 역량별 행동사례에 체크 및 없을 시 추가 기록
분류	기록된 역량의 행동특성을 긍정·부정 행동으로 분류	추가 기록한 행동특성만 분류
장점	관찰 가능한 다양한 행동 특성을 평가에 반영	체크만 함으로 평가자의 부담 감소

항목	기록 방식	체크리스트 방식
단점	– 역량평가자가 기록을 위해 중요한 행동 특성을 놓칠 수 있음 – 역량별 행동 특성 분류의 어려움	관찰 Sheet가 다양한 행동특성을 포착하는데 어려움

역량직접 기록·분류 방법

역량기록·분류 방법은 역량평가자가 역량평가과제에서 피평가자의 행동을 해당 역량별 관찰·기록한 뒤 역량평가과제가 끝나면 기록된 각 행동을 역량별로 긍정적 행동, 부정적 행동으로 분류하고, 기록된 행동을 평가척도에 따라 평가하는 방법이다.

- 피평가자의 행위를 관찰하여 역량별로 긍정적 행동(강점)과 부정적 행동(약점)으로 기록한다.
- 피평가자의 관찰된 내용이 역량과 일치하지 않고 비슷한 경우도 긍정적 행동 또는 부정적 행동으로 분류 기록한다.
- 관찰 행동이 두 개 이상의 역량에 해당되는 경우에는 각각의 역량에 모두 기록한다.
- 기록한 행동이 어느 역량에 해당되는지 판단이 서지 않을 경우는 평가자 회의에서 다른 평가자의 의견을 듣고 평가에 반영할 수 있다.

역량체크리스트 분류 방법

역량체크리스트 분류 방법은 역량평가자가 역량평가과제에서 피평가자의 행동을 관찰 시트에 제시된 역량별 행동사례들과 비교하여 체크하고, 역량평가과제가 끝난 후 체크된 행동을 역량평가척도에 따라 평가하는 방법이다.

역량관찰 시트에 없는 행동은 별도로 기록한 뒤 직접 기록·분류 방법에 따라 처리 한다.

● 역량의 행동특성 분류 기술

피평가자들은 역량을 관찰하고 기록한 내용을 해당 역량으로 각각 분류하는 기술을 습득하게 한다.

피평가자가 과제 수행 중에 보인 긍정적인 행동과 부정적인 행동을 해당 역량으로 분류할 수 있도록 하며, 피평가자의 기록한 행동(behavior)들을 각각의 역량으로 분류하고 분류된 행동들이 긍정적인 행동인지 부정적 행동인지를 구별할 수 있어야 한다.

3) 역량평가

역량평가는 개별 역량평가과제가 끝나면 기록한 행동(evidence)을 근거로 해당 역량에 대해 역량평가척도에 따라 평가하는 과정으로 선발이나 승진이 목적인 경우 기준선(cut-line)에 따라 피평가자의 합격 또는 불합격을 결정하게 된다. 평가는 일반적으로 다음과 같은 절차로 이루어진다.

- 기록한 행동들이 누락없이 모두 긍정적(강점)/부정적(약점) 행동으로 분류되었는지 점검한다.
- 해당 역량에 대하여 평가지표 내의 행동지표와 척도에 따라 평가한다.

[표6-4] 역량평가 척도(예시)

평 점	수 준	평가 기준
5	S (매우 우수)	- 관찰된 행동이 새로운 행위기준, 틀을 창조하는 높은 수준의 행동을 발휘한다. - 긍정적 행동의 정도가 아주 높게 관찰된다.
4	A (우수)	- 역량 항목에 대해 전문적이어서 다른 사람을 지도할 만큼의 수준의 행동을 발휘한다. - 긍정적 행동의 정도가 조금 높게 관찰된다.
3	B (보통)	- 역량의 특성을 자유롭게 활용하여 업무를 독자적으로 수행할 수 있는 수준의 행동을 발휘한다. - 긍정적/부정적 행동의 정도가 비슷하게 관찰된다.

평 점	수 준	평가 기준
2	C (미흡)	– 개괄적인 지도와 조언만 있으면 자체적으로 업무를 수행할 수 있는 수준의 행동을 발휘한다. – 부정적 행동의 정도가 조금 높게 관찰된다.
1	D (매우 미흡)	– 관찰된 행동이 전반적인 지도와 조언이 필요한 수준의 행동을 발휘한다. – 부정적 행동의 정도가 아주 높게 관찰된다.

평가 담당자는 역량평가자들이 공통적으로 범하는 평가의 오류에 대해서도 오류를 없애거나 최소한으로 줄일 수 있는 조치들을 취할 수 있어야 한다. 조치들은 역량평가기준을 설정하고 사전에 강조하거나 통합평가자 회의 등을 통해서 점수를 조정하는 방법들도 있지만, 역량평가자훈련에서 훈련을 통하여 체득하여야 한다.

● 역량평가 기술

피평가자들로부터 역량평가과제 수행 중 수집한 행동(evidence)을 근거로 역량평가척도에 따라 평가할 수 있는 기술을 습득하게 한다.

각 역량에 대해서 역량평가척도에 따라 정확하게 평가를 할수 있는 역량을 확보하며, 개별 역량평가자들이 역량평가척도에 맞게 정확하고 일관된 평가(평정요령, 평정 척도 이해), 역량평가자들 상호간의 눈높이 일치(평가척도 설명), 평가오류 대책에 대해 습득하여야 한다.

4) 통합

통합은 다수의 역량평가자들이 개인평가가 완료되면 본인이 맡은 피평가자의 역량과 행동 근거를 설명하고 평가 결과를 타 역량평가자들과 차이가 발생할 경우 조정하는 회의를 말한다.

통합의 목적은 개별평가자들이 각 역량평가과제에서 기록한 피평가자들의 행동 근거들을 공정하고 객관적으로 평가하여 역량별 점수에 대한 평가자 간의 점수 차이를 조정하고 평가 결과에 대한 합의하는 과정이다.

통합 회의의 진행 방법은 피평가자 1명씩에 대해서 평가 대상 역량 하나씩을 행동 기록에 근거하여 해당평가자가 의견을 제시하고 토론을 통해 점수를 조정하고 확정한다.

역량평가자들은 자신이 평가한 피평가자에 대해서 모든 점수의 근거를 제시하게 된다. 이때 피평가자의 역량별 다양한 행동 특성들은 역량평가 결과보고서를 작성할 때 참고자료로 활용된다.

● 역량평가자간 집단합의

Borman(1982)은 여섯 가지 유형의 과제에 걸쳐 역량평가자간의 평균이 .76임을 보였다. 리더없는 집단토론과 비즈니스 게임에서는 일치도의 수준이 고르지 않은 한편, 서류함이나 역할 연기에서는 일치도가 높고, 구두 발표의 경우는 최소한의 일치도를 보여 준다. 이러한 연구들은 서로 다른 역량평가자들이 종합적인 과제 수행에 대해 유사한 평가를 내림을 시사한다. 역량평가자들은 일부 역량평가과제에 대해서는 더 높은 일치도를 보이는 듯 하다. 그러나 이러한 패턴을 명확하게 설명할 수 있는 정도는 아니다.

혹자는 합의가 빨리 이루어지는 것이 바람직하다고 한다. 과연 그러한가? 집단 판단 프로세스에 대한 연구를 보면 불일치가 있어야 더 유익하고 더 정확한 판단을 하는 경향이 있다고 한다(Libby, Trotman & Zimmer, 1987). 불일치는 다양한 의견을 반영하여 더 좋은 결론을 도출하게 만드는 기능을 한다(Wanous & Yountz, 1986).

전통적인 평가센터에서는 이 과정을 집단 합의라고 부른다. 합의란 과제수행에서 나타난 행동을 대표할 수 있는 점수임을 인정한다는 의미이다. 합의라 해서 평가자 모두가 완벽한 의견 일치를 이루어야 한다는 뜻은 아니다.

● **역량 통합 회의**

피평가자들로부터 수집한 행동특성들을 통합하는 기법의 이해 및 기법을 습득하게 한다.

역량평가자간 평가점수가 차이가 발생할 경우 역량평가자간 역량평가점수를 비교하여 역량평가점수를 조정하는 과정을 습득하게 한다.

5) 역량평가 결과보고서 작성

역량평가 결과보고서 작성은 평가 과정의 최종 단계로서 통합 평가회의에서 최종적으로 결정된 평가 결과와 다른 역량평가자들의 역량평가 및 개발 가이드 의견 그리고 본인이 관찰하고 기록한 내용을 바탕으로 작성한다.

각 조직에서 필요로 하는 보고서 양식을 개발하고 역량평가자 훈련시에 보고서 작성에 대한 중요성과 유의사항 등을 교육해야 한다. 특히 보고서 작성은 향후 피평가자의 역량개발에 유효한 정보를 제공한다는 차원에서 정확하게 피드백 되어야 한다.

● **역량평가 결과보고서 작성**

통합 평가자회의 후 최종보고서를 작성할 수 있는 기술을 습득하게 한다.

피평가자가 수행한 결과의 다양한 정보들을 역량별로 정리하고 역량평가 결과보고서 작성을 할 수 있게 한다.

보고서 작성에서는 최종보고서 활용 목적의 명확한 이해, 보고서에 반드시 포함시켜야 할 내용(평가의 전반적인 의견, 역량개발 가이드, 역량별 강약점), 보고서 내용의 비밀 유지 등을 습득하여야 한다.

[표6-6] 평가센터 역량평가 결과보고서 Sheet(예시)

<table>
<tr><td colspan="2">/</td><td>평가자</td><td></td><td>피평가자</td><td></td><td>평가일</td><td></td></tr>
<tr><td colspan="2">역량명</td><td>평점</td><td colspan="3">피드백 포인트</td><td colspan="2">자기개발 제언</td></tr>
<tr><td rowspan="2"></td><td></td><td></td><td colspan="3"></td><td colspan="2" rowspan="7"></td></tr>
<tr><td></td><td></td><td colspan="3"></td></tr>
<tr><td rowspan="2"></td><td></td><td></td><td colspan="3"></td></tr>
<tr><td></td><td></td><td colspan="3"></td></tr>
<tr><td rowspan="2"></td><td></td><td></td><td colspan="3"></td></tr>
<tr><td></td><td></td><td colspan="3"></td></tr>
<tr><td colspan="3">총평</td><td colspan="3"></td></tr>
</table>

역량평가 결과보고서는 추후 피평가자에게 피드백 할 때 근거로 활용할 수 있도록 가능한 구체적으로 기술되어야 한다. 결과보고서는 향후 피평가자의 역량개발에 중요한 가이드가 되는 만큼 개선해야 할 역량 및 개발방법은 구체적으로 제시해 주어야 한다.

3. 평가센터의 법적 판단

미국의 경우 평가센터가 인사 선발에 있어 차별을 조장한다는 이유로 법정 소송의 대상이 되기도 하였다. 이 소송의 대부분은 공공 부문, 특히 경찰서 혹은 소방서의 승진 시험과 관련이 있었다. 상황에 따라 다르기는 하지만, 공통적인 주장은 평가센터가 직무관련성이 없고 비일관적인 방법으로 시행됐으며 인종차별을 초래했다는 것이다.

1970년대에 등장한 10건의 소송 결과는 Thornton & Byham(1981)에 의해 요약된 바 있다. 여기서 두 연구자는 평가센터가 앞서 제기된 도전들을 성공적으로 극복했다고 결론지었다. 평가센터 방법을 금지했던 판례는 없었다. 이는 평가센터 방법을 뒷받침하는 광범위한 연구 증거 때문이었다. 즉 직무분석, 평가의 일관성과 정확성을 보여주는 경험적 증거, 여성과 소수민족에게도 공평함을 보여준 증거, 운영상의 일관성을 위한 엄격한 통제 절차 등이 그것이다.

Burroughs & Cook(1990)은 플로리다 주 법정의 판결을 보고하였는데, 이는 전통적인 평가센터의 절차와 기법을 지지하는 것이었다.

이러한 판례들은 법정이 평가센터를 지지한다는 사실을 보여준다. 단, 평가센터가 지침에 따라 주의 깊게 수행되었다는 것을 전제할 때 그러하다. 덧붙여, 판례들은 평가센터가 법정의 엄밀한 조사를 견뎌낼 수 있다는 신념을 뒷받침하기도 한다. 결론적으로 평가센터 사용을 금지한 판례는 한 건도 없었다.

PART 3

역량개발
(Competency Development)

CHAPTER

07

평가센터 결과의 피드백

1. 피평가자에 대한 피드백

역량평가를 담당한 평가자는 피평가자에게 역량평가 결과에 대한 피드백을 제공하고, 피평가자가 부족한 역량을 개발(development) 할 수 있도록 코칭해 주어야 한다.

역량평가 피드백의 내용을 보다 다양하게 제공하기 위해 피평가자의 인사평가나 360도 다면평가결과를 활용하여 평가센터의 결과에 추가적인 정보를 결합시키는 것도 좋은 방법이다. 평가센터(assessment center)가 선발과 역량개발을 목적으로 활용될 수 있는데, 피드백도 활용 목적에 따라 평가결과를 피드백 해야 하는 대상이 달라진다.

평가센터를 선발에 활용하는 경우, 역량평가 결과는 피평가자의 상사나 인사담당자에게 제공된다. 선발과 관련된 이 역량평가 결과를 받은 담당자(담당 기관)은 이 결과를 피평가자의 선발에 활용한다.

평가센터를 역량개발에 활용하는 경우, 역량평가 결과는 피평가자가 본인에게 제공되게 된다. 역량개발의 목적은 역량평가과제를 수행하면서 파악된 피평가자의 역량 중에서 개발이 필요한 역량을 파악하고 이를 개발하도록 하는 것으로, 역량개발체계와 연계되어 개발이 필요한 역량에 대한 교육훈련을 받을 수 있다. 이를 위해서 추가적으로 피평가자에게 역량개발가이드를 작성하도록 할 수 있다.

피평가자들은 역량평가 결과를 바탕으로 하여 역량평가자의 피드백을 통해 자신에게 부족한 역량을 파악하고 이를 개발하기 위한 교육훈련을 받을 수 있다.

관리자와 피평가자들에게 피드백을 제공할 때, 선발·승진 프로그램, 개발 프로그램의 각 프로그램에서 다른 절차가 요구된다.

선발·승진 프로그램의 목적은 장기적인 성공 잠재력을 가진 사람을 찾아내기 위한 조직의 의사결정을 돕는 것이다. 따라서 피드백은 선발과 승진의 의사결정자들에게 제공되어야 한다.

개발 프로그램의 목적은 평가센터를 통해 스킬 개발을 촉진하는 것이다. 그러므로 역량 피드백은 반드시 각 과제 직후에 제공된다. 이를 통해 피평가자는 새로운 스킬을 배우고, 이어지는 과제에서 이를 실습할 수 있다. 일반적으로 이 프로그램의 결과는 피평가자의 상사에게 제공되지 않는다.

2. 승진 프로그램의 피드백

승진 프로그램에서 피드백을 제공하는 주된 목적은 관리자들에게 승진 결정을 내리는데 사용할 수 있는 정보를 제공하는 것이다. 또한, 평가 과정과 결과에 대한 피평가자들의 이해를 돕기 위해 피드백 정보를 제공한다.

● 개별 피평가자에게 피드백 제공

승진 결정에 사용되는 대부분의 평가센터에서, 참가자들은 인사담당자를 통해 구두 피드백을 제공 받는다. Gaugler 등(1990)은 조사에 응했던 조직의 67%에서 인사관리자가 피드백 세션을 주관했고, 프로그램의 30%에서 평가자가 피드백을 제공했다는 것을 밝혀냈다. 일반적으로 승진 프로그램의 피드백은 종합 평점, 각 역량별 강점과 약점, 다양한 과제에서 나온 몇몇 증거들로 구성되며 통상 30분에서 한 시간 정도 진행된다. 피드백 제공자는 우호적이고 민감해야 하지만, 참가자에게 과도한 친절을 베풀어서는 안 된다. 전반적인 평가 평점이 높은 피평가자들에게는 이것만으로 승진이 보장되는 것은 아니라는 점을 반드시 주지시켜야만 한다. 왜냐하면, 즉각적인 결원이 없을 수도 있고, 의사결정자가 평가센터 점수

이외에 다른 정보를 사용할 수도 있기 때문이다. 만약 평가센터의 평가 결과가 부정적인 참가자라면 이러한 결정이 내려진 이유를 납득할 수 있게 설명해야 할 것이다. 또한 다른 평가가 또 있을지, 이의제기를 위한 절차가 있는지 등에 관한 여러 질문이 따를 것에 대비해서 피드백 제공자는 모든 관련 질문들에 관한 조직의 정책을 분명히 알고 있어야 한다.

절차적 공정성

선발이나 승진에 있어서 부정적인 평가를 받은 피평가자에게 피드백을 제공하는 것은 특히나 어렵다. 피드백 목적 중 하나는 결과가 긍정적이지 않더라도 과정이 공정했다는 것을 피평가자가 지각할 수 있도록 하는 것이다. 공정성 지각에 관한 이론과 연구(Folger & Greenberg, 1988; Greenberg, 1990)는 사람들이 결과 공정성과 절차 공정성을 구분할 수 있다는 것을 보여주고 있다.

결과 공정성은 우리에게 영향을 미치는 결과나 결정에 관한 믿음을 나타내고, 절차공정성은 이러한 의사결정에 도달하기 위해 사용된 과정에 관한 신뢰를 의미한다.

절차공정성의 지각은 의사결정 과정의 다양한 요소들에 의해 결정된다. 모든 사람이 평등하게 대우 받았고, 자신에 관한 정보를 제공하는 동등한 기회를 가졌다면, 그리고 의사결정자가 편견 없이 정확한 정보를 고려했다면 평가 과정을 공정한 것으로 지각하는 경향이 있다. 평가센터에는 이와 같은 공정하고 진실한(fair and just) 요소들이 여러 과정에 포함되어 있다. 피드백 단계에서 평가자가 기타 피드백 제공자들은 과제 수행을 재검토해서 피평가자들이 절차적 정의가 실현되었다는 것을 명확히 알 수 있도록 해야 할 것이다.

관리자에게 피드백 제공

평가센터(assessment center)가 승진 결정을 위해 사용된다면, 평가 결과는 이러한 결정을 내리게 될 관리자에게 제공되어야 한다. 의사결정자는 각 개인의 평가결과를 알아야 하고, 상대적인 비교가 가능한 자료를 참고할 수 있어야 한다. 비교 자료는 의사결정자에게 평가 결과를 해석할 수 있는 하나의 기준이 될 수 있다.

의사결정자는 개인의 승진 가능성에 관한 최종 평점에 가장 큰 관심을 가지게 된다. 다양한 역량의 강점과 약점 평가 역시 유용하게 쓰인다.

3. 개발 프로그램의 피드백

보통 승진 프로그램의 피드백은 평가센터가 끝난 후에 제공되는데 반해 개발 프로그램의 피드백은 각 과제 수행 후 즉시 제시된다. 개발 프로그램의 목적은 피평가자들이 새로운 스킬을 개발하도록 돕는 것으로서 수행에 관한 즉각적인 피드백을 제공하고 새로운 행동 양식을 연습할 수 있는 기회를 준다. 만약 피평가자가 모든 과제를 아무런 지침 없이 수행하고 행동을 교정할 기회 없이 피드백을 받는다면 학습은 거의 일어나지 않을 것이다. 피평가자들이 과제 수행을 통해 스스로 통찰을 얻을 수 있겠지만 행동을 반복 연습하고 올바른 행동에 대해 강화를 받을 기회를 갖지 못하는 한, 실질적인 스킬 향상은 기대하기 어렵다.

평가자·촉진자

개발평가센터(development center)에서 평가자 역할은 승진이나 진단평가센터와는 다소 차이가 있다. 개발평가센터에서 평가자는 피평가자들이 새로운 스킬을 배울수 있도록 돕거나 집단이 더 나은 팀워크를 발휘할 수 있도록 지원하는 역할을 하기 때문에 퍼실리테이터로 불리우기도 한다.

퍼실리테이터들은 여러 종류의 평가센터에서 요구되는 많은 스킬을 가지고 있어야만 한다. 행동을 관찰, 기록해야 하며, 관찰한 행동을 정확히 역량으로 분류해야 하고, 이러한 관찰들은 다른 퍼실리테이터들과 피평가자들에게 정확히 전달해야 한다. 평가만을 위한 평가센터에서 요구되는 특정 스킬들을 퍼실리테이터에게 그렇게 중요한 것이 아닐 수도 있다. 각 역량별 수행 효과성 판단이나 조직에서의 장기적 성공 예측은 퍼실리테이터의 역할이 아니며, 조직의 요건에 대한 깊은 이해가 필요한 것도 아니다.

반면에 퍼실리테이터는 효과적인 구두 커뮤니케이션, 공감, 경청 역량과 같은 교육 스킬을 가져야 하고, 우호적인 태도로 훈련 집단에서 나타나는 행동에 대해 효과적인 피드백을 제공할 수 있어야 한다.

퍼실리테이터는 관리자나 인사담당자 또는 외부의 교육훈련 전문 컨설턴트들이다. 컨설턴트는 조직과 직접적인 관련이 없고 행동을 객관적으로 관찰할 수 있기 때문에 가치있는 통찰을 제공할 수 있다.

4. 피드백에 대한 반응

피평가자가 평가센터 피드백에 어떻게 반응하는지에 관한 많은 연구가 있었다(Dodd, 1977; Thornton & Byham, 1981). 대다수의 피평가자는 피드백 인터뷰가 자신의 강점과 약점을 이해하는데 도움이 되었다는 호의적인 반응을 보였다. 그들은 피드백 제공자들이 지지적이었으며, 평가 결과의 명확한 예를 보여주기 위해 노력한다고 생각했다. 물론, 피드백이 조직에 따라 다른 방식으로 이루어질 수 있기 때문에 모든 피드백 단계를 일반화시켜 설명하기는 쉽지 않다.

피평가자로 하여금 역량평가 피드백을 보다 수용 가능하게 만드는 몇 가지 공통적인 요소가 있다. 예를 들면, 피평가자는 역량평가 결과의 증거가 되는 구체적인 행동 예를 알고 싶어하고 피드백이 특정 평가자의 편견이 없는 여러 역량평가자의 합의에 기반한 것이기를 바란다. 피드백이 이러한 요소들을 포함할 때, 다양한 조직 상황에서 효과를 나타내는 것으로 밝혀졌다(Ilgne, Fisher & Taylor, 1979; Taylor, Fisher & Ilgen, 1984).

개발(development) 목적의 평가센터 유용성에 관한 한 흥미로운 연구에서 Fleenor(1988)는 탁월한 수행자건 불만스러운 수행자건 간에 모든 피평가자가 전문가로부터 피드백을 받았을 때, 수행 관련 세부 정보를 포함할 때, 피드백을 주는 사람이 이들의 성장에 관심을 가지고 있을 때, 피드백을 수용한다는 것을 발견했다. 더욱이, 이러한 역량평가 피드백을 받은 이후, 본래의 수행 수준과 상관 없이 모든 피평가자가 업무 수행이 향상되었다.

Fletcher(1991)는 6개월 간 진행된 평가센터의 종단적 효과에 대한 연구에서 역량평가 직후, 일부 태도들(탁월성 추구와 적극성)은 증가하고 일부 태도들(성취 욕구와 업무 윤리)은 감소하는 것으로 나타났지만, 결국 이 모든 태도들은 6개월 후 초기 수준으로 돌아갔다. 특히 결과가 좋지 않았던 참가자들은 경쟁심과 자존심 감소 등 가장 부정적인 효과를 지속적으로 경험하는 것으로 나타났다. Fletcher는 즉각적인 태도 변화에 나타나는 학습 잠재성을 효과적으로 활용하면서 신속하게 역량평가 피드백을 제공해야 하고, 낮은 평점을 받은 사람들에게는 역량개발 상담을 제공해야 한다고 결론 지었다.

CHAPTER 08

역량개발 방법

1. 역량개발의 학습이론

역량을 개발(development)하는 방법론으로서의 이론은 성인학습이론, 동기습득이론, 사회학습이론, 자기 주도적 변화이론이 대표적이다. Spencer& Spencer(1993)는 역량은 특정 프로그램을 통하여 개발이 가능하며, 성취지향성이나 자기확신, 고유한 자기개념 등의 동기나 특성에 관련된 영역까지 장·단기적인 고려가 필요하기는 하나 개발이 가능하다고 하였다.

Spencer& Spencer는 네 가지 이론을 기초로 역량 학습을 위한 6단계 전략을 수립하였다.

첫째, 인식(recognition) 단계로 개발해야 할 역량이 직무를 성공적으로 수행하는데 필요한 중요한 요소임을 학습자에게 인식시키는 과정인 것이다.

둘째, 이해(understanding) 단계로 필요한 요구 역량의 개념에 대해서 학습자는 역량의 의미와 그 역량을 발휘하는 행동 방식을 정확히 습득하게 된다.

셋째, 자기평가(self-assessment) 단계로 학습자는 탁월한 직무수행에 필요한 역량과 자신의 현재 역량 수준의 차이에 대한 피드백 정보를 얻음으로써 자신이 개발해야 할 역량을 파악하게 된다.

넷째, 스킬 실행(skill practice) 단계로 실제와 유사한 모의 상황에서 역량을 실행하고 탁월한 성과자의 행동과 비교를 통하여 개선해야 할 역량(요소)이 무엇인지 피드백을 받는다.

다섯째, 직무에 응용(job application goal-setting) 단계로 실제 직무에서 필요한 역량 행동을 실행할 목표를 설정하고 계획을 세운다.

여섯째, 지속적인 지원(follow-up support) 단계로 리더와 목표 및 계획을 공유하며, 필요한 역량을 직무에 적용할 때 진행상황을 평가 및 의견 교환을 통하여 역량교육을 개선하고 고도화시킨다.

1) 성인학습 이론

성인학습 이론은 경험의 정도나 학습 준비상태, 학습 동기 측면에서 성인은 아이들과 다르며 따라서 학습 방식도 다르다는 전제에서 출발 한다. 이러한 성인의 특성에 착안하여 Knowles(1973)는 개발 프로그램의 구성 방법에 대해 몇 가지 제안을 했다. 개발은 추상적인 원리원칙보다는 현업의 문제들을 기반으로 구성해야 한다. 성인이 행동 방식을 성과 지향적으로 바꿀 수 있는 동기부여의 환경이 필요하다. 성인은 학습 과정에서 참여할 수 있는 기회가 확대되었을때 보다 효과적으로 학습한다.

Kolb(1984)은 추상적 개념화, 적극적 실행, 구체적 경험, 반성적 성찰의 네 단계를 모두 거치는 것이 가장 효과적이라고 하였다. 추상적 개념화란 새로운 이론, 방법을 말하며, 적극적 실험이란 추상적인 이론과 아이디어 실험, 지시를 말하며, 구체적인 경험이란 실험적 행동의 효과에 대한 피드백을 말한다. 반성적 성찰이란 경험한 것을 평가하고, 성과지향적 행동에 대한 자기 개념이나 아이디어의 개선을 의미한다.

2) 동기습득 이론

McClelland(1965)는 핵심적인 성격 특성을 습득 하거나 변화 시킬 수 있는 동기 및 자기개념(self-concept)으로 개념적 모델, 자기평가, 실행, 목표설정, 사회적 지원의 다섯 가지를 제시하였다.

첫째, 개념적 모델이란 학습자에게 자신의 행동을 이해할 수 있는 개념적 틀을 제공하고 새로운 모델을 받아 들여야 하는 이유를 제시해 주어야 한다.

둘째, 자기평가란 학습자는 자기가 보유한 역량이 어느정도의 수준인지를 피드백 받고, 현재의 역량이 목표를 달성하는데 필요한 역량의 수준과 비교하여 어느 정도인지를 평가 받아야 한다는 것이다.

셋째, 실행은 학습자로 하여금 새로운 사고와 행동을 습득시키기 위해서 실행이 필요한데, 먼저 가상의 상황에서 실행한 다음 실제 상황에서 적용해 보는 것이다.

넷째, 목표설정은 학습자는 목표를 설정하고 이 역량을 활용하기 위한 계획을 수립해야 한다. 의도적으로 목표를 수립하여 자신과 이해 관계자의 피드백을 받음으로써 성취지향적 사고를 강화하고 목표달성의 가능성을 높인다.

다섯째, 사회적인 지원이란 학습자에게 새로운 사고와 행동을 배우고, 실행하는 것을 지원해 주는 환경조성이 필요하다는 것이다. 학습자가 새로운 역량을 적용할 수 있도록 지원하고 배려하며, 동료나 상사는 학습이 효율적으로 진행될 수 있도록 협력한다.

3) 사회학습 이론

Bandura(1969)는 환경과 인간의 인지가 상호작용을 통해 행위가 습득되는 과정을 사회적 학습(social learning theory) 이라고 정의 하였으며, 또한 인간의 인지적, 정신적 과정이 환경에 대한 반응형태를 결정한다고 하였다. 이 이론에 의하면 어떤 상황에서 성공적인 행동을 보이는 사람을 관찰하고 역할을 모방함으로써 학습하게 된다는 것이다. 행동모방기법은 학습자에게 실제 상황에서 학습자와 유사한 인물이 특정한 역량을 발휘하는 행태를 관찰하게 하여 학습자에게 역할 행동을 실행 해 보도록 한다. 행동모방기법은 스킬을 가르치는데 효과적임이 밝혀졌다. 이러한 사회적 학습은 개인의 인지, 행동, 환경 등과 같은 관련 요소간의 상호교류에 의해서 이루어지며, 그 과정은 다음과 같다. 첫째, 대상을 관찰하는 단계. 둘째, 관찰한 행동을 기억(retention)해 내는 단계. 셋째, 기억으로부터 재생(reproduction)하여 자신의 행동으로 옮기는 단계로 이어진다. 특히 사회적 학습은 관련 요소간의 상호교류 과정에서 관찰을 통한 모방이 강조된다.

Bandura(1977)는 지원적 환경이 조성되었을 때, 많은 성공 기회가 주어졌을 때, 학습자가 타인의 성공 경험을 관찰 할 수 있을 때, 신뢰할 수 있는 사람이 지원 할 때, 안정적일 때 자신의 스킬에 대해 가장 큰 자신감을 가진다는 것을 보여 주었다. 이러한 조건들은 역량개발센터(development center)를 설계하는데 매우 실용적인 시사점을 준다.

4) 자기 주도적 변화 이론

성인은 현상에 대한 불일치(현실), 바람직한 상태에 대한 분명한 계획(이상 또는 목표), 현실(actual)에서 이상(ideal)으로 가기 위해 필요한 명확한 행동(행동단계)의 세가지 조건이 존재할 때 변화하며, 학습자가 스스로 학습의 주체가 되는 교육을 추구한다. 현재 자신이 지닌 역량이 부족하다고 생각하고, 역량개발의 목표, 그리고 새로운 역량을 어떻게 활용할 것인지를 분명하게 인식하고 있어야 성인은 변화를 위한 학습을 시도한다. 현재의 역량과 바람직한 상태의 역량과의 격차가 변화를 위한 학습의 방향을 제시하고 학습을 시작한다. 이것은 본인의 의지에 반한 변화는 불가능하다는 사실을 일깨워 준다. 자기주도적 학습은 자신의 학습을 위한 진단을 실시하고 학습목표를 설정하며, 학습의 전략을 수립하고 학습의 결과를 평가하는 과정을 주도적으로 수행한다.

2. 역량개발센터(DC)

역량개발센터(development center)는 성과지향적인 직무수행 혹은 경력개발을 체계적으로 하기 위해 개인의 역량개발 필요점(development needs)을 역량평가를 통하여 찾아 내고 개인역량의 강점과 약점을 확인한 후 이에 대한 맞춤형 개발 계획을 세우고 과학적으로 교육프로그램과 연계한다. 역량개발센터의 목적은 역량개발이기 때문에 그 결과물도 개인역량에 대한 피드백 보고서, 면담을 통한 역량개발에 필요한 코칭을 제공한다.

[표8-1] 평가센터(AC)와 개발센터(DC)의 비교

평가센터(assessment center)	개발센터(development center)
– 신입 및 경력자 선발 – 관리자 및 고위직 승진 – 합격과 불합격 결정	– 역량의 강·약점을 진단 – 현재 수준과 요구수준 Gap 분석을 통한 역량 개발 영역 확인 – 피평가자는 장·단점에 대한 역량개발 계획수립 – 조직은 개발 기회 제공

역량개발센터(development center)는 역량평가센터와는 달리 부족한 역량에 대하여 본인이 피드백을 받고 스스로 역량개발을 할 수 있도록 지원한다. 이때, 중요한 것은 역량과 교육프로그램이 잘 연계 되어 있어야 하며, 조직에서 구성원의 역량을 위한 지원체계가 이루어져야 한다.

[표8-2] 역량개발센터(DC) 특징

특 징	설 명
교육과정	– 역량개발 교육과정은 최소 2박 3일 또는 1주일
역량평가 결과 피드백	– 역량평가 결과를 해당 역량별로 구체적으로 본인에게 제공
평가와 교육의 동시 진행	– 과제 평가 단계마다 피드백 받은 내용을 과제 수행시에 적용
핵심역량 개발	– 직무성과에 초점을 맞춘 역량 개발
지속적인 역량개발	– 과정 이후에도 체계적인 역량개발 지원 및 활동

● 역량개발센터 교육훈련 원칙

평가센터(assessment center)가 선발에 목적을 가진다면 역량개발센터에서는 행동의 변화를 추구한다. 역량개발센터는 각 피평가자에게 자신의 약점을 개발할 수 있는 기회를 제공해야 한다. 학습의 원칙들은 개발 역량의 선정, 과제운영, 피드백 제공 방법 및 시기, 그리고 프로그램의 전반적 분위기 등 역량개발센터를 설계하는 가이드가 된다.

관리역량을 개발시키는 경우라면 새로운 행동 뒤에 긍정적인 피드백을 얻거나 새로운 행동으로 프로젝트를 성공시킬 수 있다는 확신을 주면 학습이 일어 난다고 한다.

성인학습이론과 사회학습이론은 관리자 교육훈련 프로그램에 많은 기여를 하고 있다.

● 역량개발센터 운영

역량개발센터(development center)를 운영하기 위해서는 역량평가체계가 먼저 구축되어야 하며, 개인의 역량평가 결과 개발가이드에 따라 개선하여야 할 역량에 대해 코칭과 교육프로그램이 연계되어야 한다. 역량개발센터 운영은 대상자 및 상황에 따라 탄력적으로 설계되어야 하며, 1주일 또는 3~4일의 단기 과정으로 진행될 수 있다.

[표8-3] 역량개발센터(DC) 운영 프로세스

<table>
<tr><td rowspan="4">DC 준비 및 진행</td><td>역량평가 및 개발 필요역량 도출</td></tr>
<tr><td>개발역량에 따른 교육프로그램 개발</td></tr>
<tr><td>개인별 역량 Gap 파악</td></tr>
<tr><td>개인별 교육프로그램 연계 및 실행</td></tr>
</table>

[표8-4] 역량개발센터(DC) 운영 프로세스(예시)

<table>
<tr><th>시간/일차</th><th>1일차</th><th colspan="2">2일차</th><th colspan="2">3일차</th></tr>
<tr><td>09:00~09:30</td><td>DC준비</td><td rowspan="3">AP</td><td>분석 및 발표(AP) 평가</td><td rowspan="3">IS</td><td>인터뷰(IS) 평가</td></tr>
<tr><td>09:30~10:30</td><td>안내</td><td rowspan="2">분석 및 발표(AP) 피드백</td><td rowspan="2">인터뷰(IS) 피드백</td></tr>
<tr><td>10:30~12:30</td><td>역량진단</td></tr>
</table>

<table>
<tr><th>시간/일차</th><th colspan="2">1일차</th><th colspan="2">2일차</th><th>3일차</th></tr>
<tr><td>12:30~13:30</td><td colspan="5">점심식사</td></tr>
<tr><td>13:30~14:30</td><td rowspan="5">IB</td><td rowspan="3">서류함기법(IB)
평가</td><td rowspan="5">GD</td><td rowspan="2">집단과제(GD) 평가</td><td rowspan="2">개인역량 개발계획수립</td></tr>
<tr><td>14:30~15:30</td></tr>
<tr><td>15:30~16:30</td><td rowspan="3">집단과제(GD)
피드백</td><td rowspan="2">역량개발 코칭</td></tr>
<tr><td>16:30~17:30</td><td rowspan="2">서류함기법(IB)
피드백</td></tr>
<tr><td>17:30~18:30</td><td>과정정리</td></tr>
</table>

◉ 역량기반의 인적자원개발의 필요성

세계화 되고 경쟁이 치열한 비즈니스 현장에서 경쟁력을 갖추고 유지하기 위해서는 모든 조직구성원들에게 요구되는 역량이 있다.

그러나 조직구성원이 탁월한 성과를 창출하고 성공하는 데 직무에 필요한 핵심역량을 소유하고 있는지를 측정하고 평가하는 것이 쉬운 일은 아니다. 따라서 조직에서는 탁월한 성과를 내기 위해서 필요한 핵심기술, 인적시스템을 파악하는데 역량모델을 활용하고 있다.

역량기반의 HRD의 필요성은 다음과 같이 6가지로 정의할 수 있다.

첫째, 역량기반(competency-based)의 인적자원개발이다. 조직에서 업무성과 향상에 필요한 역량에 초점을 맞춘 교육훈련과 개발이 필요하다. 단기적이고 성과와 연계되지 않는 교육이 아니라 역량모델에 따라 단기와 중장기 지속적인 성과를 유지할 수 있는 교육을 체계적으로 진행할 수 있다.

둘째, 교육훈련과 개발이 조직의 Vision이나 경영전략과 연계되도록 한다. 경쟁력 있는 교육훈련과 개발 시스템이 되기 위해서는 조직이 장기적으로 필요로 하는 것을 고려해야 하며 또한 현재 조직이 필요로 하는 역량을 개발하는데 초점을 맞추어야 한다. 잘 구축된 역량모델은 직무의 성과에 가장 관련성을 갖는 행동뿐만 아니라 조직의 전략적 의사결정을 지원하기 위하여 그리고 조직의 목표를 달성하기 위하여 필요로 하는 것들을 모두 포함한다.

셋째, 성과와 연계된 행동모델과 핵심기술에 초점을 맞춘다. 역량모델은 개인의 현재 역량을 정확히 진단하고 탁월한 성과자와의 Gap을 줄일 수 있는 행동을 결정하는 데 있다.

조직에서 성공에 필요한 것이 무엇인지를 개개인이 파악하고 자신의 개발을 위해 주도적으로 학습을 하게 한다.

넷째, 성과와 연계된 교육훈련과 개발의 지침을 제공해 준다. 역량모델을 통해서 필요한 행동을 명확히 파악할 수 있으므로 이에 따라 역량모델을 활용하여 탁월한 성과를 이룰 수 있는 역량을 개발하는데 활용할 수 있다. 또한 경력개발계획(CDP) 측면에서 역량모델은 누구에게 어떤 역량이 언제 필요한지를 결정하는데 지침을 제공해 준다.

다섯째, 성과 활동의 피드백을 통한 상사의 코칭을 위한 역량개발 정보를 제공한다. 교육훈련과 개발 시스템은 상사가 부하에게 피드백을 제공하고, 어떤 직무를 개발하는 것이 가장 유용한지를 인식하며, 교육훈련 프로그램에서 배운 개념과 기술(technique)을 현장에 적용을 강화시킨다. 명확하고 구체적인 역량모델은 상사의 코칭을 통한 높은 자질로서 이러한 역할들을 충실히 수행하게 한다.

여섯째, 교육훈련과 개발의 효과 평가를 용이하게 해 준다. 각 역량의 행위지표들은 교육훈련의 내용을 명확하게 해 주고 교육훈련 이후에 교육훈련 효과에 대한 평가를 용이하게 할 수 있다.

역량중심의 HRD는 기존의 HRD 방법인 ISD(instructional systems design)나 DACUM(developing a curriculum)보다 총체적인 인적자원관리와의 연계 가능성이 상대적으로 크다고 할 수 있다.

* DACUM: 교육과정 개발(developing a curriculum)이란 말로서 특정 직무분야에서 많은 경험과 지식을 보유한 직업교육전문가와 교사, 숙련기능공, 감독자급, 내용전문가, 중간관리자, 선임관리자가 전 과정에 참가하여 2~3일간의 Workshop을 통해 분석자료를 추출해낸다.

3. 역량개발 프로세스

역량모델에 근거한 평가를 통하여 육성 및 개발이 필요한 인재에 대한 역량개발 계획 수립의 절차는 다음과 같다.

첫째, 역량평가나 역량진단을 통하여 개발 필요 역량을 확인한다. 개인의 개발필요 역량이 무엇인지를 확인한다.

둘째, 역량평가나 역량진단을 통하여 개별 개발 필요 역량을 확인한다. 수준평가인 다면평가(자기, 상사, 동료, 고객)를 통한 개인역량 수준의 객관적 평가를 실시한다.

셋째, 역량평가의 결과 역량수준에 근거하여 육성 및 개발 Needs를 파악한다. 육성과 개발 Needs 및 우선순위 파악은 중요도가 높고 현재수준이 낮은 역량을 우선순위로 결정한다.

넷째, 육성·개발 Needs에 따라 육성·개발계획을 수립(PDP: personalized development plan)한다. 개인역량 개발계획 수립, 본인과 상사 협의를 통한 확정, 개인별 직무수행 요건 평가(Gap) 및 육성·개발계획, 상사와의 협의를 통한 상사자신의 지원방안을 인식한다.

다섯째, 육성·개발 활동의 결과를 평가한다. 연간 계획에 의거한 본인 주도의 역량개발 활동과 실행평가 및 향상도 평가 그리고 차기연도 계획 수립에 반영한다.

[표8-5] 역량개발 단계별 팀원, 팀장, 촉진자 역할

단 계	기 간	팀원역할	팀장역할	인력개발팀 (촉진자 역할)
1단계: 개발필요 역량 확인	1주	개인 필요역량 확인	직무역량모델 숙지	역량모델 제공
2단계: 개발필요 역량 수준평가	2주	역량 자기평가	팀원 역량평가	역량진단 결과 피드백
3단계: 개인개발 계획수립	2주	육성카드 작성/협의 (단기·중장기경력목표 설정)	육성카드작성/ 협의 및 조언	개발방안 및 학습 Guide제공
4단계: 개인개발 실행 및 평가	6~12 개월	학습, 교육프로그램 참여, 개발목표 달성도에 대한 평가, 보완	팀원에 대한 평가, 조언	역량진단결과 개인별 피드백, 평가적용

4. 역량개발 요구분석

조직에서의 개발(development)이 성과에 긍정적인 영향을 줄 수 있기 위해서는 조직 전반에 관한 이해와 전략과 성과가 개발의 연계성을 총체적 관점에서 볼 수 있는 수행공학(human performance technology: HPT)의 개념이 요구된다. Stolovich & Keeps(1992)는 HPT는 인간이나 조직의 행동이 그 직무환경에서 추구되는 가치를 경제적이고 효율적으로 수행하는데 목적을 두고 있다고 하였다.

수행공학(HPT)은 조직과 개인의 생산성과 역량을 향상시키는 체계적 과정을 제시하며, 주요 관심사는 조직의 경쟁력 확보를 위한 인적자원의 직무성과를 개선하는데 있다. 따라서 개인의 역량평가에 의해 요구수준과 현재수준의 Gap을 분석하여 부족한 역량에 대하여 개발계획에 의해 학습계획을 수립한다.

역량모델을 이용한 개발(development)의 강점은 조직구성원의 육성·개발에 있어서 Needs의 분석이 정확하게 이루어 질 수 있다는 것이다.

역량모델을 개발 활동으로 연결시키기 위해서는 먼저 360도 평가에 의한 역량평가 피드백시스템을 갖추는 것이 필요하다.

이러한 피드백을 통해 직무수행에 필요한 직무특성은 무엇인지를 확인할 수 있으며, 조직에서 지원할 일은 무엇인지를 잘 파악 할 수 있기 때문이다.

최근 선진 조직들은 역량평가 결과를 보상으로 연결하는 것 보다는 구성원의 역량을 제대로 파악하고 이를 개인의 개발 자료로 개인의 역량개발 Needs와 연결시켜 적극적으로 활용하는 것에 주목할 필요가 있다.

역량개발은 평가센터(또는 개발센터)를 통해 나타난 피평가자의 부족한 역량에 대한 개발을 목적으로 한다. 해당 직위에서 업무를 수행하기 위해 필요한 역량으로 피평가자가 현재 부족한 역량을 개발하여 향후 승진할 직위의 역할을 원활하게 수행하도록 하기 위한 것이다.

따라서 역량의 개발은 평가센터의 평가를 통과한 사람일지라도 특정 역량에 대해서는 부족할 수 있기 때문에 보다 효과적인 업무를 수행하기 위해서는 부족한 역량을 개발하는 것은 반드시 필요하다.

평가결과는 개발이 필요한 역량과 그 역량에 대한 구체적 개발계획의 형태로 제시되어야 한다. 피드백은 각 역량에 대한 구체적인 코멘트를 확보하고 이를 개발하기 위한 구체적인 개발활동의 내용도 파악되어야 한다.

이를 통해 피평가자에게 역량평가의 결과 및 부족한 역량에 대한 구체적인 내용을 제시하고 이를 개발하기 위한 활동계획을 수립하도록 한다. 이러한 역량개발 활동계획은 실제로 역량이 개발될 수 있도록 구체적으로 작성되어야 한다.

5. 역량개발 프로그램 연계

역량개발 프로그램은 역량평가 분석과 직무·직급별 Gap분석 그리고 개인별 경력개발 계획수립을 통하여 역량별 육성·개발프로그램, 직급별 학점 이수제, 승진·승격심사, 직급별 자격요건을 정립 시킨다.

역량을 개발하기 위한 교육훈련은 명확하게 규명된 경영상의 요구(business needs)와 철저하게 연계되어야 한다.

[그림8-1] 역량개발교육 프로그램 프로세스

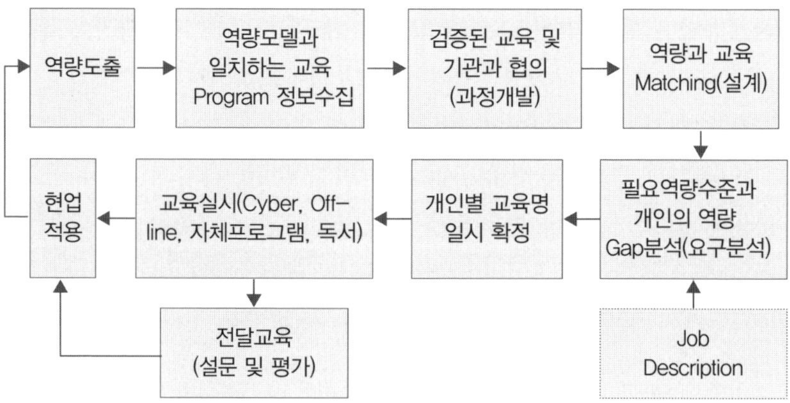

역량개발을 위한 CBC(competency-based curriculum)는 경영환경과 경영 이슈에 따라 인재개발에 대한 최고경영층과 조직구성원의 의지와 요구가 반영 되어야 한다. 그리고 기본적으로 상황분석, 성과분석, 역량분석이 바탕이 되어야 한다.

[표8-6] Competency-Based Curriculum

단 계	단계명	내 용
1	요구분석	- 경영상의 요구파악 - 중점 육성·개발 대상 선정 - 예상 장애요인과 해결해야 할 현안과제 검토

단 계	단계명	내 용
2	성과모델 개발	- 대상 계층의 탁월한 성과자를 바탕으로 직무분석과 역량모델 개발(직무와 역량 매트릭스) - 개발된 모델의 타당도를 높이기 위한 검증 활동
3	차이분석	- 탁월한 성과자와 평균성과자의 차이 분석 - 선진조직에 대한 벤치마킹 대상의 수준차이 파악 - 차이분석방법: 패널토의, 인터뷰, 포커스그룹, 설문, 관찰
4	커리큐럼 설계	- 차이분석 결과로 도출된 직무들과 핵심역량을 교육과정 단위로 분류 - 각 과정별 관련 직무와 핵심역량을 모아 교육과정 단위로 분류(역량의 행동지표를 참고하여 목표를 직무환경과 학습자의 수행에 초점) - 개발해야 할 교육과정을 필수과정과 선택과정으로 분류하고 한 직급에 속한 직무 부문간의 공통으로 포함된 Task를 필수과정으로 편성
5	교육과정 개발 계획 수립	- 과정개발의 우선 순위, 개발일정, 교육대상자, 선수학습정도, 교육기간, 교육방법 결정 (우선순위: 중요도가 높고 현재수준이 낮은 역량이 우선 순위로 결정) - 교육방법: 집합교육, Cyber교육, 자기 주도형 교육 (self-directed learning)

이제는 조직차원의 역량을 규명하고 확보하는 것이 중요하다. 이것을 뒷받침하는 조직구성원의 역량은 무엇인지를 인적자원개발(HRD) 부서에서 밝혀 내고 끊임 없이 역량을 개발해 나가야 할 것이다.

역량기반의 인적자원개발의 시사점은 글로벌 경쟁에서 이기기 위해서 역량개발에 기초한 교육개발 시스템 구축운영이 필수적이다. 직무역량개발은 업무성과 향상에, 리더십 역량 등 기초역량(공통역량)은 조직의 바람직한 인재상의 실현에 도움이 될 것이다. 또한 역량기반의 인적자원개발은 조직 경영전략과 일치된 인적자원개발 전개가 가능하다. 학습이 업무에 바로 적용되고 경영성과에 도움이 되는 교육이 가능해 진다. 그리고 인적자원개발의 Profit Center 전환에 필수적인 시스템이다. 인적자원개발의 생산성을 높이고 경쟁력을 강화하며 교육훈련이 조직 경영성과 향상에 직접적으로 기여하게 될 것이다.

역량육성 프로그램연계를 위해서는 역량에 따른 조직구성원들의 개인별 담당직무역량조사표를 통하여 분석하고 최적의 교육프로그램을 개발하여야 한다.

역량개발 프로그램은 역량개발가이드를 작성할 때 고려하도록 제공되는 프로그램으로 교육기관에서 제공하는 교육프로그램을 포함하여, 다양한 형태로 제시 될 수 있다. 역량개발 프로그램은 세미나, 집합교육, Self-study 등의 형식으로 제공될 수 있는데, 이들은 외부에서 제공되는 교육 프로그램들로 해당되는 역량에 따라 여러 교육기관에서 제공하고 있다. 이와 관련된 자료를 미리 확보하여 역량을 개발할 필요가 있는 피평가자들에게 제공하는 것도 좋은 방법이다.

- **CBC(competency-based curriculum) 프로그램의 설계**

조직의 교육훈련체계의 문제점을 도출하고 개선의 방향을 설정하여야 한다. David D, Dubois의 전략시스템모델은 Front-end Analysis(성과분석), Competency Modeling(역량모델링), Curriculum Planning(교육훈련체계 기획), Intervention Design(과정설계 및 개발), Evaluation(평가)의 과정을 거친다.

[표8-7] ISD와 CBC 비교

Factor	ISD	CBC
목표	- 적정수준 이상의 업무 수행	- 조직의 사업전략 달성 추구
교육내용 추출 근거	- Task	- Vision, 전략, 성과, Competency(행동지표)
평가기준	- 직무수행의 충실도	- 조직의 경쟁력 제고
학습방법	- 업무상 나타난 Gap에 대한 반복 학습	- 교육을 통한 직무역량 습득
적용대상	- 단순·반복적 구조화된 직무(Job)를 수행하는 집단 - 직무교육체계 개선, 기존 교육과정 개선	- 복잡한 구조 속에서 업무수행을 하는 집단 - 핵심인재 대상 교육체계 개선
방향성	- 현재성	- 현재 및 미래지향적

Factor	ISD	CBC
장점	- 교육목표가 명확하여 즉각적인 수정이 가능함 - 업무현장의 실제적 문제해결	- 습득된 역량이 다양하고 광범위한 업무구조 속에서 발휘됨 - 인재육성 Road-Map 제시

* ISD(instructional system development: 교육체제 개발)는 학습자의 직무수행과 현안과제 해결에 필요한 요구를 파악하여 이를 충족시킬 수 있는 교육적 해결대안을 수립·실행하기 위하여 교육목표, 내용, 방법 등을 분석, 설계, 개발, 실행, 평가하는 체계적인 접근방법.

* CBC(competency-based curriculum: 역량기반 교육체계)는 조직의 실질적인 성과창출에 필요한 역량을 파악하고, 현재수준과 요구수준간 격차를 확인한 후 이를 해소하기 위한 교육훈련 및 학습지원체계를 마련하는 접근방법.

[표8-8] ISD의 ADDIE 프로세스

Analysis (분석)	Design (설계)	Development (개발)	Implementation (실행)	Evaluation (평가)
- 요구분석 - 학습자분석 - 환경분석 - 직무 및 과제 분석	- 코스맵 작성 - 학습목표설정 - 교수전략 설계 (학습방법, 학습매체, 평가방법)	- 모듈별 내용작성 - Lesson Plan 작성 - 강사매뉴얼 개발 - 학습자 교재 개발 - 교수매체 개발	- 학습자 관리 - 강사 관리 - 교보재 관리 - 교육환경관리 - 교육성과관리	- Level1: 반응 - Level2: 학습 - Level3: 적용 - Level4: 결과
Goal	Blueprint	Draft & Material	Delivered Course	Behavior Result

* ADDIE모형의 단점은 순차적 작업으로 장시간 소요, 신속한 환경변화 대응 곤란

CBC(competency-based curriculum)설계시 고려하여야 할 사항은 교육수요와 연계된 직무중심의 교육, 조직의 성과 개선의 지원, 조직에서 필요로 하는 역량강화, 관리자의 리더십역량 강화, 직군별·직무별·계층별 교육의 다양화가 필요하다는 점이다.

역량의 특성 중 '역량은 개발가능 하다' 라는 부분이 있다. 이는 훈련, 코칭, 직무도전, 약간 높은 목표 설정, 유익한 피드백 등에 의해 역량은 개발 가능하고 학습이 가능하다는 것이다. 다만, 개발방법이 교육 훈련에만 국한 된 것은 아니다.

역량중심의 교육훈련 체계는 역량을 토대로 역할 수행 시 나타나야 할 구체적인 행동 규명에 필요한 개인별 Needs와의 연계를 통하여 교육체계 수립을 한다.

[표8-9] 역량교육체계수립 프로세스

구 분	내 용
Competency 도출	- 역량도출 Tool에 의한 공통, 직무, 리더역량 도출
Typical Action 도출	- 역량별 역할 수행시 나타나는 구체적인 행동 정리 - 역량별 요구되는 지식, 스킬, 태도 정리
검증	- 역량별 누락, 중복 확인 - 역량 확보의 우선 순위 결정 - 핵심 교육 영역 확인
Competency Grouping	- 중복 및 유사성을 고려한 Grouping
Competency Skill Matrix	- Grouping한 역량과 Skill과의 Matrix를 통해 필요 교육 영역을 확인
Training Module 도출	- 역량 확보를 위한 필요 영역을 Module별로 도출
Module 운영방법	- 필수과정과 선택과정 등으로 구분하여 운영

● 공통(기본) 역량개발 교육체계

공통(기본)역량은 조직의 Vision, Mission, 전략을 달성하기 위해서 전 조직구성원에게 요구되는 역량으로 개발시 조직문화, 경영자 철학, 산업의 특성 등을 고려하여 개발된다. 그러므로 직급별 역량을 중심으로 종적 통합과 직군별·직무별 역량을 기반으로 횡적 통합을 하여야 한다.

● 직군별·직무별 역량개발 교육체계

직무단위의 역량을 도출하여 관련된 직무군의 공통역량과 직무별 역량을 도출하고 이를 바탕으로 교육과정을 개발한다.

● 직급별 역량개발 교육체계

기존의 계층별 교육과정을 통합하여 신임자과정이나 향상과정의 폐지 및 개선을 통하여 리더양성의 관점으로 개발한다. 직급별 역량이 제시되어 있는 경우는 직급별 수준화(Level)를 두어 개발하여야 한다.

6. 역량개발의 OJT제도에 적용

OJT(one the job training)제도에 역량모델을 도입할 경우에 효과적이고 실천적인 인재육성이 가능해 진다. 조직에서 OJT제도의 운영이 어려운 것은 지도하는 구성원이 무엇을 지도해야 하는지 명확하지 않고 OJT의 성과 측정과 피드백이 어렵다는 점을 들 수 있다.

그러나 OJT 제도에 역량모델을 도입 할 경우 역량개발 대상자가 업무를 수행함에 있어서 취해야 할 행동을 명시적으로 제시할 수 있기 때문에 지도하는 입장의 구성원이 업무를 통하여 정확한 지도를 할 수 있다는 것이다.

또한, 역량모델은 업무별, 직위별로 도달해야 할 수준을 설정하고 있기 때문에 OJT를 통하여 얼마나 역량이 향상되었는지 평가하고 효과를 측정할 수 있다.

OJT 제도에 역량모델을 적용할 때에는 첫째, 역량개발의 목적이 무엇인지, 조직과 개인에게 어떤 이익을 가져다 줄 것인지를 명확히 해야 한다. 역량모델의 구축에 있어서는 먼저, 그 역량개발 전략으로서의 목적을 명확히 해야만 조직전략과 연계된 항목을 설정할 수 있다.

둘째, 조직에서 요구하는 역량이 무엇인지를 구체적으로 규정해야 한다. 조직전략 및 외부환경의 분석과 업무상의 과제, 문제점의 정리와 분석을 바탕으로 업무 단위별로 취해야 할 구체적인 행동을 규정하는 것이 중요하다.

7. 조직학습에 대한 시스템적 접근

CBL(competency-based learning)커리큘럼은 조직의 경영성과를 달성하기 위한 주요 직무역량들을 개발하는 지원시스템이라고 할 수 있다.

[그림8-2] 데이빗 듀보이스의 역량기반 성과향상 모델

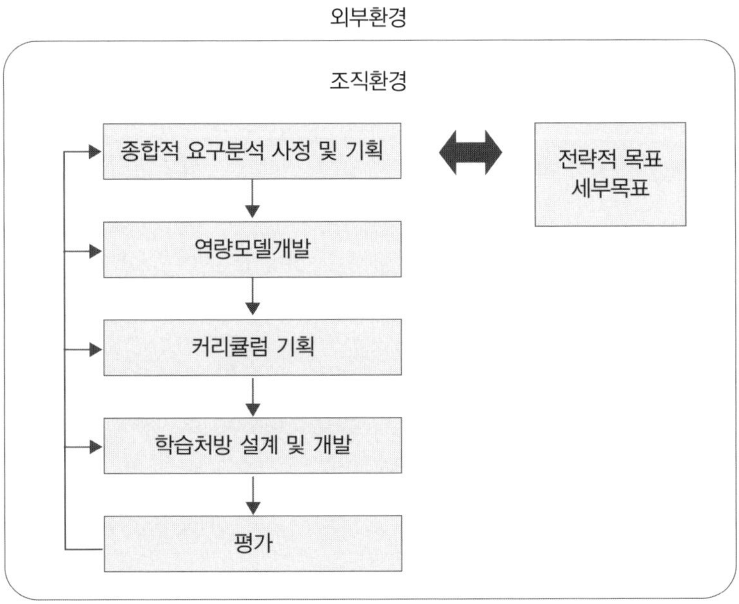

제시된 모델은 데이빗 듀보이스(David D. Dubois)의 저서 역량기반성과향상(competency-based performance improvement)에서 사용된 것으로 성과향상의 Framework를 시각적으로 설명해 주고 있다.

다음은 자기계발을 위한 C사의 사례로 C사의 시스템은 성과주의 인사제도와 연계되어 있으며, 역량을 기초로 하고 있다. 즉 조직구성원은 누구나 본인의 직무에서 요구되는 역량수준을 본인 또는 360도 피드백을 통해 객관적으로 진단해 볼 수 있다. 이러한 진단결과에 따라 본인의 역량개발을 위한 다양한 Solution(사내·외 교육과정, 도서, Internet, 전문가)을 제공 받는다.

Solution의 내용을 세부적으로 살펴보면 다음과 같다.

첫째, 역량중심의 교육과정이다. 역량향상(Gap 극복)을 위한 사내·외 교육의 과정명, 목적, 주관처, 일정, 주요내용, 교육비의 안내 및 교육 신청 System이 필요하다.

둘째, 각 해당 역량과 관련된 도서이다. 국내·외 도서명, 저자, 출판사, 목차, 내용 요약의 제공이 필요하다.

셋째, 해당 영역의 외부전문가 Pool의 확보 및 활용이다. 분야별 전문가의 성명, 소속, 연락처, 저서, 전문분야를 안내하고, 사내 전문가인 경우에는 Community를 이용하여 커뮤니케이션을 하고 외부 전문가는 E-mail을 활용한다.

넷째, 각 역량별 비디오이다. 역량향상을 위한 비디오의 제목, 제작사, 시간 내용을 가이드 한다.

C사는 조직구성원 누구나 인적자원개발 프로그램을 통해 본인의 역량개발을 위한 목표설정과 자기계발계획 수립 및 리더의 체계적인 지원을 위한 여건이 조성되었다고 볼 수 있다.

기업교육의 패러다임 변화는 기존의 전통적인 교육훈련(training & development)에서 성과위주의 자기주도형 학습(SDL & performance)으로 전환되고 있다.

역량모델을 교육부문에 적용하면 현장 조직구성원 스스로 문제점을 파악하고 해결방안을 찾는데 도움이 되는 자기주도형 학습환경이 조성 된다.

현장성과를 높이기 위한 역량의 교육적 접근은 이제 성과를 내기 위한 학습이 되지 않으면 안 된다. 역량모델을 활용한 교육과정개발은 미시적 접근보다는 조직전략에 근거한 전략적 접근을 할 수 있는 거시적인 시야와 성과개선 문제에 초점이 맞추어 져야 할 것이다.

일반적으로 경력경로(career path)나 직군에 따라 역량체계(competency framework)를 구축하고 성과관리체계 개선을 통해 개인역량 개발계획 프로세스를 설정하며, 조직 내의 교육훈련프로그램 및 경력개발계획(CDP)에 의한 역량개발을 위해 지원되어야 한다. 이를 위해서는 자기진단 및 코칭, 다면평가(360도 평가)제도, 교육훈련 Guide를 활용 할 수 있는 환경이 조성되어야 한다.

부 록

부록 역량 논문

1. McClelland의 "지능검사에 대한 역량검사의 우위성"
2. Barrett & Depinet의 "지능보다는 역량을 위한 검사의 재검토"

참고 문헌

부 록

역량 논문

「지능검사에 대한 역량검사의 우위성」

「"지능" 보다는 역량을 위한 검사의 재검토」

1. 「지능검사에 대한 역량검사의 우위성」 재구성

미국에서의 검사 동향은 성공적이었다. 미국인들이 일반적으로 사용하는 성공의 기준인 규모, 영향력, 이윤의 측면에서 본다면, 거의 모든 학교, 대학, 회사에서 지능검사와 적성검사를 사용한다. 이는 학교에서 학생 기록부에 성적을 기재하지 않는 것과는 반대의 조짐이다. 교육상 치르는 검사 서비스 부문에서 창출되는 고용만도 2,000명에 이르고, 연간 수천 명의 대학 지원자가 학습능력적성검사(SAT)를 치르며, 이들 검사를 통해 "자질이 있는"학생과 "자질이 별로 없는" 학생으로 구분되기 때문에 젊은이들의 삶에 미치는 영향은 막대하다. (일부의 항의로) 최근의 "예외"가 생기기 전까지는, 검사가 대학 지원자 중 흑인, 라틴 아메리카계, 다른 소수집단을 선별해내는 데 있어 아주 효과적인 도구로 사용되었다. 입학처장은 입학 허가 심사시 검사 결과 외의 다른 능력들도 고려한다고 항의하지만, Wing과 Wallach(1971)의 면밀한 연구에 의하면 이것은 극히 일부에 국한 된다.

지능검사와 적성검사가 이토록 강력한 이유는 무엇일까? 대학 지원자나 구직자를 선별하는 데에 이런 검사 도구를 사용하는 것이 정당한 이유는 무엇인가? 이러한 추세는 무엇에 근거하고 있는가? 수많은 미국인들의 삶에 영향을 미치는 이들 검사도구의 사용을 맹목적으로 장려하기 전에 세심하게 검토할 필요가 있다.

중요한 것은 소위 지능검사의 타당도라는 것이 명백한가, 하는 것이다. 타당성이 결여되었다면 그 검사 도구를 사용하는 것이 정당화되지 않았을 것이다. 그러나 타당성의 증거가 너무나 분명해서라기 보다는 우리들 대부분이 무심코 그저 타당성이 있다고 생각하게 되었을 것이다. 사실 대부분의 사람들은 그저 검사결과가 나오는 대로 믿는다. 초능력을 입증하는 최근의 시도에서 보여주었던 것과 같은 비판 의식이라곤 없다. 본 연구의 목적은 지능검사와 적성검사의 타당성에 대한 주요 논리를 회의적으로 검토하고, 이전 연구결과에서 추후 이들 검사에 적용될 수 있는 새로운 논리를 도출해내는 것이다.

우선 뇌 손상이나 발달지체를 가진 사람들이 다른 이들보다 지능검사 점수가 낮다는 점에 대해 생각해보자. Wechsler(1958)는 이 검사를 정당화하기 위해 처음에 이를 기준으로 사용하였지만, 그 주장에는 명백한 약점이 있다. 뇌 손상을 입은 사람들은 대부분 어떠한 검사도 잘하지 못하기 때문에 지능검사 점수가 낮다는 것을 특별히 "지능의 부족"이라고 주장하기가 어렵다는 것이다. 다양한 방법이나 다양한 특성의 기준을 적용해 검증하고 있지 않다.

- **검사는 학교에서의 성적을 예견한다.**

적성검사를 보는 데 필요한 기술은 교실에서 교사들이 요구하는 기술과 유사하다. 사실 Binet의 검사 원본들은 프랑스 학교에서 교사들이 냈던 문제들을 가지고 만든 것이다. 따라서 적성검사와 학교 성적의 상관관계가 높다는 것은 전혀 놀랄 바가 아니다. 모든 학업적성검사들은 이처럼 부인하기 어려운 하나의 사실에 크게 의존하고 있다. McNemer(1964)와 같은 검사옹호자는 마치 이 사실만으로 타당도가 다 입증되었다고 주장하는 것 같다.

성적에 대해서는 어떤가? 어떻게 성적이 예측변수로서의 가치가 있는 걸까? 연구자들은 사실 학교 성적과 다른 중요한 행동들(적성검사에서 잘하는 것 이외)의 관련성을 입증하는 데에 어려움을 겪었다. 그러나 일반적인 대중(많은 심리학자들과 대부분의 대학임직원들을 포함해서)들은 이런 사실을 믿거나 인정하지 못했다. 교사들로서는 공부를 잘하는 학생이 성공해야 한다는 것이 너무나 자명해서 이와 반대되는 누적된 증거들을 고의적으로 무시해왔다. 1950년대 초, 내가 의장으로 있었던 사회과학조사협회가 그 문제를 조사했고, 등급의 수준(최종학력)은 성공을 가늠하게 하는 척도로서 관련이 있는 반면 같은 등급 내의 성적과는 관련이 별로 없다는 결론을 얻었다. 다른 말로 하자면 고졸이나 대졸은 일정한 상위 직업에 접근할 수 있는 하나의 보증서가 될 수는 있지만, 고등학교나 대학에서 성적이 낮았던 학생들도 최상위 학생들만큼 성공했다. 나는 대학교수로서 간단한 확인작업을 하기 전까지는 이 사실을 믿기 어려웠다. 나는 내가 가르쳤던 Wesleyan 대학에서 1940년대 말에(전과목 A를 받은) 최상위 학생 8명과 반대로(C-이하였던) 최하위 8명의 학생을 추출해 이들이 1960년대 초에 무슨 일을 하는가를 대조해보았다. 놀랍게도 15~18년이 지나서는 이들 두 그룹을 구별해낼 수가 없었다. 양 그룹에는 변호사, 의사, 연구자, 교사나 대학 교수들이 다 있었다. 내가 주목한 유일한 차이는 성적이 좋았던 학생들이 보다 좋은 법대나 의대로 진학했다는 것이다. 하지만 그로 인한 이득이 있었을 것이라 추정됨에도 불구하고 초기에 "이류" 법대나 의대 진학에 만족해야 했던 성적이 낮았던 학생들과 비교했을 때 현저하게 성공한 것은 아니었다. 오늘날처럼 입학 기준이 엄격했다면 분명 이들 C-학생들은 이류 법대나 의대에도 입학하지 못했을 것이다. 그것이 사회에 이득이 되는가?

이러한 결과들은 영국(Hudson, 1960)과 미국의 여러 연구자들(Hoyt, 1965)에 의해 신중하게 입증되어왔다. Berg(1970)는 교육과 직업을 연상시키는 제목인 '도둑질하는 위대한 기술' 이라는 책에서 교육연수나 학업성적이 공장 노동자, 은행원, 교통경찰로 성공하는 것과는 아무런 관계가 없다는 연구 결과를 제시한다. 심지어 연구조사자 처럼 고도로 지적인 직업조차도 Taylor, Smith, Ghiselin(1963)의 연구 결과에 의하면 우수한 연구 능력이 학교 성적과는 전혀 관계가 없다. 심리학자들은 "유행하는" 농담으로 지능검사가 측정한 것이 곧 지능이라고 얘기하곤 한다. 거북스럽지만 그것이 진실에 가깝고 또 유일한 진실인 것 같다. 하지만 그 점에 있어 우스운 건, 대중들이 언제 우리(심리학자들)보다도 우리 말을 심각하게 받아들이고 검사를 교육의 기회나 좋은 직장에 갈 기회를 박탈하는 데에 사용하는 걸까? 그리고 왜 이들 검사 기법을 지능이라고 부르는 걸까?

나아가 왜 이미 시험을 잘 보는 사람들만 최상의 교육을 계속 받도록 하는 걸까? 사실 이것이 대학 측이 SAT 고득점자를 선발 하고 있는 일들이다. 이것은 마치 이미 테니스를 잘 치는 선수를 특별 지도하는 것과 같지 않은가? 혹자는 교육의 목적이 썩 잘 하지 못하는 이들의 수행능력을 향상시키는 것이라고 생각한다. 따라서 심리학자들이 SAT에 근거해 누가 대학에서 잘 할 것 같은지에 대해 예견한다면, 그들은 "가장 안전한 내기"를 암묵적으로 제시하는 셈이다. 하지만 다른 견지에서 보면 대학이 교육능력을 증명하고자 할 때는 고득점 학생들이 향상의 여지가 적으므로 서투른 내기가 될 수도 있다. 분명히 교사들은 공부를 잘 할 학생들을 원하겠지만, 사회는 교사들이 교육 받아야 할 사람이 누구인지를 결정할 수 있도록 해야 한다. 특히나 교사가 관심을 두는 성적이 다른 유형의 성취와는 관련이 거의 없다면 말이다.

• 지능검사가 직업적 성공을 초래하는 능력과 연관이 있는가?

분명 대다수의 심리학자들과 일반 대중들이 그렇다고 생각하겠지만 (Cronbach, 1970), 그와 같은 확신을 정당화하기에는 증거들이 만족스러울 만큼 충분치 않다.

예를 들어 Thorndike 와 Hagen(1959)은 10,000명의 응답자로부터 적

성검사 점수와 다양하게 측정된 이후의 직업적 성공 간에 12,000개의 상관관계를 얻었고, 유효한 상관계수가 높지 않다는 결론을 내렸다. 즉, 검사가 타당하지 않다는 것이다. 취업에 요구되는 특성이 실제로도 성공에 필수적인가는 분명하지 않다. 치과의사가 되기 위해서는 민첩한 손놀림이 필요하다고 가정해볼 수 있다. 그러나 Thorndike와 Hagen(1959)은 치과의사의 손재주가 소득과 반비례한다는 점을 발견했다. Holland와 Richards(1965), 그리고 Elton과 Sheval(1969)도 대학생들의 SAT 점수가 리더십, 예술, 과학, 음악, 작문, 연설과 연극 등의 실제 수행능력과는 밀접한 관계가 없음을 보여주었다.

그렇다면 우리는 50년 간의 연구에 기초해 Ghiselli(1966)가 내린 결론인 일반 지능검사가 훈련능력과는 .42, 모든 종류의 직업숙련도와는 .22의 상관계수를 가진다는 내용을 어떻게 생각해야 할까? 이들 각각의 상관계수는 10,000명 이상의 샘플에서 얻어진 것이다.

관찰하며 흥미로운 점은 지능검사가 하위 직업 숙련도보다는 고위 직업 숙련도와 높은 상관관계를 보인다는 점이다(Ghiselli, 1966). 지능검사 점수가 외판원의 숙련도와는 −.08의 상관관계를 보이는 반면에 주식이나 채권 중개인의 숙련도와는 .45의 상관관계가 있다는 점을 생각해보자. 이것은 지능 검사가 무엇을 암시하는 가에 관한 강력한 단서이지만, 대부분의 관찰자들은 그것을 간과하거나 단순히 주식·채권 중개인이 외판원보다 전반적인 능력을 더 많이 갖고 있기 때문이라고 추정한다. 하지만 이들 두 직업은 성공하기 위한 사회적 지위, 언어, 말투, 의복, 태도, 교육과의 관련성, 직업에서 성공해야 할 가족의 요구가 다르다. 검사를 타당화하는 데 있어 직업숙련도 측정의 근본적인 문제는 경영자와 고객의 마음에 들 만한 적합성(취미, 가치, 말투, 관심사 등)에 크게 의존한다는 것이다.

우리는 또한 사회 계층적 배경이 개인이 성공하는 데 있어 자격이 될 뿐 아니라, 높은 검사점수와 관련 있다는 것(Nuttall & Fozard, 1970)을 알기 때문에 지능검사점수와 직업적 성공 간의 상관관계는 조작될 수도 있으며, 계층적 지위와 결합된 산물이다. 고용주는 공부를 잘해서 좋은 학교를 나온 사람을 주식 거래인으로 선택할 권리가 있을 수 있지만, 심리학자는 직업에 있어 그들을 더욱 유능하게 하는 것이 지능이라고 주장할 권리가 없다.

우리는 상관관계가 인과관계와는 다르다는 점을 알면서도 자꾸 잊어버리곤 한다. 이 예가 하위 직업보다 상위 직업은 이런 유형의 두뇌가 필요하다는 증거라며 부정확하게 추론하면서, 너무나 많은 심리학자들이 평균 능력검사 점수가 직업의 고하 여부를 판가름한다고 보고한다.

Ghiselli(1966)는 직업숙련도의 어떤 기준이 검사의 타당도를 의미할 수 있는가 하는 문제를 다루지 않았다. 예를 들어 경찰의 수행 능력을 어떻게 평가할 것인가라는 중요한 문제에 대한 아무런 고려 없이, 그는 경찰과 탐정의 경우 숙련도와 지능검사점수 간 상관관계가(.27)이라고 보고하고 있다. 상급자가 매긴 등급일까? 만약 그렇다면 백인 상급자는 흑인을 열등하다고 간주하므로 흑인 경찰들에 대한 차별이 된다. 그리고 대중의 여론은 어떤가? 경찰들이 어떻게 서비스를 제공했는가에 관한 그들의 의견이 기준의 일부이지 않은가? 경찰 업무수행을 능력검사점수로 증명한 연구(Kent & Eisenberg, 1972)를 보면 신뢰할 만하고 유의미한 관계라고는 없다. 이것은 지능검사 점수와 직업적 성공 간 추정된 관계를 회의적으로 검토해야 한다는 구체적인 증거이다.

또 다른 실례는 지능검사에서 측정된 능력이 인생의 성과에 영향을 미친다는 명제를 무비판적으로 받아들이는 것은 경솔하다고 경고한다. 지능이 일반적으로 적응을 용이하게 하고 그 결과 신경질도 덜 낸다고 흔히들 이야기한다. 예를 들어 Anderson(1960)은 1950년에 14~17세 소년들에게 지능검사를 실시하고 5년 후 일반적인 적응도를 추적 조사하여 유의미한 상관관계가 있음을 보고했다. 우리는 이 주장대로 지능이 적응을 용이하게 한다고 추정할 수 있을까? "지능" 검사는 공부를 잘 하는지를 검사하는 것(학문적인 유형의 검사를 실시해서)이고, Anderson의 표본은 여전히 학생이거나 사회 초년생이어서 학교에서 공부를 잘 하지 못하거나 그래서 취업한 이들은 스스로나 타인에 의해서나 잘 적응하지 못한다고 간주될 수 있음을 상기하기 전까지는 합리적으로 들린다. 이 예에서 검사는 기준의 일부가 되었고 억지로 상관관계를 이끌어 냈다. 문제점을 보다 분명히 하기 위해서 당신이 Boston의 Roxbury 구역에 있는 빈민가에 산다고 가정해보라. 당신이 경찰 자격을 얻기 위해서는 3시간짜리 지능검사를 봐야 하고 그 검사지에 나오는 "평정", "방화광", "고전어 사전" 같은 어휘의 뜻을 알아야 한다. 만약 이들 어휘를 충분히 모른다면 추론해서 풀 수도 없고 자격을 얻을 수도 없으며 아직은 Massachusetts 주의회가 "지능" 검사를 요구하지 않는 수위 같은 직업에 만족해야만 할 것이다. 당연히 당신은 화가 나고 낙담하며 패배감을 느낄 것이다. 이들 어휘를 몰랐기 때문에 당신은 지능이 낮다고 간주되었고 그 결과 형편없는 직업 밖에 가질 수 없어 불행해졌으며, 결국 낮은 지능과 하위 직업, 그리고 부적응 사이의 연관성을 지지하는 데에 기여하는 셈이 된다. 심리학자들은 그러한 검사 프로그램을 장려하는 일반 지능에 대한 견해를 조장해온 것에 대해 부끄러워해야 한다.

• 인생 성과의 기준을 통제하는 권력의 역할

심리학자들은 최근까지 검사 타당도에 대한 기준을 통제하는데 있어 강한 관심을 가지는 역할에 대해 믿기 어려울 정도로 순진하게 생각해왔다. Terman은 자신의 연구가 심리학적 검사 도구로 측정된 "천부적 재능"이 성공의 주요 요인이었다는 사실을 증명했다고 생각했다. 심리학자들은 대체로 그의 의견에 동의했다. 가령 Kohlberg, LaCrosse, Ricks(1970)는 Terman과 Oden(1947)의 연구가 "타고난 이들이 평균 집단보다 직업에서, 결혼에서, 사회생활에서 더 성공적이었고 심리학상 '도덕적 일탈' 이 더 낮다는 점을 지적했다"고 요약 정리한 바 있다. Jensen(1972)은 다음과 같이 동의했다.

IQ가 "실생활"의 능력과 관련 있음을 확신하게 하는 연구 중 하나로 Terman과 Stanford 대학 동료 연구진의 고전적 연구를 들 수 있다. Terman은 IQ가 높았던 아동들이 어른이 되어서도 일반 인구집단보다 현저하게 모든 면에서 높은 성취도를 보인다는 사실을 발견했다: 최종학력 수준, 더 많은 학위나 수상, 높은 직업적 지위, 고소득, 더 많은 논문과 저서 발행, 특허와 다른 창의력의 표지들, "Who 's Who(세계인명사전)" 등재, 낮은 사망률, 신체적·정신적 건강 양호, 낮은 이혼율... 이러한 발견은 IQ 검사가 현대기술사회에서 상당히 중요시하는 특성들을 측정할 수 있다는 사실이 자명하다는 것을 알려준다. 지능검사로 측정된 특정 능력이 연관이 없다거나 중요하지 않다고 말하는 것은 우리가 아는 바의 문명을 부인하는 것과 다름이 없다.

나는 우리가 아는 바의 문명을 부인하고 싶지도 않고, 지능검사를 타당하지 않고 필요 없는 것으로 폐기하는 것도 원하지 않는다. 다만 Terman의 연구에서 IQ가 높은 아동들의 보다 큰 성공을 야기하는 것이 지능검사에 의해 측정된 능력이라는 사실을 증명하지 못한다는 점만은 강력히 주장하고 싶다. Terman의 연구는 단지 부유하고 권세 있는 사람들이 기회를 더 많이 가져서 그 결과 잘 산다는 것을 보여준 것에 지나지 않는다. 그리고 설령 그것이 사실이라 하더라도, 심리학자들이 우리 사회에서 실력을 발휘하는 데 있어 지능검사에 의해 측정된 능력이 분명한 필요조건이라고 언급하는 것은 사회적으로 무책임한 것이다. 현대 방법론적 기준에서 볼 때도 Terman의 연구(그리고 이와 유사한 연구들)는 정확하지 않다. 일에서, 사회에서 성공할 수 있는 기회를 공평하게 만들기 위한 어떠한 시도도 없었다. 그가 말하는 타고난 이들이란 비교집단에 비해 사회경제적으로 우월한 가정 출신들이다. 그는 우수성의 원인이 "천부적 재능"이라는 명백한 증거를 제시하지 않았다. 부유하고 권세 있고 교육 받은 가정 출신이 물질적인 혜택이 많았기 때문에 직업, 결혼, 사회생활 측면에서 더 성공적이라고 결론짓는 것이 이치에 맞을 것이다. 다른 방식으로 논점을 전개하기 위해 이 분야의 연구결과를 그런대로 잘 보여주고 있는 [표1]의 자료를 보도록 하자.

[표1] IQ와 SES(사회경제적지위) 범주(6등급)에 따른 학생 수와 대학진학 예정률

IQ	사회경제적 지위(SES)			
	높 음	대학진학예정(%)	낮 음	대학진학예정(%)
높음	51	71	57	23
낮음	33	18	96	5

(X^2=11.99, p〈 .01, 추정 tetrachole r=.35, SES×IQ.
Havighurst et al.(1962)에서 인용, Wiley(1962).

이들 자료는 Havighurst, Bowman, Liddle, Matthews와 Pierce(1962)가 미국 중부의 전형적인 한 마을에서 추출한 것이다. 어떤 이들은 사회계층과 IQ, 그리고 IQ와 대학진학률(직업적 성공으로 이끄는) 사이의 상관관계가 높다고 본다. 이러한 전통적인 해석은 머리 나쁜 아동이 하류층에 많은데 그것은 그 부모 또한 지능이 낮아서 이고 그것이 바로 그들이 하류층인 이유라고 보는 것이다. 아이큐가 높은 아동들의 대학 진학률이 높은데 그것은 그들이 더 영리하고 대학에서의 학업에 더 적합하기 때문이다. 이것은 IQ가 학업 성취를 예견한다고 여기기 때문이다. 대학에 진학하는 보다 똑똑한 이들 중 상류층이 많은 이유는 원래 상류층에 영리한 이들이 더 많아서 이다. 그래서 해묵은 논쟁은 수년간 사라졌다. Terman과 그의 추종자들에게는 너무나 단순하고 명백해 보였다.

그러나 [표1]을 자세히 들여다보면 기존 해석만큼은 아니지만 똑같이 그럴듯한 다른 해석이 가능하다. 높은 사회경제적 지위와 낮은 IQ 대 높은 IQ와 낮은 사회경제적 지위의 대학진학률을 비교해보자. 하류층 출신의 영리한(높은 IQ) 아동이 대학에 진학할 비율은 상류층 출신의 "멍청한" 아동의 진학률과 별반 다르지 않다. 이것은 왜 그런가? 똑똑하지만 가난한 아동은 대학에 갈 돈이 없거나 대학에 진학하는 대신 돈을 벌거나 다른 일을 하기를 선호하기 때문이다. 그들은 상류층 아동이 대학에 진학할 수 있도록 하는 다른 변수들(가치, 포부, 돈)에 대한 접근권이 없기 때문에 시쳇말로 하면 '불리한' 이들이다. 하지만 이제 우리는 대학진학에 대한 대안적 해석, 즉 사회경제적 지위가 능력으로서의 성공을 훌륭히 예측한다고 해석할 수 있다. 어떻게 이런 검사에 의해 측정된 능력이 대학진학에 있어 결정적인 요인이라고 주장할 수 있겠는가? 심지어 시험을 잘 보더라도 가난한 가정에서 태어나면 대학에 갈 수 있는 사람이 극소수이다. 혹자는 그들이 억압의 희생자라고 주장할 수도 있다: 그들은 대학에 갈 수 있도록 장려하는 기회나 가치를 가지지 못했다. 그런 억압적 권력이 심지어 그들이 학교 시험을 잘 보도록 배우는 것을 방해했음 직하지 않은가?

권력 엘리트의 일원(높은 사회경제적 지위)이라는 것은 젊은이가 대학에 가는 것뿐 아니라 가족들의 연줄에 의해 직업을 얻는 데에도 도움이 되며, 또한 특정 직업에 진입하도록 하는 자격도 쉽게 얻을 수 있을 것이다. 오늘날 자격에는 SAT에 사용되는 어휘, 어휘게임(word game)기술이 포함되어 있다. 중세에는 판검사, 의사, 신학자가 되기 위해서 라틴어 지식이 필요했다. 라틴어 독해와 작문이 가능한 젊은이만이 이들 직업군에 들어갈 수 있었는데, 확신컨대 이들은 중산층보다 라틴어 점수가 높았을 것이고, 라틴어를 모르는 중산층 출신과 비교했을 때 라틴어를 사용하는 집안에서 성장한 이들이 시험에 유리했을 것이며 전문직에 진입하기도 더 용이했을 것이다. 그런데도 보편적인 능력 요인을 논했다고 얘기할 수 있을까? 많은 빈민지역 거주자들이 오늘날 미국에서 시험을 잘 보거나 취직하기 위해서 배워야 하는 종류의 영어와 관련해서 이와 비슷한 처지라고 느낄 것이다. 나는 최근에 전혀 이해할 수 없는 영어를 구사하는 나라인 자마이카에 다녀왔다. 내가 요청했으면 그들은 내가 이해할 수 있는 방식으로 참을성 있게 말해주었겠지만, 내 자신이 이해가 느린 어린아이가 된 것만 같았다. 나는 부자나 권세 있는 이들의 표준이 이런 영어라면(그런데, 사실 그렇지는 않다) 내가 자마이카 사회에서 좋은 학교나 직장에 들어가려면(아마도 자마이카 시험 기관이 관리하는 시험에 의해 결정되는) 어떻게 잘 할 수 있을까 의문스러웠다. 내가 너무 이해도 느리고 일상 어휘에 무지해서 그 시험에서 분명히 지능이 모자라지는 않다는 정도의 판정을 받았을 것이고 아마 낙담했을 것이다.

Cronbach(1970)는 그런 시험이 "장애 여부에 관한 실질적인 정보를 제공하고 있다"고 주장했는데, 물론 그의 말이 맞다. 하지만 무엇이 장애인가를 결정하는 것은 사회의 권력자들이라는 사실을 심리학자들은 알아야 한다. 우리는 권력을 쥐게 된 집단이 부과하는 능력 기준을 받아들이는 데 있어서 보다 더 조심스러울 필요가 있다.

이 말은 지능검사가 가치가 없다는 뜻일까? 심리학에서 주어지는 질문을 주의 깊게 검토해보면 종종 답은 당신이 무엇을 의미하느냐에 달려있다. 무엇을 위한 타당도인가? 분명 지능검사는 자격기준이 중요한 몇몇 일류 직업에서 누가 출세할 것인가를 예견하는 데 있어서는 유효하다. 그래서 백인이라는 사실 또한 일류 직업에서의 성공에 관해 유효한 예측요인이 된다. 하지만 어느 누구도 백인이라는 것 자체가 능력 요인이라고 주장하지는 않는다. 소위 지능검사와 성공 사이의 잘 알려진 상관관계의 많은 부분이 능력 요인을 제시한 것에 지나지 않는다.

우수한 학업 성적은 타당하게 예측하는가? 물론 우수한 학업 성적이 그와 유사한 방식의 시험 결과에 달려있기 때문이다. 그렇지만 검사도 학교 성적도 삶의 다양한 성과와 관련된 실질적인 유능함에 대해서는 예측력이 높은 것 같지 않다. 일반지능검사점수가 다른 모든 요인을 통제했을 때에도 능력을 예측할 수 있다는 것을 보여주는 연구는 없는가? 나는 신중하게 통제가 잘 된 관련 연구를 찾아내느라 애를 먹었다. 연구자들이 통제가 잘 된 연구를 하지 않았기 때문인데, 그들은 자신들이 실질적인 능력을 측정하고 있다고 확고하게 믿었기 때문에 그것을 증명하기 위해 애쓰지 않았다. 물론 특정검사결과와 직업관련기술 사이에 유의미한 정(+)의 관계가 존재한다고 밝힌 연구가 있기는 하다. 예를 들어 지각속도검사는 사무직의 숙달 정도와 관련이 있다. 어휘나 단기기억, 대입, 그리고 산수 검사도 마찬가지이다. 자동차 기술검사도 자동차 정비기사로서의 기술과 관련이 있다(Ghiselli, 1966). 이들 경우는 검사를 기준으로 사용하는 것이 안전하고도 논쟁의 여지가 없는 경우이다. 하지만 이것은 한 사람이 무엇을 하든 더 유능하게끔 하는 일반능력요인이 있다고 유추하는 것과는 거리가 멀다. 이 일반능력요인의 증거는 자신들의 보유 기술이 우월한 적응력을 나타낸다고 주장하려는 위계 사회의 정점에 있는 자들이 가진 권력에 의해 심하게 오염된 것으로 드러났다.

• 여기에서 어디로 가야 하는가?

검사 동향에 대한 비판론이 새로운 것은 아니다. 초기의 재능 규명에 관한 사회과학조사협회 위원회도 거의 15년 전에 이와 같은 주장을 했었다(McClelland, Baldwin, Bronfenbrenner & Strodtbeck, 1958). 하지만 그런 동향을 뒷받침하는 신념이 너무나 확고해서 이러한 이론적, 경험적 이의 제기가 지금까지도 별로 영향을 크게 끼치지 못했다. 검사 동향은 사회 전반에서 확장되고 있고 세를 더하고 있다. 비록 소수 집단이 그 동향을 멈추기 위한 정치력을 보유한다 해도 쉽게 끝날 것 같지는 않다. 검사가 그 문화에 노출되어 있지 않았던 사람에게는 분명 차별적이기 때문에 검사에 의해 진입이 제한된다. 희망이라면 검사자들이 일이 어떻게 되어가고 있는가를 자각하고 그들의 노력을 바람직한 방향으로 재조정하는 것이다. 대학입학시험위원회의 시험에 관한 특별 위원회의 보고(1970)는 사고의 변화가 일어나고 있다는 중요한 조짐이다. 실제로 그 변화가 적용되기만 한다면, 그 보고의 요점은 대학입학을 위해 여러 차원의 재능이 사정되고 프로파일로 대학에 제공되어야 한다는 것이다. 이런 새로운 측정의 "타당성"을 확보하는 기준이 학교 성적이 아니라 이론적으로나 실질적으로 광범위한 차원의 "인생에서의 성적"이어야 한다는 것을 확실히 명심한다면 이는 올바른 방향으로의 첫걸음이다.

하지만 현재 나는 곤경에 처해 있다. 검사 동향이 무엇을 해 왔는가에 대해 비판하면서 나는 대안을 제시해야 할 의무감을 느꼈다. 어떻게 하면 다르게, 혹은 더 낫게 할 수 있을까? 제안하는 것을 꺼리는 것은 아니지만 그 제안들 중 일부는 내가 비판해왔던 절차의 근거에 의해 비판 받으리란 것을 잘 안다. 그래서 나는 우리가 해 온 일들로 누가 낙담했는가를 추적하는 데에 적어도 몇몇 사람들은 관심이 있으리라는 전제 하에 상당히 겸손하게 제안하고자 한다. 나의 목표는 나의 제안이 이제까지의 것들보다 낫다는 증거를 명확히 제시하는 것이 아니라 어떻게 다를 수 있는가에 대해 영감을 주는 것이다. 전통적인 지능검사에 대해 대안적인 접근임을 상징적으로 나타내기 위해(잠재)능력 검사라는 말을 사용하면 어떨까?

새로운 검사동향 6가지 원리는 다음과 같다.

1) 최고의 검사는 표본추출법(criterion sampling)이다.

만약 어떤 사람이 차를 얼마나 잘 모는가(기준)를 알고 싶으면 운전시험을 치름으로써 차를 모는 능력을 시험해라. 어느 방향으로 갈 지에 관해서 필기 시험이나 일반지능검사를 보게 하지 말아라. 위에서 언급한 대로 직업기술을 시험하는 검사들은 이 해당 기술의 숙련도를 예측할 수 있다는 풍부한 예들이 있다.

학업능력검사는 대부분의 영역에 대한 기준과 관련이 있기 때문에 분명 성공적이다. 이미 지적한 바와 같이 SAT는 교사들이 추구하고 높은 점수를 주려는 기술들과 연결된다. 이것이 적성검사를 공부 잘 할 학생들을 예견하는 데에 사용할 때 일어날 수 있는 전부라면 이의를 제기하는 이가 없을 것이다. 문제는 지능이라는 단어의 사용이 내포하듯이 사람들이 이 기술들이 보다 일반적으로도 타당하다고 가정하는 데에서 시작된다. 아직 어떤 기준 분석도 한 사람으로 하여금 단어를 유추하고 비슷비슷한 뜻을 가진 네 가지 중 가장 정확한 단어를 선택하도록 요구하는 직업이나 삶의 상황들이 거의 없다는 것을 보여주지 못했다.

기준 표본추출법은 피검사자들이 끝없는 단어와 필기시험에서 벗어나 실제적인 요소들로 행동양식을 분석할 수 있는 현장으로 가는 것을 의미한다. 만약 누가 훌륭한 경찰이 될 것인가를 알고 싶으면, 경찰이 무엇을 하는가를 알아내러 가라, 그의 주위를 좇아다니면서 행동 목록을 작성하고 그 목록을 가지고 지원자를 가려내라, 어떤 직업의 경우는 실전뿐 아니라 이론에도 기반하고 있어야 한다. 대개의 경찰들이 흑인을 차별한다 해도 그것은 법에 금지되어 있으므로 기준의 일부가 될 수 없다. 따라서 응시자가 차별적이지 않다는 것을 보여줄 수 있는 검사를 포함시켜라, 아울러 그가 대민 서비스를 해야 하는 입장이므로 순찰구역에 있어보지 못한 사람이 생각하기에 알 필요가 있다고 생각하는 어휘 말고 시민들과 의사소통하기 위해 필요한 어휘들도 추출해라, 그리고 상관들의 판단에 의존하지 마라. 상관이 아무리 좋은 경찰이라 해도 엄밀히 말해 그것은 사람들이 훌륭한 수행이라고 생각하는 것에 관한 분석이지 업무 분석은 아니다. Baehr et al.(1968)은 예를 들어 시카고에 있는 흑인 경찰들의 경우 Edwards 개인선호도검사의 다양성 척도 점수가 상관에 의해 높게 매겨져 있음을 발견했다. 그러한 상관관계가 백인 경찰에게서는 나타나지 않았다.

요약하자면 기준 표본추출은 이론과 실천 모두와 관계가 있다. 그것은 정말 정교함이 필요한 일이다. 초기 검사자들은 상호 타당성이 입증된 “지능” 검사가 깊은 영향을 받지는 않았기 때문에 후기 검사자들보다는 어떻게 하면 더 잘 할지를 알았다. 미래의 검사자들은 어떻게 기준 표본추출을 해야 할 지에 대해 다시 배워야만 한다. 만약 누가 좋은 교사가 될 것인가를 알고 싶다면 Kounin(1970)이 했듯이 교실의 비디오 테입을 입수해서 좋은 교사와 나쁜 교사의 행동이 어떻게 다른가를 알아야 할 것이다. 미래의 사업가나 연구조사자, 정치적 지도자, 훗날 결혼 생활이 행복할 것 같은 사람을 가려내기 위해서는 이들 행동을 면밀히 분석하고 나서 장차 적응적인 행동이랄 수 있는 것들을 추출해낼 것이다. 그 일은 쉽지는 않을 것이다. 그것은 전통적인 검사 도구에는 없는 새로운 심리학적 기술을 요구할 것이다.

2) 검사는 개인이 배운 결과 그 변화를 반영할 수 있도록 고안되어야 한다.

눈을 깜박이는 것이나 Kohs의 블록 디자인을 베끼는 등의 훈련이나 연습에 의해 수정될 수 없는 인간의 특성을 발견하는 것은 불가능하지는 않지만 어렵다. 변경되거나 꾸며낼 수 없는 타고난 정신 능력의 지표를 찾아왔던 전통적 지능 검사자에게는 이런 사실이 불쾌한 것이었다. 그래서 사람들이 어떻게 개선해야 할지 모르도록 점수 매기는 방법을 비밀에 부치거나 한 번의 실험으로 안정적인 결과를 기록한 검사들만 선택하는 방식으로 대응해왔다. 안정성이란 경험에 의해 수정되지 않는 타고난 태도를 나타내는 점수라고 가정하는데, 한편 이 말은 검사가 한 인간의 중요한 변화에 둔감하다는 것을 의미할 수도 있다. 즉, 관련 기술이 너무나 분화되고 일반적 경험과는 관련이 없어서 심지어 한 개인이 아무리 많이 배웠다 해도 이 특정 영역에서는 똑같은 수행 정도를 보일 수 있다. 예를 들어 유추와 같은 어휘 게임은 고등교육의 영향을 거의 받지 않으며, 학생들에게 유추를 해보라고 하는 교사도 거의 없기 때문에 놀라울게 못된다. 그러므로 유추를 할 수 있다는 것은 어떤 타고난 능력 요인의 표지로 간주되곤 한다. 그러나 차라리 그것은 너무나 분화되어서 보편적인 지혜가 증가하더라도 영향도 미치지 않고 변화시킬 수도 없는 성취라고 불려야 할 것이다. 그럼 우리는 왜 그와 같이 분화된 기술에 관심을 가져야만 하는가? 보아왔듯이 유사한 검사와 관련되어 있거나 그런 시험에서의 고득점을 기준으로 요구하는 사람들을 제외하면 그런 기술은 삶의 성과와는 아무런 관련이 없을 것이다.

순수한 능력 요인에 대한 연구를 포기하고, 대신 개인의 경험, 지혜, 살면서 부닥치는 여러 문제들에 대한 대처 능력이 성장함에 따른 변화를 점수로 전환시키기가 유용한 검사를 고르는 편이 현명한 것 같다. 이렇게 검사에 대한 새로운 접근의 두 번째 원리는 첫 번째 원리에 따른 필연적인 결과이다. 만약 누군가가 삶의 성과를 나타내는 행동들을 기준으로 사용한다면, 그 검사의 타당성을 검증하는 방법은 일상에서 그의 능력이 증가함에 따라 그것들을 수행하는 능력이 증가하는가를 관찰하는 것이다. 예를 들어 경찰 채용 시 사용되는 공정심 척도(혹은 인종주의의 결여) 검사보다는 훌륭한 경찰이란 모든 소수 집단에게 공정한 사람이라고 정의해서 신참들이 업무 수행을 통해 발달시킨 공정심을 반영해야 한다. 고정적으로 물려받는 태도가 있다는 개념을 차용한 심리학의 숨겨진 편견 중 하나는 어떤 특성도(가령 인종에 대한 편견 같은) 훈련에 의해 수정될 수 없다는 것이다. 일단 편견을 가지면 계속 그렇다는 것이다. 이런 특성이나 다른 어떤 특성도 바뀔 수 없다는 완벽한 증거는 없다. 따라서 새로운 검사는 측정하는 특성의 성장을 반영할 수 있도록 특별히 고안되어야 한다고 주장할 만한 가치가 있다.

3) 검사의 대상이 되는 특성을 어떻게 향상시킬 것인가가 공공연하고 분명해야 한다.

이런 원리는 현재 심리학자들이 사람들이 검사 점수를 올리는 방법을 알아 연습하거나 높은 점수로 위조하지 못하도록 답을 비밀로 유지하고자 열심히 노력하고 있는 것(APA 윤리위원회가 지지했던)과는 확실히 반대이다. 만약 검사가 당신이 독해나 철자법, 운전 시험 등에서 기준 행동을 수행하는 것이라면 높은 점수를 위조하는 것은 불가능하다. 위조는 행동 검사와 행동 기준 사이의 관계가 보다 간접적일 때 가능하다. 가령 비행 훈련의 성공을 예측하기 위해 수백 가지 항목을 확인했을 때 타당한 것은 피아노를 치는 것과 같은 능력으로 판명될 것이다. 하지만 아무도 정확하게 그 이유가 무엇인지 모른다: 아마도 그것은 기계적인 능력, 혹은 사회계층변수, 아니면 행동에 대한 양심과 연관이 있을 것이다. 전통적인 검사 도구들은 그 항목이 작용하는 한 무엇이 원인인가에 대해서 신경 쓰지 않을 수 없었다. 하지만 피아노를 쳤었다고 하는 내용이 만약 선택되는 데에 도움이 된다는 것을 안다면 비행사가 되고 싶어 하는 사람들이 쉽게 그런 보고를 할 수 있기 때문에 안전에 주의를 기울여야 했다. 만약 실제로 피아노를 치는 것이 더 나은 비행사가 되는 데에 도움이 되었다면(제 2차 세계대전에서 어떤 심리학자도 이를 검토하기 위해 고심하지는 않았다) 이 사실을 알리고 지원자들에게 연주법을 배우도록 장려해야만 말이 될 것이다. 피검사자들이 검사 받을 항목을 향상시키는 방법을 알려주는 것이 바로 제안했던 기준 표본추출법이다.

다른 예를 들어보면 유추는 학교 성적을 꽤나 잘 예상할 수 있다. 이 또한 보통 학교공부가 유추를 하는 것과는 별 관련이 없기 때문에 이유는 아무도 모른다. 따라서 심리학자들은 학생들이 유추검사의 답을 알아내 연습해서 유추를 잘 하게 되고 높은 적성이라고 "위조"할까봐 안전에 유념해야 했다. 여기서 위조의 의미는 유추를 잘 하는 것이 기준 행동(좋은 점수 받기)의 일부분이 아니라는 것인데, 거의 위조라고 간주되지도 않는다. 오히려 검사는 점수와 간접적인 연관성이 있어야 한다. 연습을 통해 잘 하는 것은 검사의 예측력을 파괴하기 때문이다: 그러므로 고득점은 "위조"이다. 유추를 할 수 없는 사람은 더 이상 좋은 성적을 받을 수도 없을 것이다. 이런 식으로 검사자는 무슨 일이 일어나는지를 몰랐고, 해당 특성들이 "작동되는" 동안 발견해내려 노력하지 않았기 때문에 그 전 과정이 우스꽝스러운 흉내 내기가 되어버렸다. 이론적으로나 실천적으로나 학생에게 어떤 기준 행동이 평가될 것인가를 명백히 알려주는 것이 얼마나 좋은가. 그러고 나서 심리학자, 교사, 학생은 그 수행검사에서 학생의 점수를 높이기 위해 공공연하게 협조할 수 있다. 어떤 학교의 수행 평가는 물론 이 모델을 따르기도 한다. 예를 들어 Iowa의 기본기술검사는 교사와 학생 모두가 학생이 어떻게 철자, 독해, 산수 시험을 보며 어떻게 그 시험을 준비해야 하고 어떻게 채점될지를 안다. 여기에서 제기되는 문제는 모든 검사가 이 모델을 따라야 하냐는 것이다. 따르지 않는다면 지원자들에게 답을 비밀로 한 채 파워 게임에 참여하거나 사실상은 존재하지 않는 상관관계 이면의 지식을 아는 체하는 셈이 된다.

4) 검사는 인생의 성과와 관련 있는 역량을 평가할 수 있어야 한다.

제안한대로 만약 우리가 일반 지능검사나 적성 검사를 폐기하고 직업분석에 근거한 표본추출법을 사용한다면, 검사들이 관련 특정 기준에 대해서만 적용될 위험소지가 있다. 예를 들어 ABLE 프로젝트(Gagné, 1965)는 조제공(직업군: 목수나 관련 직업) 도제를 끝낼 수 있는 단계 추정에 사용 가능한 50개의 개별 기술을 밝혀냈다. "각도 측정", "연장과 대패 갈기", "자와 도표를 사용해 잠금쇠의 크기와 종류 감정하기"와 같은 기술들이 포함되어 있다. 이런 접근은 지금까지 고안되었던 검사와는 전혀 다른 특성을 가지고 있다: 이 검사들은 기준 표본추출이고 기술의 향상이 검사에서 나타나며 그것들을 어떻게 통과할 수 있는가를 공공연히 알며, 교사와 학생이 검사 수행을 향상시키기 위해 협력할 수 있다. 그러나 이는 수십 가지의 다른 직업을 위해 수백, 심지어 수천 개의 특정 검사가 필요하다는 얘기가 된다. 목적을 이루기 위해서는 단순한 직업적 성과 뿐 아니라 리더십이나 대인관계 기술 같은 사회적 성과들 또한 포함해서 일반적으로 유용한 능력들을 평가하는 것이 바람직할 것이다. ABLE 프로젝트는 서비스 부서의 안내원과 관련된 수작업 기술을 규명하는 데 있어서는 훌륭했지만, 안내원이 고객에게 만족을 주는가의 단순한 지표는 들어있지 않다.

이들 역량은 독해, 작문, 계산 스킬과 관련된 다소 전통적인 인지 능력이다. 전통적으로는 개인적 변수라 불리는 다른 역량들도 포함시켜서 능력이라고 간주하는 편이 좋다. 몇 가지 예를 보자.

(a) 의사소통기술은 많은 직업과 대부분의 대인적 상황에서 사람은 말로나 표정, 몸짓으로 무엇을 의도하고 무엇을 원하는가를 정확히 의사소통 할 수 있어야 한다. 작문은 이런 기술을 시험해보는 단편적인 한 방법이다. 독자가 즉각적으로 잘 이해할 수 있도록 글을 쓸 수 있는가? 어휘 게임기술이 항상 이 능력을 예측하는 것은 아니다. 나는 Havard 대학에 지원했던 한 흑인 학생의 경우를 잊을 수가 없다. 그는 Miller의 유추검사에서 5번째 등급에 드는 성적을 받았지만, 대학신문 기자들이 하듯이 그는 글에서 자신의 생각을 효과적이고도 분명하게 쓸 수 있었다. 나는 그가 유추검사 결과에도 불구하고 나의 동료들이 그의 입학을 허락할 것인가에 대해 확신할 수가 없었다. 만약 그가 합격한다면 심리학자로서 추후에 글을 쓰겠지만 내 동료들이 종종 이렇게 말하는 것이 내게는 놀랍다: “그가 얼마나 글을 잘 쓰는가는 상관없어. 그냥 시험 점수를 보라구.” 검사자들이 이에 몸서리치며 공공 성명서를 작성할 지도 모른다. 그러나 실제로 이런 시험점수에 대한 맹신의 확산을 저지하기 위해 그들은 무엇을 했나?

1968년 에티오피아에서 미국의 평화봉사단이 가르친 고등학생들이 얼마나 영어를 많이 배웠는가를 평가해야 했던 적이 있다. 어디에서 나와

마찬가지로 이것을 알아내기 위해 학생들에게 “빈 칸 채우기”와 학생들이 단어의 뜻과 정확한 문법을 아는가를 보기 위해 중복응답 객관식 문항을 제시했다. 우리는 그 시험이 기준 행동으로 가장 중요한 것은 영어로 의사소통 할 수 있는 능력이라는 점을 놓치고 있다고 생각했다. 그래서 학생들에게 간단한 이야기를 작성하게 하고 객관적으로 코딩 했는데, 문법이나 철자 수정을 위해서가 아니라 할당된 시간에 정확하게 표현할 수 있는가에 대해서였다. 이것으로 에티오피아 성인들의 직업적 성공, 우수한 학업 성적과 관련 있다는 영어 실력의 유창한 정도를 측정할 수 있었다.

중요한 의사소통기술은 비언어적인 것들이다. 인디언 속담에 “백인은 갈라진 혀로 말한다”라는 것이 있는데, 그것은 백인이 말의 행동이나 비언어적 표현과 일치하지 않은 데서 나온 것이 분명하다. 일상에서 무슨 일이 일어나는가를 알고 정확한 감정의 음조를 설정하는 능력은 생애 성과를 측정하는 기준으로 중요하다. 예를 들자면 Newmeyer(1970)는 어떤 감정을 연출해서 상대방이 정확하게 받아들이는 것과 다양한 사람들로부터 정확하게 감정을 수용하는 것을 성공으로 측정하는 방법을 발견해 냈다. 그는 대부분의 필기시험보다 기준 행동으로 훨씬 더 중요한 유형인 특정 의사소통기술이 백인 소년들보다는 특정 연령대의 흑인 소년들이 우수하다는 사실을 알아냈다.

(b) 인내심은 혹은 심리학자들이 이름 붙이기로는 반응 지연이 삶의 성공에서 중요하게 보이는 인간 특성이다. 예를 들어 고객의 요구가 짜증나게 할 수도 있는 서비스 직종에서는 이 특성이 바람직하다. 특히 자신의 비위에 거슬리는 사람에게 큰 해를 입힐 수도 있는 경찰들은 더더욱 그러하다. Kagan, Pearson과 Welch(1966)는 시간이 지남에 따라 비교적 안정될 수 있고 직접 가르칠 수도 있는 이런 특성은 쉽게 측정될 수 있음을

보여주었다.

(c) 알맞은 목표 설정은 다른 글에서 충분히 설명했던 대로(McClelland, 1961) 성취 지향적 게임에 있어 중요하다. 대부분 목표를 너무 높게, 혹은 너무 낮게 설정하는 것은 실패로 이어지기 십상이다. 여러 수행 상황은 적절하고 성취 가능한 목표를 설정하는 경향을 측정하고 사람들이 미래에 보다 현실적인 목표를 수립할 수 있게끔 고안되어 있다(Alschuler, Tabor, & McIntyre, 1970; McClelland & Winter, 1969).

(d) 자아 발달. 많은 학자들(Erikson, 1950; Loevinger, 1970: White, 1959)은 어떤 사람들의 경우 나이를 먹을수록 더 높은 수준으로 발달하는 어떤 일반적인 역량이 있다고 추론해왔다. Costa(1971a)는 여기 제시된 방향으로의 새로운 측정에서 많이 발견되는 자아 발달이라는 측면을 부호화하는 TAT(주제통각검사)를 개발했다. 예를 들어 1단계의 기준 행동으로 제시된 것은 소극적 순응 단계의 사고를 하는 반면에 4단계에서는 다른 이들을 대신하여 자발적으로 대표하는 것이다(보다 발전된 역량이다). 이런 측정법의 점수는 어떤 중·고등학생들이 교사에 의해 보다 유능하게(지능과 학교 성적의 상관관계를 제거했을 때조차) 평가 받는가를 잘 예측하고, 나아가 중·고등학교에서의 특정한 교육이 학생들의 자아 발달 단계를 유의미하게 높인다. 즉, 창의력을 발전시키도록 고안된 훈련은 이 점수에 민감하게 반영되었다. 학생과 교사들은 학생들이 여러 삶의 국면에서 유능한 행동을 취하도록 준비시켜야 한다는 생각을 하면서 서로 협력하게 된다.

5) 검사는 응답자의 행동뿐만 아니라 작용하는 상황도 연관지을 수 있어야 한다.

현존하는 모든 검사의 가장 큰 단점 중 하나는 미리 상황을 설정하고 응시자로부터 특정한 응답을 요구한다는 것이다. 검사들은 특정한 응답이나 선택을 하는 능력을 평가하도록 목적을 두고 있다. 하지만 검사 밖의 생활은 "어느 개가 가장 물 것 같은가?" 내지는 "다음의 수열을 완성해라: 1 3 6 10 15 __", "사전과 의미가 가장 유사한 단어를 표시해라"처럼 명백히 한정된 대안들을 제시하는 법이 거의 없다. 인간은 명확하게 한정된 자극 없이 자연스럽게 반응 한다는 생각이 아니라 자극 상황이 특정 종류의 반응을 불러일으키도록 고안되었다는 생각으로 응답자의 추후 행동을 참조한다면 삶은 조작적 반응이라고 이해하기 쉽다. 이러한 사실은 현재 대부분의 검사들이 인생의 성과 행동을 예측하지 못하는 이유를 설명해줄 수 있을 것이다. 응답자들은 대개 작용하는 상황을 예상하지 않는다. 있는 그대로의 예를 들어보면, 심리학자가 맥주를 마실 수 있는 능력의 개인차를 조사하려는데, 만약 시간에 따른 맥주 실소비량을 예상하는 척도로 측정했다면 거의 그 관계를 밝히기 힘들 것이다. 얼마나 많은 맥주를 마실 수 있는가는 그가 얼마나 많이 마시는가와 밀접한 관계가 없다.

검사자들은 대개 채점하는 데에 드는 시간을 절약하고 검사·재검사 신뢰도를 높이기 위해 응답자의 행동을 사용해왔다. 즉, 어떤 행동이든 자유롭게 하도록 비구조화된 상황에서의 응답자보다 구조화가 많이 된 상황에서의 응답자는 같은 대답을 하기 쉽다. 그러나 이들 목표를 맹목적으로 추구하는 것은 검사 타당도를 저해했는데, 삶은 단순하게 구조화되어 있지도 않고 미리 제한된 보기 중에서 고르도록 허락하지도 않기 때문이다. n 성취도는 구체적인 지시가 거의 없는 상태에서 피험자들이 반응을 토로한다(이야기 말하기)는 전제에서 측정되는데, 3개의 다른 표본들에서 누가 12~14년 후 경영자가 될 것인가를 예측했다(McClelland, 1965). 이 실험은 항상 무의식적으로 잘 해야 한다고 생각하는 경향이 시간이 지날수록 개인을 경영으로 이끄는 무의식적인 일련의 행동을 예측할 수 있는 가를 보는 것이었다. n 성취도 점수는 성적이나 학문적인 시험점수와도, 기업에 취업하는 것과도 관련이 없었다(McClelland, 1961).

꽤 구조화된 상황에서는 평상시보다 더 조작적인 행동이 나오기 쉽다. 어떤 경우에는 주제통각검사(TAT)를 이야기하기 척도의 대체물로 유용하기 때문에 얼마 전 우리는 n 성취검사점수가 높은 사람이 그런 검사도 잘하는가에 대해 수행한 연구들을 찾아보려 했다. 이론적으로 그런 검사는 개인이 가장 효율적인 해결책을 찾아내기 위해 많은 대안들을 창안해낼 수 있도록 조작적인 행동을 허용해야 한다. 하지만 놀랍게도 우리는 그런 검사를 찾을 수가 없었다. 개인이 제안하는(예를 들어 종이 클립의 고유한 사용법들) 조작법의 가지 수를 세는 사고발산검사는 있었지만, 최상의 대안책을 찾아내도록 요구하는 검사는 아니었다. 대부분의 다른 검사들은 검사제작자가 항목을 써서 만든 보기 중 하나의 정답을 찾아내도록 단순한 요구를 하고 있었다. 필요한 것은 정답이 여러 개 있고 그 중에서 그 사람이 적용해야 하는 효능 기준 측면에서 더 나은 하나가 있는 검사 문항이다. 이것이 우리의 삶과 보다 유사하고 n 성취점수가 높은 사람들의 행동적 특성 유형과도 분명히 더 유사하다. 따라서 우리는 비행스케줄검사(Bergthold, 1969)를 발명했는데, 그 검사에서는 승객을 A도시에서 B도시로 이동시키면서 동시에 시간, 에너지, 돈, 불편함을 최소화하는 수많은 문제들과 직면하게 된다. 제공된 스케줄에서 문제를 해결할 수 있는 여러 대안적 항로와 경유지가 생길 수 있지만(만약 검사 고안자가 이것들을 생각해내는 데에 충분한 노력을 기울인다면), 가장 효율적인 방법은 분명 하나이다. 그 검사는 n 성취도 점수와 낮은 수준의 상관관계를 가질 가능성이 있다. 하지만 중요한 것은 대안을 창출해내는 능동적인 행동이 보다 실생활과 유사하고 표준적인 응답검사처럼 구조화 정도가 높지 않아 실제 다양한 상황들에 대한 예측력이 더 높아야 한다는 것이다.

6) 검사는 다양한 행동 양식에 대해 일반화 가능성을 높이기 위해 작용하는 사고 패턴을 추출해내야 한다.

이미 언급한 대로 직업검사에서 행동의 목적을 제한하는 방식으로는 보편적인 예측력이 거의 없는 세부적인 기술들의 장황한 목록과 굉장히 한정적인 결과를 야기할 수 있다. 이런 문제를 극복하는 하나의 방법은 사고의 코드를 정의하는 데 집중하는 것인데, 이는 대부분 정의에 의해 다양한 행동 가능성에 대한 적용가능 범위가 넓어지기 때문이다. 즉, 한 단어가 나타낼 수 있는 것 이상의 다른 행동들을 상징할 수 없는 주어진 행동 자체보다는 더 높은 수준의 추상적 행동으로 나타낸다. 그리고 경험적으로 이것이 효과가 있었다. n 성취점수(작용하는 사고를 측정하는)는 목표설정과 영향을 미치는 직업 방식, 시간대 선호(McClelland, 1961)와 관련 있는 행동들이 많은데, 이들 각각의 행동은 서로를 예측하는 데 있어 "갑옷 속 홑옷"만큼이나 미약하다. 보다 최근의 예는 자동사고측정에 의한 것으로 강력한 동기와 다음의 네 가지 행동 특성과는 정(+)적 상관관계가 매우 낮다는 것이다: 음주, 도박, 일류명품 사모으기, 공격적 충동성이 많다는 행동들은 영향을 받지 않는다(McClelland, Davis, Kalan, & Wanner, 1972). 이들 행동 특성들은 서로 전혀 상관이 없어서 요인 분석에서 동일한 차원으로 나타날 것 같지 않다. 그러나 특별히 흥미로운 점은 강한 동기 점수가 이들 각각이나 표준점수의 합계와의 상관관계보다 이들 보기 중 어느 하나의 최대치와의 상관관계가 훨씬 더 높기 때문에 강한 욕망을 위한 대안적 배출구가 된다는 점이다. 사고 특성은 행동(도박이나 음주 등의)으로 큰 문제를 일으키는 대체 양식에 대해 검사가 예측력을 가지도록 하는 고차원적인 추상성이다. 전통적인 특성 분석에서 다양한 요인으로 도출되었던 행동들 이면에 무슨 사고가 내재되어 있는가를 알아내려 애쓰기보다는 사고 패턴에 초점을 둔다면 미래의 검사는 일생 동안의 특성들을 일반화하는 역량을 훨씬 더 많이 알아낼 수 있을 것이다.

그러나 나는 이런 접근 방식을 20년 이상 주장해왔지만 내가 아는 한 검사 동향은 나의 주장의 영향을 거의 받지 않았다. 왜 그런가? 이유들은 많다: 사람들은 n 성취도 점수가 학교 성적을 예견하지 못하므로 타당하지 않다고 계속 주장한다(그것은 학교 성적이 아니라 인생의 성과들을 예측하도록 면밀히 고안되었기 때문에 이는 반어적이다). 또는 그것이 모든 종류의 성취를 예견할 수는 없다(Klinger, 1966)고 주장하기도 한다. 물론 이론적 근거에 의거하면 그렇게 추정되지 않는다. 하지만 실질적인 문제는 작용사고측정의 신뢰도가 낮다는 것이다. 전부는 아니라 해도 많은 측정법들이 믿을만하지 않다. Costa(1971)의 자아발달점수는 223명을 대상으로 1년 이상 .66의 검사·재검사 안정계수를 가진다. 검사의 목표가 n 성취점수가 높은 사람들을 골라내고자 하는 것이라면 신뢰도 결여는 치명적인 약점이다. 떨어진 지원자들은 자신들이 부당하게 배제되었다고, 혹은 다음 번에는 높은 점수를 받을 수 있을 것이라고 주장할 수 있으며 심리학자들로서는 신통한 방어책이 없다. 그저 자녀가 n 성취도 점수가 너무 낮아 선호하는 대학에 떨어진 자녀를 둔 성난 부모들에게 둘러싸인 심리학자들이 스스로를 방어하고자 애쓰는 모습을 상상할 수 있을 뿐이다.

그러나 새로운 검사 동향은 선발을 목적으로 고정적인 특성을 밝혀내는 것만큼이나 교육적인 향상 정도를 평가하는 데에 역점을 두어야 한다. 작용사고측정법은 교육적 진보를 평가하기 위한 목적에서라면 충분히 신뢰할 만하다. 교육자는 어떤 학급이나 혁신적인 교수법이 Costa 척도로 평가되는 사고의 자아 발달을 평균적으로 향상시켰는지 그 여부를 알아볼 때 작용사고측정법을 사용할 수 있다. 교사는 특별한 개입을 위해 아동을 선발하고자 그 방법을 사용하기로 계획하지 않았기 때문에 누구의 점수가 높은가는 신경 쓰지 않는다. 따라서 이 경우 신뢰도 결여는 문제가 되지 않는다. 교사는 관리자 입장에서 검사 정보를 학교의 목표를 어떤 교육적 접근에 의해 진행할지를 결정하는 데 이용할 수도 있다. 어떤 의미에서는 사고 측정의 낮은 신뢰도가 교육자들로 하여금 선발에 대해서만 생각하는 것을 멈추고 교육적 진보에 대해 더 많이 생각하도록 장려한다는 측면에서는 장점이 될 수도 있다.

이 말은 항상 검사 신뢰도가 중요하지 않다는 뜻일까? 전혀 그렇지 않다. 때로는 보강해야 할 결함을 신빙성 있게 진단하는 것이 중요하다. 검사가 특정 직업을 가장 잘 할 것 같은 사람을 골라 내는 데에 사용되어야 할 때도 있을 것이다. 따라서 신뢰도의 문제를 해결해야 한다. 이렇게 n 성취도 점수가 높은 사람이 낮은 사람보다는 판매를 잘 하지만 사고 표본의 내용 코딩에서 나온 n 성취도 측정법은 신뢰도가 낮기 때문에 선별 목적으로는 적절하지 않다. 이 경우 신뢰로운 수행 측정의 타당화가 가능하다는 사실에 대한 기준으로서 사고 코드가 사용될 수 있다. 예를 들어 항공스케줄검사가 믿을 만하고, 만약 이 검사가 사고 측정에 기반한 n 성취도 검사 점수와 일관된 상관관계가 있음이 판명된다면 선발 시 n 성취도 검사를 대체해서 사용될 수 있다. 사실 사고 코드는 다양한 인생의 성과에 있어 중요한 다양한 역량 영역의 지표를 얻기 위해 보다 신뢰롭게 측정될 수 있는 행동 유형의 목록을 발견하기 위한 대책이라고 간주될 수 있다. 예를 들어 만약 높은 사회화 권력 점수(s Power)가 성공적인 경찰의 특징이라고(예상되는 대로) 밝혀진다면 행동은 사회화 권력과 상관관계를 갖게 된다. 그러면 사회 집단을 이끌거나 영향을 미치는 능력과 같은 사회화 권력이 좋은 경찰관으로서의 잠재력을 가진 사람을 선발하는 데에 사용될 수 있을 것이다. 사회화 권력 점수 그 자체로는 신뢰롭지 않고 또 만약 점수 체계에 대해 안다면 "위조할 수도 있어서" 그렇게(선발하는 데에) 사용될 수 없지만, 그 점수는 경험적으로나 이론적으로 연계망이 넓어서 선발 목적에 유용한 행동 특징들을 발견할 수 있기 때문에 더 신뢰로운 측정을 위한 타당화 기준으로서 필요하다.

새로운 검사 동향으로 열거된 6가지 원리가 직업 검사에는 영향을 미치고 있는 반면, 학교에서는 여전히 기존의 검사가 큰 영향을 미치고 있고 현재도 성적이 좋은 사람이 더 유능한 사람이고 실질적인 능력 요인이 있기 때문에 인생에서도 성공할 확률이 높다고 사람들이 믿게끔 오도함으로써 교육계에 큰 해를 입히고 있다. 구체적으로, Education Testing Service 같은 기관들이 이들 6가지 원리를 고려한다면 달라질까? 우선 지능이라는 어휘를 버리고 어느 정도 내용이 뚜렷한 학문적 성취도 검사에 대해 이야기해야 할 것이다. 내용이 불명확한 성취도(이전에 "적성"이라고 불렸던)는 시험 보는 기술과 상징 조작 역량을 예측할 뿐인데, 이들 역량이 어떤 인생 성과(합격하도록 대리 시험을 쳐주거나 점원으로서 유능해지는 것)에 있어서는 중요한 기준이 되기도 한다(Ghiselli, 1966). 그러나 당장에 쓸모 있다는 증거에 근거해 그런 능력을 보편 지능이라고 명명하는 것은 실천적으로나, 이론적으로나 심각한 오류이다.

일단 타고난 지능에 관한 철학이 폐기되자 그러한 검사의 역할이 여러 분야에서의 학문적, 비학문적 성과들에 관한 프로파일을 학교에 보고하는 것임이 명백해졌다. 그리고 학생을 선발할 때 성취도가 낮은 분야의 성장을 도모하는 교육적 프로그램을 가지고 있는지의 여부를 결정하는 것은 대학이다. 만약 이미 수학을 잘 하는 학생이라면 대학이 수학 실력의 향상을 크게 도울 수는 없고 대신 애초에 완성도가 낮았던 것으로 보이는, 교육할 수 있는 다른 분야가 무엇인가를 자문해야 한다. 프로파일에는 특히 사고 표본에 근거해 자아 발달이나 도덕성 발달 같은 일반적인 특성들에 관한 자료도 포함되어야 하는데(Kohlberg & Turiel, 1971), 그 이유는 상위 교육 기관에서도 어쨌든 보편적인 역량이 발달되어야 하기 때문이다.

성취에 관한 프로파일은 성장이 바람직한 방향으로 실제 진행되고 있는지에 관해 교사, 행정가, 학생들이 피드백을 줄 수 있도록 처음 뿐만 아니라 교육 기간 내내 여러 번 작성되어야 한다. 그러면 검사 결과는 학생과 교사가 상호 합의한 목표를 이루기 위해 배우고 가르치는 과정을 재조정할 수 있도록 도울 수 있게 된다. 그 때 비로소 교육적 검사가 판정하는 도구가 아니라 뜻하는 대로 순수한 서비스가 될 수 있을 것이다.

2. 「"지능" 보다는 역량을 위한 검사의 재검토」 재구성

David C. McClelland의 1973년도 논문이 전문가와 일반 대중 모두에게 미친 영향은 크다. 그 논문에서 그는 다섯 가지의 주제를 제시했다.

(a) 학업성적이 직업적 성공을 예측하지는 않았다.

(b) 지능검사와 적성검사는 직업적 성공이나 다른 인생의 중요한 성과를 예측하지 않았다.

(c) 검사와 학업성취도만 사회적 지위와의 잠재적 관계 때문에 직업성취도를 예측했다.

(d) 그러한 검사는 소수집단에게 불공평했다.

(e) 전통적인 검사들보다 "역량"이 중요한 행동들을 잘 예견해낸다.

이러한 주장의 확산력에도 불구하고, 그 논문을 고찰한 이 비평은 이들 주장에 대해 제한적으로만 지지하고 있다.

American Psychologist에 1973년에 수록된 David C. McClelland의 대표적인 논문은 심리학계와 여론 양쪽에 매우 큰 영향을 미쳤다. 이 논문은 "지능검사와 적성검사의 타당성을 지지하는 주요 논지에 대해 회의적으로 검토하고, 미래의 검사에 반영되도록 새로운 추론을 도출해 내기 위해" 고안되었다. 그가 뒷받침하고 계속 발전시켰던(예. Klemp & McClelland, 1986) 주요 주제는 심리학 교재 뿐 아니라 신문, 잡지, 대중 서적으로도 널리 출판되어왔다. 그러나 이제는 이들 글이 담고 있는 생각이 너무나 널리 확산되어서 상식이라고 제시되기도 한다(예. Feldman, 1990).

McClelland(1973)를 인용한 글들과 시간이 지날수록 McClelland의 논문의 영향력이 증대되었음을 보여준다. McClelland의 논문이 출판되자마자 그의 주장이 심리학입문교재에 실렸다. 1980년대 후반에는 신문이나 잡지 기자들도 지능검사에 대한 권위 있는 학설로 McClelland를 일반적으로 인용하면서, 이 주장들이 대중들에게 일반적으로 받아들여지게 되었다.

지능검사가 역량에 기초한 검사로 대체되어야 한다는 것이 McClelland(1973)의 신념이었다. 지능검사를 반대하는 그의 논점은 지능검사와 적성검사가 인생의 중요한 성과들과 관계가 없어 보인다는 것인데, 그것은 심리학자들이 이 관계를 검사할 수도 없고 내켜 하지도 않았기 때문이다. McClelland는 지능검사가 삶의 결과물이 아니라 검사들 간에, 그리고 학교 성적과 상관관계를 가지고 있다고 주장했다.

McClelland(1973)는 지적능력점수와 학업성취가 사회 지위에 따른 결과라고 언급하면서 이를 게임의 일종이라고 불렀다. 그는 검사가 직업 수행이나 기준 수행에 관련된 다른 기준과 유사해야 한다고 단언했다. 그는 또한 지능검사와 적성검사가 소수집단에게 불리하다고 주장했다. 그는 지능검사와 적성검사가 폐기되어야 한다고 주장하면서 전문가들이 그가 역량검사라고 명명한 것과 기준 표본추출에 초점을 맞추어야 한다고 했다.

McClelland(1973) 논문의 요점은 다음의 다섯 가지 주제로 요약될 수 있다.

(a) 학업성적이 직업적 성공을 예측하지는 않았다.

(b) 지능검사와 적성검사는 직업적 성공이나 다른 인생의 중요한 성과를 예측하지 않았다.

(c) 검사와 학업성취도만 사회적 지위와의 잠재적 관계 때문에 직업성취도를 예측했다.

(d) 그러한 검사는 소수집단에게 불공평했다.

(e) 전통적인 검사들보다 "역량"이 중요한 행동들을 잘 예견해낸다.

이 논문에서는 관련 문헌을 포괄적으로 검토하여 위의 주제들을 검증하게 된다. McClelland(1973)의 논문에는 여러 다른 하위 주제들도 있지만, 여기에서는 주요 논쟁점이라고 생각되는 위의 주제들만을 다루고자 한다. 그렇다고 해서 여기에서 다루지 않은 McClelland의 관점들에 동의한다는 뜻은 아니다.

• 성적이 직업적 성공을 예측하는가?

McClelland(1973)는 "적성검사를 보는 데 필요한 기술은 교실에서 교사들이 요구하는 기술과 유사하다"고 주장했다. 그 증거로 McClelland는 자신의 논지와 일치하지 않는 예는 무시하고서 지지 논거로 4가지 예를 제시했다. 그는 또한 Wesleyan 대학에서의 개인적 경험을 얘기하는데,

"A"라는 학생이 훗날 직업적 성공의 측면에서는 가까스로 통과한 학생들과 구별되지 않았다면서 논거로 삼았다. 이런 결론은 Nicholson(1915)이 같은 대학에서 유사하지만 보다 과학적으로 실시했던 비교 연구와는 상당히 다른 것이다. Nicholson은 학문적으로 뛰어났던 학생이 훗날 탁월한 업적을 남길 확률이 훨씬 높다는 사실을 발견했다. Nicholson의 연구 결과는 [표1]에 요약되어 있다.

[표1] Wesleyan 졸업생들의 성공

등급/학문적 기준		훗날 업적을 남긴 사람(%)
1831~1959	수석과 차석	49
	파이베타카파(우수한 층)	31
	별 특징 없음	6
1860~1889	최고우등 졸업	47
	파이베타카파(우수한 층)	31
	별 특징 없음	10
1890~1899	최고우등 졸업	60
	파이베타카파(우수한 층)	30
	별 특징 없음	11

성적이 예측요인으로 사용될 경우 약간의 한계는 있다. 성적은 대학들마다 다양하고(Barret & Alexander, 1989; Humphreys, 1988; Nelson, 1975), 학과 간에도 아주 다양하다(Barret & Alexander, 1989; Elliot & Strenta, 1988; Schoenfeldt & Brush, 1975). 학생들이 보통 다른 수업을 수강하기 때문에 수업이 공통적으로 주어지지 않는 한 성적의 신뢰도는 비교적 낮을 수 밖에 없다(Butler & McCauley, 1987). 이러한 단점에도 불구하고 몇몇 메타분석은 성적이 직업 성공과 약한 상관관계가 있음을 보여주었다(Cohen, 1984; Dye & Reck, 1988, 1989; O'Leary, 1980;

Samson, Graue. Weinstein, & Walberg, 1984). 이들 연구에 사용된 자료들이 중복되어 있고 결과들(r=.15~.29) 간에 차이가 있음에도 불구하고, 모두가 비슷한 결론에 도달했다. 봉급, 승진률, 상사의 평가와 같이 다양한 방법으로 직업 성공을 측정했을 때 성적 평점과 정(+)의 상관관계가 있다는 점이다.

이런 메타분석의 결과는 학업성적과 직업 성공 사이의 상관관계를 보여주는 다양한 개별 연구들을 반영하고 있다. 이 관계는 학업 성적과 지능, 동기(Howard, 1986), 일에 대한 태도(Palmer, 1964) 사이의 내재되어 있는 연관성에서 비롯되는 것이다. Hunter(1983, 1986)는 더 우수한 능력이 업무관련 지식을 증가시키고, 이는 곧 더 훌륭한 직업 수행으로 연결된다는 사실을 경로분석으로 입증함으로써 위의 가능성을 뒷받침 했다. 이러한 연관성은 미국과 스웨덴 같은 다른 나라들의 의과대학원생, MBA 대학원 과정, 공학이나 교양예술 전공자, 기술학교 졸업생, 고등학교 졸업생을 아우르는 모든 교육 수준에서도 마찬가지로 적용된다(Husen, 1969). 성적과 직업 성공 사이의 상관관계는 범위가(.14~.59)에 이른다. 그러나 어떤 연구는 이 연관성이 과소 추정된 것이라고 지적하는데, 그 이유는 독립변수인 성적의 범주가 제한되어 있기 때문이다(Dye & Reck, 1989; Elliott & Strenta, 1988). 이런 한계를 고려하더라도 메타분석과 여러 개별 연구들은 성적이 직업 성공의 예측변수라는 사실을 보여준다.

- **지능검사와 적성검사는 직업적 성공이나 다른 인생의 성과들과 관련이 있는가?**

Thorndike와 Hagen(1959)의 연구는 적성검사가 직업적 성공을 예견할 수 없다는 McClelland(1973)의 주요 논거였다. Thorndike와 Hagen의 연구는 10,000명 이상의 직업적 성공을 다양하게 측정하여 적성검사와의 상관관계를 12,000개 이상 도출하였다. 그들은 유효한 상관관계의 수가 우연하게 일어날 기대치 이상이 되지 않는다고 했다. 이 결과로부터 McClelland는 "다른 말로 하자면 검사는 유효하지 않다"라는 결론을 내렸다.

Thorndike와 Hagen(1959)이 수행한 연구는 적성검사가 직업 성공을 예측할 수 없다는 증거로서 종종 인용되곤 한다(Haney, 1982; Nairn, 1980). 그러나 McClelland(1973)는 굉장히 중요한 몇 가지는 언급하지 않았다.

그가 간과한 가장 기본적인 문제는 적성검사가 사실은 비행사와 항해사 직종의 성공을 예견하기 위해 고안되었다는 것이다. 그 종합검사는 계기판과 표 독해, 확인 속도, 양손 조종, 복합 조종, 회전 속행, 손가락의 민첩함, 조준 변형력, 반응 시간 식별, 독해력, 수학, 계산능력, 기계조작원리로 구성되어 있다(Dubois, 1947). 이 모든 검사는 특별히 항공 전자공학 분야에서의 성공을 예측하기 위해 고안되었고, 이들 검사 항목은 현장과 직접적인 연관이 있었다. 가령 기계조작원리시험에서는 바람을 보고 진행 방향을 맞추도록 하기도 했다.

그 종합시험의 타당성은 선별되지 않은 집단이 타당화 과정의 일부로 제2차 세계대전에 투입되면서 증명되었다. 종합시험에 낙방한 이들 중 8.6%(520명 중 45명)만이 훈련을 이수했고 최하위 등급(150명의 피험자)은 아무도 졸업하지 못했다. 반대로 상위계층의 경우에는 85%가 졸업했다(Dubois, 1947).

McClelland(1973)는 적성검사에 문화적 편견이 있다고 우려했다. Thorndike와 Hagen(1959)이 연구한 항공전자공학시험은 제2차 세계대전 동안 비행사로서의 성공을 가늠하는 데에 사용되었고 서양의 첨병사관

생도, 중국인, 여성, 흑인도 피험자로 포함되었다. 종합검사는 이들 모든 그룹에 유효한 것으로 판명되었다. 이것은 일반적으로 적성검사가 모든 집단에 유효하다는 추후의 연구결과와도 일치한다(Boehm, 1972; Hunter, Schmidt, & Hunter, 1979; Hunter, Schmidt, & rauschenberger, 1984).

Thorndike와 Hagen(1959)은 1943년에 비행사와 항해사 종합검사를 치렀던 이들을 표본으로 조사했다. 검사 당시 나이가 18~26세였던 응답자들은 1955년에 월 소득을 포함해 7개 영역에 대한 자기보고식 설문을 작성하였다. 그 자기보고에 의한 월 소득과 항공 전자공학검사 결과를 가지고 타당도 계수를 계산해냈다.

이 타당화 과정에는 명백한 결함이 있다. 피험자 연령차가 8살이라는 점은 응답자의 직업 경험에 큰 영향을 미쳤다. 자신의 직업에서 탄탄한 기반을 구축한 응답자가 있는 반면, 이제야 막 사회생활을 시작하는 응답자도 있었다. 직업 경험의 차이는 같은 직종 내에서도 월급의 격차를 가져왔고 이는 표준계수 측정에 악영향을 미쳤다.

응답자들은 직업도 다양하고 지리적으로도 미국 전역에 걸쳐 흩어져 있었다. 항공 전자공학 검사가 영어교수나 의사로서의 성공을 예견하기에 적합했고 또 월급에 관한 정보가 수집될 당시 그들이 동갑이었음에도 불구하고, 평균 소득액의 격차는 가능한 모든 연관성을 모호하게 만들었다.

McClelland(1973)는 항공 전자공학 검사가 직업적 성공을 예측하는 데에 무용하다고 주장한 반면, 어떤 연구자들은 같은 자료를 가지고 Thorndike와 Hagen(1959)처럼 그 절차를 정교히 하고 1969년에 추가적인 기준을 얻기도 했다(Beaton, 1975; Hause, 1972, 1975; Taubman & Wales, 1973, 1974). 이 연구자들은 요인분석으로 추출한 수리적성요인이 추후 소득과 정(+)의 상관관계가 있다고 단언했다. 이 연구들은 전 비행사와 항해사가 각자의 직업에서 원숙해지듯이 이 연관성도 시간이 흐름에 따라 강해진다는 사실도 보여주었다. 자료를 직업별로 분류했을 때 계산 능력이 상위 10%인 이들은 하위 40%보다 30%가량을 더 벌어들이고 있었다. 능력이 계속 지속된다면 교육은 소득과의 관계에서 유의미한 요소가 아니다(Taubman & Wales, 1974).

Taubman과 Wales(1974)는 각 교육 단계(고등학교에서 전문적 교육에 이르기까지)에서 상위 계층이던 사람들이 최하위층보다 훨씬 더 많은 월급을 받는다는 사실을 발견했다. 석사학위를 가진 이들 중 하위 20%의 평균연봉은 $14,000인데 반해 상위 20%는 평균 $22,200를 받았다.

스웨덴에서 26년에 걸쳐 추적조사가 진행되어 비교 가능한 결과들을 얻을 수 있었다(Husenm 1969). 10살에 가장 지능이 높은 집단에 속했던 사람들이 가장 낮았던 이들보다 두 배의 소득을 올리고 있어, 소득의 격차는 실질적이고도 유의미했다. 여기에 제시된 증거들로 지능검사와 적성검사는 직업 성공과 정(+)의 상관관계를 가진다는 필연적인 결론에 이르게 된다.

– 최신의 증거들

많은 연구자들이 메타분석 기법을 사용해 인지능력과 직업 수행 사이의 관계를 검사했다. 일반적성종합시험(GATB)에 대한 약 750개의 연구 자료들은 검사가 여러 다양한 직업군의 직업 수행을 타당하게 예견한다는 사실을 보여주었다(Hartigan & Wigdor, 1989). Hunter와 Hunter(1984)는 메타분석으로 직업 진입 단계에서 인지능력이 직업 수행을 평균(.53)의 타당도로 예측한다는 것을 입증하였다. 이 연구는 또한 지능과 직업숙련도 간 상관관계의 타당도가 평균(.45)임을 밝혔다. 직업숙련도를 다양한 방법으로 측정한 여러 연구들은 인지능력과도 유사한 상관관계가 있음을 발견해냈다(Distefano & Pryer, 1985; Hunter, 1983, 1986; Pearlman, Schmidt, & Hunter, 1980; Schmidt, Hunter & Caplan, 1981).

McClelland(1973)는 상급자의 평가에 편견이 있음을 암시했다. 그러나 조사결과는 평가자나 평가를 받는 사람이나 평가 시 성별이나 인종에 영향을 받고 있지 않았다(Pilakos, White, Oppler, & Borman, 1989). 심지어 더 객관적인 표준 측정법을 실시하면 적성검사 점수의 타당도 계수는 더 높아졌다. Nathan과 Alexander(1988)의 메타분석 결과 평가의 기준, 서열, 작업 표본, 그리고 산출의 질 모두가 높은 검사 타당도를 얻었다. 산출량과 작업표본기준에서 실질 타당도 계수를 도출함으로써, 타당도가 편견을 가진 상관의 평가에 의한 것이라는 McClelland의 주장을 부인하였다. 사실 Smith와 Reilly(1987)는 평가자의 지능이 직업수행평가의 정확성과 관련이 있다는 사실을 밝혀내기도 했다.

경로분석을 사용해서 Schmidt와 Hunter, Outerbridge(1986)는 인지능력이 업무관련 지식(.46), 작업 표본(.38), 상급자의 평가(.16)와 상관관계를 갖는다는 것을 발견했다. 그들은 인지 능력이 업무 관련 지식의 증가와 Gottfredson(1986)이 주장했던 직급과도 연결된다는 결론을 내렸다.

– 실생활의 과업들

지능이 고용 상황에 적용될 수 없다는 그의 주장을 뒷받침하기 위해 McClelland(1973)는 적성검사와 지능검사에서 측정된 지능이 실제로는 일상생활에서 쓸모가 없다고 말했다. Schaie(1978)는 외적 타당도를 확보하기 위해 언급되어야 하는 논점을 묘사하면서 그의 이론을 검증했다. 그는 기준이 실제 현실 세계의 과업을 포함해야 한다고 제시했다. Willis와 Schaie(1986)는 노인층을 대상으로 이 진술을 검토했다. 약병 라벨을 이해하는 능력이나 특정 직업의 정보를 온라인으로 제공받는 능력 같은 것으로 기준 과업과 피험자 모두 전형적인 학문적 과업과는 대체로 달랐다. McClelland의 관점에 따르면, 유동적이고 구체적인 지능과 같은 정신적 능력과 Willis와 Schaie가 사용했던 일상생활의 8가지 범주 수행 사이에는 연관성이 존재해서는 안 된다.

연구 결과들은 이 생각을 논박했다. 지능과 일상생활과업수행 사이에는 굉장히 높은 상관관계가 존재했다. 지능이 과업 수행 변량의 80%를 설명했다(Willis &Schaie, 1986). 두 번째 연구에서 그들은 일상과업을 수행하는 데 있어 자각수행정도와 감식자의 평가 모두가 지능과 관련이 있다는 사실을 발견했다. 이러한 결과는 노인을 표본으로 하는 여러 연구에서 재현되었다(Schaie, 1987).

수행과 지능검사 및 적성검사 사이의 상관관계는 보다 비구조적이고 모호한 상황들, 예를 들어 사업경영(Bray & Grant, 1966; Campbell, Dunnette, Lawler, & Weick, 1970; Siegel, & Chiselli, 1971), 집단활동(Mann, 1959), 과학 분야에서의 성공(Price, 1963)에서도 입증되었다. Michell과 Lambourne(1979)는 16살짜리 학생들을 대상으로 연구해서 높은 인지능력을 가진 학생들이 개방형 질문에도 대답을 잘 한다는 사실을 알아냈다. 인지능력이 뛰어난 학생들은 또한 대화를 오래 유지하고 보다 해석적인 질문을 하며 복합적인 이해 능력도 가지고 있었다. 게다가 지능은 음악적 능력(Lynn & Gault, 1986), 창의력(Cropley & Maslany, 1969; Drevdahl & Cattell, 1958; Hocevar, 1980; MacKinnon, 1962; McDermid, 1965; Richards, Kinney, Benet, & Merzel, 1988)과도 연관성이 있는 것으로 밝혀졌다.

– 요약

관련 문헌 고찰을 통해 지능검사가 직업적 성공이나 다른 중요한 인생

성과에 대해 타당한 예측변수라는 것을 살펴보았다. 대부분의 고용 상황에서 수행능력을 가장 잘 예측해내는 것은 인지능력 이었고(Arvey, 1986; Hunter, 1986), 이 상관관계는 오랜 시간이 지나도 안정적으로 유지된다(Austin & Hanish, 1990). Thorndike(1986)는 인사 업무에 쓰이는 규모의 표본을 사용해 인지에 관한 'g(일반 지능)'가 직업 성공을 가장 잘 예측한다는 결론을 내렸다. 아이러니컬하게도 동일 저자의 이전 연구는 McClelland(1973)의 논문에서 적성검사가 직업 수행을 예견할 수 없다는 증거로서 제시되었다.

이런 다양한 과학적 연구들이 제시하는 증거는 결국 하나로 귀결된다: 지능검사와 적성검사가 직업 수행과 정(+)의 상관관계를 갖는다는 것이다.

- **지능과 사회적 지위에 따른 직업 성공의 관계는 작위적인 것일까?**

지능검사나 적성검사 사용을 반대하는 McClelland(1973)의 주요 논점은 "검사는 그 문화에 노출되지 않았던 사람들에게는 확실히 차별적이어서 검사 결과에 의해 진입을 막는 셈이다"라는 것이었다. 이 논점은 IQ가 직업 성공과 관련이 있다는 타당한 과학적 증거에 의해 반박되었다. 그러나 McClelland는 "지능검사점수와 직업 성공 간 연관성은 계층 지위가 개입되어 종종 조작되기도 한다"라고 주장을 굽히지 않았다.

사회경제적지위(SES)를 정의하는 방법은 여러 가지가 있지만, 우리는 직업적 성공이 주로 개인의 인지능력과 교육의 결과라는 사실을 입증하고자 하는데, 이 두 요인은 사회적 출신과는 비교적 독립적이다. 우리는 또한 IQ와 직업성공 간 상관관계의 강도가 직업이 얼마나 다양한지에 상관 없이 특정 직업의 사회적 위신과는 별로 상관이 없음을 밝힐 것이다. 우리는 개인이 통제할 수 없는 가족 소득처럼 부적절한 사회경제적 지위(SES) 요인보다는 개인의 능력에 초점을 맞추는 것이 더 유용하다는

Gottfredson(1986)의 말에 동의한다.

– 사회경제적 지위의 정의

McClelland(1973)의 사회경제적지위(SES)에 관한 정의는 다른 연구자의 정의와는 상당히 다르다. McClelland에게 있어 사회경제적 지위는 권력 있는 엘리트-자격, 권력, 지지세력, 기회, 가치, 포부, 돈, 물질적 유리함을 가진 이들에게 해당되는 것이다. 이런 요인들 중 일부(예를 들어 가치나 포부)는 이후의 성공과 연관이 있는 것으로 나타났다(Sewell & Hauser, 1976). 그러나 다른 연구자들은 이들 요인이 부자들에게만 있는 것이 아니기 때문에 이것을 사회경제적 지위라고 하지 않는다(Greenberg & Davidson, 1972).

McClelland(1973)는 또한 사회경제적지위(SES)를 소득으로 환산하여 설명했다. 이 분야의 다른 연구자들(예. Scarr & Weinberg, 1978, Sewell & Hauser, 1976)은 소득이 이후의 성공과는 약한 상관관계를 가진다는 것을 밝혔는데, 부모의 소득과 해당 성인의 소득 사이의 상관관계는 겨우(.17)에 불과하다(Sewell & Hausser, 1976). 이런 결과는 Alwin과 Thornton(1984, Williams, 1976)에서도 계속되는데, 이들은 가족 소득과 아동의 지능 간 상관관계가(.12~.25)사이라고 밝혔다. 상관관계 수치에 격차가 존재하기는 하지만, 어떤 연구결과도 재정이 강한 영향을 미친다는 McClelland의 의견을 지지하지 않았다.

사회경제적지위(SES)의 조작적 정의로 검토 되었던 것들로는 다음과 같은 변수들이 있다: 주거 조건, 학교진학률(Greenberg & Davidson, 1972), 형제자매 수, 주거 지역, 지역사회의 크기(Peterson & Karplus, 1981), 한 방 당 인원(Greenberg & Davidson, 1972; Herzog, Newcomb, & Cisin, 1972), 모의 교육 수준(Herzog et al., 1972; Peterson & Karplus,

1981; Sewell & Hauser, 1976; Willerman, 1979), 부의 교육 수준(Duncan, Featherman, & Duncan, 1972; Peterson & Karplus, 1981; Sewell & Hauser, 1976; Willerman, 1979), 가족 소득(Peterson & Karplus, 1981; Sewell & Hauser, 1976), 지역의 평균 소득과 교육 수준(Scarr, 1981). 사회경제적 지위는 보통 이들 변수를 조합해 조작적으로 정의된다. 사회경제적지위(SES)가 이렇게 여러 가지 방법으로 정의되어왔기 때문에, 사회경제적 지위라는 일반적인 용어보다는 사용된 특정 변수가 이론적으로나, 실천적으로나 더 중요하다.

– 사회경제적 지위 변수의 영향

부모의 소득처럼 사회경제적지위(SES)라고 정의된 측정치는 아동의 성공과 관련이 있었다(Duncan et al.,1972; Scarr & Weinberg, 1978; Sewell & Hauser, 1976). 이들 요인은 가정 규율과 교육에의 가치 같은 설명 요인들의 가장 적절한 대체물이었다. 연구결과, 부모의 배경이 개인의 직업 분포에 대한 공헌도는 미미한 반면, 교육 연한과 인지 능력은 미치는 영향이 컸다(Duncan et al.,1972; Gottfredson & Brown, 1981). 유명한 추적조사연구(Vaillant, 1977)는 대학 진학 이전의 사회경제적지위(SES)에 대한 광범위한 측정치는 30년 후의 성과 변수들과 아무런 관계가 없다는 것을 발견해냈다. 그러나 같은 능력을 가진 사람들 간의 직업 성취도에 가장 유의미한 예측변수는 학교와 교육에 대한 부모의 태도였다(Kraus, 1984).

추후 소득의 중요한 결정요소로 알려진 사회경제적지위(SES)의 조작적 정의(예. 가치와 태도)는 영향을 받을 수 있는 변수들이다. 빈곤 가정조차도 자녀가 잘 되라고 이들 변수를 발전시켜 사용할 수 있다(Greenberg & Davidson, 1972). 불행히도 어떤 가정은 너무나 빈곤해서 심지어 거주 환경이 비인간적인 경우도 있는데, 이러한 박탈감은 추후 성취도에 악영향을 미치는 요인이다. 그러나 사회경제적 지위나 인종에 따른 대부분의 하위 그룹들은 이 경우에 해당되지 않는다(Scarr, 1981).

교육과 인지능력 측정치가 소득보다 추후 소득에 더 중요한 것으로 나타났다. 그러나 이들 변수에 관한 사회경제적지위(SES)의 영향은 좀 더 검토되어야 한다.

〈검사 수행〉 Oakland(1983)는 사회경제적지위(SES) 등급에 상관없이 IQ검사와 성취도검사점수의 상관관계가 동일하다는 사실을 발견했다. 다른 사회경제적지위(SES) 집단의 능력 측정치에 대한 요인 분석 결과 요인 구조가 사회경제적지위(SES)에 따라 달라지지는 않았다(Humphreys & Taber, 1973). Spaeth(1976)와 Valencia, Henderson과 Rankin(1985)은 부모의 사회경제적지위(SES)가 아동의 IQ에 미치는 영향력이 가족 간 상호작용과 부모가 제공하는 자극들에 의해 상쇄된다는 사실을 알아냈다. 더욱이 Spaeth는 학교나 교사가 끼치는 영향보다 부모의 영향이 훨씬 더 크다고 결론 내렸다. 교사나 학교의 영향력이 훨씬 개별적이지 않고 간접적이다. 그는 부모의 사회경제적지위(SES)가 아동의 IQ에 미치는 직접적인 영향력은(-.03)이라고 밝혔다. 관련 연구에서는 따로 입양되어 양육된 쌍둥이가 어른이 되었을 때의 IQ와 사회경제적지위(SES)가 관계가 없는 것으로 조사되기도 했다(Bouchard, Lykken, McGue, Segal, & Tellegen, 1990).

간단한 사회경제적지위(SES) 측정으로는 가족 내에서조차 개인차를 야기하는 환경적 요소를 적절히 잡아내지 못했다(Mercy & Steelman, 1982; Rowe & Plomin, 1981). 간단한 것이지만 숙제 하는데 걸리는 시간, 평일 TV 시청 시간도 학업성취도 검사에서 예상되는 방향으로 영향을 미쳤다

(Keith, Reimers, Fehrmann, Pottebaum, & Aubey, 1986). 궁극적으로 부모들은 사회경제적지위(SES)의 독립변수인 인지적 열등감에 대처하는 법을 배우도록 도울 수 있다(Spaeth, 1976).

〈대학 진학〉 일류 직업에의 진입이 사회적 배경에 달려있다고 했던 McClelland(1973)의 주장과는 반대로, 보다 높은 지위에 오르는 것은 주로 학식에 의해 결정된다(Alexander & Eckland, 1975; Bajema, 1968; Gottfredson & Brown, 1981; Schiefelbein & Farrell, 1984; Sewell & Hauser, 1976). 그러므로 대학 진학률을 결정하는 것이 무엇인가가 매우 중요하다.

McClelland(1973)는 사회경제적 계층이 무엇 인지가 대학 진학에 필요한 능력을 결정하는 데 있어 주요인이라고 말했다. 연구조사는 이 주장에서 결함을 찾아냈다. 사회경제적 배경이 대학진학과 관련이 있다 하더라도 다른 요인들이 더 중요하다는 것이다. Alwin과 Otto(1977)는 고등학교 교사들이 사회경제적 지위보다는 실력에 따라 학생들의 대학 진학을 장려한다는 사실을 알아냈다. 다른 연구(Baird, 1984; Christensen, Melder, & Weisbrod, 1975; Hearn, 1984, 1985)에서도 지능이 대학 진학 결정에 가장 중요한 요인임이 분명히 드러난다.

〈학업 성적〉 Sewell과 Hauser(1976)는 다중회귀모델을 사용하여 사회경제적지위(SES) 관련 변수들이 학업 성적의 15%를 설명한다는 사실을 입증했다. 이 모델에 지능을 첨가했더니 설명력은 약 두 배인 28%까지 올라갔다.

Baird(1984)는 SAT에서 높은 점수를 받은 이들이 고등학교에서 더 우수한 점수와 등급을 받는 경향이 있다는 것을 알았다. 성적이 중상위층의 의견에 따른 것이라고 했던 McClelland(1973)의 주장과는 정반대로, 점수나 등급은 가족 소득과 상관이 없었다. 검사점수가 높으면 또한 대학에서의 성적도 높았다. Baird는 또한 가족 소득이 아니라 고득점이 대학원 진학 예정과도 관련이 있다고 밝혔다.

– 가족과 사회경제적 지위 내에서의 변량

소득으로 정의한 사회경제적지위(SES)가 동일한 집단 내에서도 검사점수는 매우 다양하다. 흑인 빈민 아동 표본에서 Greenberg 와 Davidson(1972)은 가정환경이 학교 성적이 높은 아동과 낮은 아동 간에 구별된다는 것을 알았다. 차별화 요인으로는 교육에 대한 부모의 관심, 아동을 객체로서 인식하기, 일반적인 사회 인식, 합리적인 훈육 방식의 사용, 가정 구조와 규율 등이 있었다. 성적이 높은 아동의 부모가 약간이라도 더 교육 받고 소득도 조금 높은 경향이 있었다. 어떤 가치의 보유 여부가 더 나은 조건으로 귀결된다고 주장할 수 있다. Herzog et al.(1972)도 빈민 아동을 연구했는데, 교육과 가족 간 상호작용이 높은 IQ, 그리고 보육시설개입 프로그램으로 인해 더 많은 이득을 얻는 경향과 관련이 있음을 다시금 보여주었다.

가족 소득이나 부모의 교육 정도와 같은 요인들이 IQ 점수, 학업 성적, 직업적 성공의 격차를 야기한다고 사회경제적지위(SES)의 영향을 간단하게 개념화 하게 되면 매우 중요한 문제들이 설명되지 않는다. 그런 것이 주요인이라면 한 가정의 모든 아동의 성과가 똑같아야 하는데 조사에 따르면 그렇지 않다.

Duncan et al.(1972)이 실시한 대규모 문헌 고찰에서 형제자매 간 IQ의 평균 상관관계는 (.50)인 것으로 나왔다. Daniels과 Plomin(1985)은 또한 형제자매 간 인지능력 상관관계 지수가 겨우(.40~.50)정도라는 사실을 알아냈다. 형제자매의 IQ와 모든 가능한 아동쌍의 IQ 사이에는 거의 동일한 격차가 존재했다(Willeman, 1979). 무작위로 짝 지은 이들의 IQ 점수차가 약 17점인데, 형제자매 사이의 IQ 점수차는 약 13점이었다(Rowe & Plomin, 1981). 인지능력에 관한 가족 내 상관관계를 보면 함께 양육한 일란성 쌍둥이의 경우(.86) 이지만, 함께 살지만 생물학적 부모가 다른 아동쌍의 경우(.15) 였다(Horn, 1983, Plomin, 1988).

교육과 소득이 IQ와 상관관계가 있다고 할 때 유사한 환경에서의 다양성 또한 논거가 된다. 모의 교육수준과 아동의 IQ 간 상관관계는 아동을 양육한 양모(.10) 보다 전혀 만난 적이 없는 친모의 경우(.21)가 더 높았다(Scarr & Weinberg, 1978). Scarr와 Weinberg는 또한 가족 소득과 IQ의 경우, 양자가(.06), 친자는(.22)의 상관관계가 있다는 점도 발견했다. 이는 환경의 영향이 제한적이라는 것을 보여준다.

〈시간이 지날수록 증가하는 형제자매의 검사점수 격차〉 사람들이 타고난 사회계층을 유지하도록 정해졌다는 가정을 반대하는 논거로 형제자매의 지능지수가 시간이 흐를수록 격차가 커지는 경향이 있다는 것을 들 수 있다(Bouchard et al., 1990; McCartney, Harris, & Bernieri, 1990). 초기 아동기에는 사회경제적지위(SES) 변수가 약간 더 중요한 경향이 있지만(Alwin & Thornton, 1984), 청소년 후기쯤이면 형제자매 간 상관관계가 초기 아동기보다 낮아진다(Scarr & Weinberg, 1978). 이는 입양된 아동에서는 더욱 뚜렷하다. 입양한 형제자매의 지능지수는 그들 사이에 아무런 지능적 유사성이 없을 정도로까지 차가 벌어져서 18살 쯤이면 상관관계가 0이 된다(Sacrr & Carter-Saltzman, 1983). 생물학적 형제자매의 IQ 상관관계는 18살 때(.35)였다. 한 집에서 자라고 같은 학교를 다닌 것은 IQ에 거의 아무런 영향을 미치지 않았다(Bouchard et al., 1990).

〈자료의 집합체〉 반대 증거에도 불구하고 사회경제적 지위가 교육적,

직업적 성과에 결정적인 요인이라는 오해는 널리 퍼져 있다. 이러한 오해는 무엇에서 비롯된 것인가? 이 문제를 탐구하는 과정에서 White(1982)는 사회경제적지위(SES)와 학업성적 사이의 상관관계가 보통(.10~.80)사이에 위치한다는 것을 알았다. 자료를 모아보면 보통 높은 상관관계가 발견된다. 학교나 학교 구역을 분석의 단위로 사용했을 때는 상관관계가 평균(.73)이었다. 그런데 개별 학생들을 분석 단위로 간주하면 상관관계가 (.22)까지 떨어졌다. 높은 상관관계는 통계 공식의 수학적 특성으로 인해 집합적인 자료에서 발견된다. 분석 단위의 동질성이 감소하면 그 결과 상관관계는 증가하는데, 이는 조사자들로 하여금 관심사인 연관성에 대해 부적절한 결론을 내리도록 한다(Robinson, 1950).

– 검사점수와 일류 직업

McClelland(1973)는 일류 직업군에 대한 검사 타당도가 더 높기 때문에 검사가 사회적으로 차별적이라고 주장했다. 그는 인지능력과 직업적 성공 사이에 사회적 지위라는 원인 변수가 내재되어 있기 때문에 그러한 결과를 초래한다고 설명했다. 더 나아가 Ghiselli(1966)의 자료를 취사선택하여 McClelland는 특정 직업의 경우는 성공과 지능의 상관관계가 더 높은 것이라며 다음과 같이 언급했다.

이들 두 직업은 성공하기 위한 사회적 지위, 언어, 말투, 의복, 태도, 교육과의 관련성, 직업에서 성공해야 할 가족의 필요가 다르다... 직업에 있어 경영자와 고객의 마음에 들 만한 적격성(취미, 가치, 말투, 관심사 등)에 크게 의존한다는 것이다.

증거로 McClelland는 외판원이나 기부권유인의 숙련도와의 상관관계는(−.08) 이고 주식이나 채권 중개인의 숙련도와는(.45)의 상관관계가 있다는 Ghiselli의 연구결과를 인용했다.

그러나 Ghiselli(1966)의 연구에서 지능과 직업 수행과의 상관관계가 가장 높은 직업이 수위(r=.65)였다는 사실은 흥미롭다. Ghiselli의 연구에는 McClelland(1973)의 일반화를 지지하지 않는 다른 예들도 있다. Ghiselli는 지능과 직업 숙련도의 상관관계가 판매원이 가장 높고, 이는 회사중역이나 경영자보다 높은 것이라고 지적했다. 일반적으로는 덜 복잡한 직업 수행보다는 더 복잡한 직업 수행이 능력검사와 높은 상관관계를 가지고 있다고 최근의 연구들은 보고하고 있음에도 불구하고(Gutenberg, Arvey, Osburn, & Jeanneret, 1983; Hunter, Schmidt, & Judiesch, 1990), 여기에서 제시된 이런 증거들에 나타나는 타당도 계수의 격차는 직업의 위신 때문은 아니다.

– 요약

IQ와 직업 성공 간 상관관계는 사회경제적지위(SES)로 조작된 것이 아니다. 사실 여기에 인용한 예에서 보듯, IQ는 사회경제적지위(SES)와 직업적 성공 간 상관관계에서 기본적인 원인이 된다. McClelland(1973)는 이것이 역 방향이라고 했다. 능력검사점수나 직업, 혹은 이 둘 간의 상관관계는 사회경제적지위(SES)에 대해 독립적이다. 전형적인 방식으로 측정된 사회경제적지위(SES)는 대학 진학률이나 학교에서의 성공과 강한 상관관계가 없다. 검사와 학교 성적 사이의 실질적인 변량은 가족과 이웃 내에서 조차 존재하는 것이다. 관찰되었던 사회경제적지위(SES)와 다른 변수들과의 관계는 최소한 집합적 자료의 일부로 간주될 수 있다.

• 검사는 소수집단에게 불공평한가?

McClelland(1973)에 의하면 "검사는 대학 지원자 중 흑인, 라틴 아메리카계, 소수집단을 선별해내는 데 있어 아주 효과적인 도구로 사용되어왔다." McClelland는 "많은 빈민지역 거주자들이 오늘날 미국에서 시험을 잘 보거나 취직하기 위해서 배워야 하는 영어의 종류에 관해서는 비슷한 처지에 있다고 느낄 것이다"라면서, 학자가 되기 위해서는 라틴어를 배우도록 요구됐던 중세 시대의 젊은이들과 소수집단 학생들의 처지를 비교했다.

McClelland(1973)의 입장은 과학적 증거들에 의해 논박되었다. McClelland 논거로 나왔던 Thorndoke와 Hagen(1959)의 종합시험은 모든 하위그룹에서도 똑같이 타당한 것으로 밝혀졌다(Dubois, 1947). 이제 우리가 검토하려는 대학 진학과 검사에 관한 자료들 또한 적성검사와 지능검사의 공정성을 입증한다.

〈대학진학〉 McClelland(1973)는 검사가 소수그룹 학생들, 심지어 학문적으로 잘 할 수 있는 학생들마저 대학 진학을 못하도록 했다고 주장했다. 백인 학생보다 실제 낮은 점수를 받은 소수인종 학생들도 대학 입학 허가를 받았는데, 조사에 의하면 검사점수와 원래 등급이 같은 흑인 학생들의 학점이 백인 학생들의 학점보다 표준편차의 1/3에서 2/3만큼 더 낮게 기대되었다(Klitgaard, 1985).

Baird(1984)는 표준지능검사와 적성검사 결과 우수한 것으로 판정된 흑인들이 우수한 백인들보다 더 많이 대학에 진학함을 보여주었다. 더욱이 우수한 흑인 학생들이 비슷한 실력을 가진 백인보다 가장 선별적인 대학에 더 많이 입학했다. 실력이 없는 백인 학생들 중 그런 대학에 입학한 경우는 거의 없었다. Thomas, Alexander와 Eckland(1979)는 검사 점수가 백인보다는 흑인들의 대학 진학률에 더 결정적인 요인이라는 사실을 발견했다.

1975년 고등학교 졸업자 중 흑인과 백인의 대학 진학률이 똑같았는데(32%), 이는 적어도 부분적으로는 차별철폐운동의 영향이었다(Jackson, 1990). 그러나 검사 결과가 대학 성적에 정확하게 반영된다면, 검사 결과가 소수 집단의 대학 진학을 불공평하게 막는 것은 아니다.

〈검사 수행〉 McClelland(1973)는 지능검사가 "그 문화에 노출되어 있지 않았던 사람에게는 분명 차별적이기 때문에 검사에 의해 진입이 제한된다"고 주장했다. 증거는 이 논거를 반박했다. Scarr-Salapatek(1971)과 Oakland(1983)는 적성검사가 사회경제적지위(SES) 계층과 상관 없이 백인 아동이나 흑인 아동에게나 똑같이 학교 성적을 예견할 수 있다는 사실을 입증했다. 고용과 양성의 선별 절차를 검토하면서 Boehm(1972)은 흑인과 백인의 하위 인구집단 간에 타당도가 차별적이라는 증거를 찾을 수 없었다. Hunter et al.(1984)은 "검사가 소수 집단에게 공정하다는 것을 보여주는 강력한 증거들이 많이 축적되어 왔다"고 보고했다. 그들은 앞선 Hunter et al.(1979)의 연구에서의 결론이었던 인지능력검사가 흑인, 라틴 아메리카계, 백인 모두에게 똑같이 높은 예측력을 가진다는 사실을 확정했다. 국립조사협회의 연구(Hartigan & Wigdor, 1989) 뿐만 아니라, 이스라엘에서 행해진 연구들(Zeidner, 1987, 1988) 또한 문화적 편견 가설의 반증이 되었다. 여러 다른 연구들도 확산되고 있는 인종에 따른 차별적 타당도를 보여주지 않았다(Hartigan & Wigdor, 1989; Linn, 1982a, 1982b; Wigdor & Garner, 1982).

- **전통적인 적성검사와 지능검사보다 역량이 더 잘 예측할 수 있을까?**

McClelland(1973)의 연구에서 기본적인 문제점은 역량의 개념이 제대로 정의되지 않았다는 것이다. 이 용어의 정의를 알기 위해서는 그와 그의 동료들이 쓴 이후의 글들에 의존해야만 한다. McClelland가 옹호한 이 독특한 유형의 검사는 장기 예측을 용이하게 하는 방법으로 간주되었다(Cronbach, 1990). 결과적으로 그 증거에 대해 자세하게 조사하는 것이 중요하다. 여기에 제시된 문헌은 적성검사를 대체하기 위한 역량 검사의 사용을 지지하지 않는 것들이다.

Boyatzis(1982)는 McClelland와 그의 동료들에게서 창안된 능력검사에 관한 자료들을 포괄적으로 통합해 완성하였다. 그는 직업 능력을 "사람에게 내재된 특성으로서 동기, 특징, 기술, 자아상이나 사회적 역할, 그가 사용하는 지식의 총체"라고 묘사했다. 그는 나아가 이들 잠재된 특성이 무의식일 수도 있고 사람은 "그 역량을 분명히 하거나 묘사할 수 없을 것"이라고 주장했다. 그러나 역량을 드러내는 방법으로 그가 규정한 것은 개인에게 무엇 때문에 직업에서 성공했는가를 기술토록 한 것이었다.

전체 방법이 사람들이 자신에 관해 말하는 이야기에 달려있고, 행동사건인터뷰(BEI)라고 불렀다. BEI란 재직자들과 인터뷰하고 직업에서 유능감을 느꼈던 세 가지 사건과 무능감을 느꼈던 세 가지 사건을 묻는 것이었다. 보고된 사건들이 실증적이지 않음에도 불구하고, BEI는 내용 타당도를 갖춘 평가 기법이라고 얘기되었다. McClelland(1973) 스스로가 말한 바와 같이 그것은 사람들이 훌륭한 업무 수행이 무엇이라고 생각하는가를 묻는 것이지 직업 분석이 아닌데도, 역량을 밝히기에 정확한 방법이라고 권장된다.

행동사건인터뷰(BEI)에서 말한 이야기 내용은 구체적이지 않은 점수 체계에 위임된다. 동일한 표본은 그림이야기훈련으로 검사를 받았다. 이 검사는 Murray(1938)의 TAT(주제통각검사)를 변형해 Boyatzis(1982)가 고안한 것으로, 사람들에게 그림에 대한 이야기를 하도록 요청했다. 그 이야기는 성취욕, 교제 욕구, 권력욕과 같이 코딩 되었다. 당연히 사람들은 그들 자신이 하는 행동과 유사한 행동을 이야기에 포함시키는 경향이 있었다. 발견된 유사성 때문에 역량은 관련 기준으로 공표되었다. 단일 측정 편향 가능성(Cook & Campbell, 1979)은 무시되었다.

그 후 그림이야기훈련은 그 검사가 업무에 사용하는 사고 유형을 측정해낸다는 주장에 근거하여 내용이 타당한 평가 기법이라고 정의되었다(Boyatzis, 1982). 이것은 일반적인 내용 타당 검사의 정의와 매우 다르다(피고용인 선발 과정에 관한 단일 지침서, 1978).

논쟁은 다양한 타당화 설계의 사용과 관련해 최근 발전해 왔다(Barret, 기사; Barret & Alexander, 1981; Binning & Barret, 1989; Guion & Cranny, 1982; Landy, 1986).

이 연구자들 중 누구도 Boyatzis(1982)가 사용한 타당화 설계를 인정하지 않았다. 사실 Boyatzis는 자신의 타당화 연구가 선발이나 승진 시스템를 발전시키기에 충분한 정보를 제공하지 않는다고 언급한 바 있다. Boyatzis에게 동의하는 대부분의 심리학자들이 이렇게 말했다.

그런 시스템과 절차를 발달시켜 시행하기 위해서 조직은 그 조직이나 특정 직업군의 수행 역량을 타당화 하는 연구들을 수행해야 할 것이다.

역량검사에 관해 유효한 연구 중 전형적인 것은 Klamp와 McClelland(1986)가 많아야 27명 정도의 경영자 표본을 가지고 했던 연구이다. Klamp와 McClelland는 이 표본으로부터 경영자에 관해 유용한 정보를 얻어냈다고 주장했지만, 이 주장을 뒷받침하는 경험적 자료는 제시하지 않았다.

Klamp와 McClelland(1986)는 평가 장치를 고안해 타당성을 입증하지 않았고 다섯 가지의 의문사항을 남겼다. 첫째, Klamp와 McClelland의 기법이 다양하게 사용되는 방법들보다 더 많은 이점을 가지고 있었는가? Kornhaiser(1922)는 선발 과정이 대개 검사자의 직감에서 시작한다고 지적했다. McClelland와 그의 동료들의 연구가 막판에 사용하는 직감보다 실천적으로 더 유용했는가?

둘째, Klamp와 McClelland(1986)의 기법이 다른 기법에 의해 수년 간 이미 발달되고 검사된 평가센터와는 다른 어떤 역량을 증명했는가? 예를 들어 Klamp와 McClelland가 밝힌 기획과 인과관계 사고의 역량이 20년 전(Bray & Grant, 1966)에 밝혀진 조직과 기획이란 이름의 변수와 차이가 있는가?

세 번째 문제는 역량을 측정하기 위해 신뢰할 수 있는 사정 기법이 개발되었는가 하는 것이다.

넷째는 만약 역량을 측정하는 방법이 개발되었다면 검사 수행이 업무 수행과는 관련이 있는가?

다섯 번째, 자신감의 역량은 성공적인 경영자의 특징이라고 했는데, 이 역량이 성공이 원인인지, 영향인지가 명확하지 않다. 경영자가 직업적 성공이나 실패를 맛보기 이전인 경영 초기에 측정한 자신감이 경영 후기에 측정한 결과와 유사할까?

McClelland(1981)의 미 출간 연구에서는 50가지의 다른 예측변수가 사용되었는데 그 중 9개만이 그 기준과 연관이 있었다. 이 결과도 유의미한 상관관계를 얻기 위해 원 표본을 세분한 후에야 도출된 것이다. 우리는 이 결과가 교차 타당화에 필요했다는 McClelland의 말에 동의한다.

인지능력검사를 비웃으며 McClelland(1973)는 말했다. "기준을 조금이라도 분석해 보았다면 한 사람으로 하여금 단어를 유추하고 네 개의 비슷한 단어들 중에서 가장 정확한 단어를 선택하도록 요구하는 직업이나 삶의 상황들이 거의 없다는 것을 알았을 것이다." 그림을 보며 이야기를 하라고 하는 직업은 거의 없다는 사실도 추가해야 할 것이다.

〈운전〉 McClelland(1973)는 역량 검사가 기준 경험 표준 표본에 근거를 둔다고 했다. 그런 그의 주장은 검토될 필요가 있다. McClelland는

"만약 어떤 사람이 차를 얼마나 잘 모는가(기준)를 알고 싶으면 운전시험을 치름으로서 차를 모는 능력을 시험하라"고 제시했다. McClelland는 "만약 당신이 독해나 철자법, 운전 시험 등에서 기준 행동을 수행한다면 높은 점수를 위조하는 것은 불가능하다."고 주장하기도 했다.

이 주장은 문제가 있다. 조사 자료에 의하면 운전이 사고를 내는 것이나 소환되는 것을 예견하지는 않았다(Edwards, Hahn, & Fleishman, 1977; Freeberg & Creech, 1971; Newsome, 1975; Ratz, 1978; Wallace & Crancer, 1971). 적어도 운전의 경우에는 이 행동이 위조될 수 있고 보통 운전면허시험에서 운전 능력의 기준으로 사용되는 기준들이 사고를 내고 신호를 위반하는 사람들로부터 책임감 있는 운전자를 반드시 가려내는 것은 아니라고 증명되었다. 오토바이 운전자로부터도 유사한 결과가 발견되었다(Jonah, Daewon, & Bragg, 1981). 기준행동시험은 중요한 기준을 예측하는 적절한 시험 전략이 아니었다.

기준행동시험이 가장 좋은 검사법이라고 했던 McClelland(1973)의 주장과는 반대로 선택적인 주목과 인식 방식 같은 수단 둘 다가 표면 타당도가 없고 사고에 연루될 가능성이 있음을 보여주었다(Arthur, Barrett, & Alexander, 1991; Arthur, Barrett, & Doverspike, 1990; Avolio, Kroeck, & Panek, 1985; Barett & Thornton, 1968; Mihal * Barett, 1976). 오히려 지능필기고사가 사고와 기록과 관련이 있었다(Conger, Miller, & Rainey, 1966;Smith&Kirkham,1982).

〈인내심〉 McClelland(1973)는 서비스 직종, 특히 경찰관에게 있어 인내심이 필요한 역량이라고 보았다. 우리는 Thorndike와 Hagen(1959), Ghiselli(1966)의 연구에 관한 McClelland(1973)의 연구보고를 검토하면서 직업 성공을 예측하는 능력 요인으로 인내심이 지니는 가치를 알아보기 위해 실제로 검사와 결과를 조사했다.

McClelland(1973)은 “Kagan, Pearson과 Welch(1966)는 시간이 지남에 따라 비교적 안정될 수 있고 직접 지도될 수도 있는 이런 특성(인내심)이 쉽게 측정될 수 있음을 보여주었다”고 말했다. Kagan et al.은 1학년 학생의 충동 대 사색 인지 속도를 연구하기 위해 조화로운 가족 상징 검사(MFFT)를 사용했다. 이 검사는 나무, 장난감, 비행기처럼 친숙한 물건들의 윤곽선으로 구성되어 있고 피험자가 그것 중 하나를 기준에 들어맞도록 선택했다. 비록 1학년 아동들이지만 이 검사는 어떤 의미 있는 행동과의 연관성도 보여주지 못했다. 검사가 인내심과 관련되어 있다는 증거도 제시하지 못했고 경찰의 수행과도 어쨌든 아무런 관계가 없었다.

1학년 아동들이 변화를 위해 훈련될 수 있다는 MFFT 시행에서 유일하게 중요한 점은 반응시간이 증가했다는 점이다. 아동들은 착오율을 낮추지 못했다. 반어적으로 반응시간은 성격에 시사하는 바가 없으나, MMFT의 착오율은 지능과 관련이 있었다. 능력이 우수한 학생들이 실수도 거의 하지 않았다(Block, Block, & Harrington, 1974, 1975; Block, Gjerde & Block, 1986; Gjerde, Block & Block, 1985, Messer, 1976).

– 요약

인내력은 역량 검사의 양상을 명확히 한다. McClelland(1973)가 그의 결과물을 출판한 지도 18년 이상이 흘렀지만 McClelland와 그의 동료들은 역량의 개념이 직업 성공과 관련이 있다고 전문가들이 인정할 만한 경험적인 증거는 아직까지 내놓지 못하고 있다.

역량 검사에 대한 증거가 부족한 것과는 달리, 인지능력검사가 경영자나 다른 직업군의 업무 수행과 관련이 있다는 사실은 방대한 문헌을 통해 입증되어 왔다(Arvey, 1986; Hunter, 1986; Thorndike, 1986).

Boyatzis(1982)는 역량 검사가 평가센터와는 다르고 보다 우월하다고 주장했지만, 역량 검사가 이미 알려진 평가센터의 강점과 타당도와 견줄만하다는 증거는 제시하지 못한다(예. Gaugler, Rosenthal, Thornton, & Bentson, 1987; Thornton & Byham, 1982).

McClelland(1973)는 소수집단에 대한 편견을 우려했지만, 역량 검사의 경우도 소수 집단에 대해 상대적으로 어떤지가 나오지 않았다. 그와는 달리, 평가센터는 여성에게 뿐만 아니라(Ritchie & Moses, 1983; Thornton & Byham, 1982; Tziner & Dolan, 1982), 흑인이나 백인 모두에게 공정한 것으로 드러났다(Huck & Bray, 1976; Thornton & Byham, 1982).

유감스럽게도 역량 검사와 전통적인 능력 검사, 적성 검사, 평가센터, 인성 검사, 그리고 작업표본검사 간의 상관관계가 검증되지 않았다는 문제가 있다. 각각의 전통적인 검사 유형은 예측력을 가지고 있다고 알려져 있다(Day & Silverman, 1989; Gellatly, Paunonen, Meyer, Jackson, & Goffin, 1991; Hunter & Hunter, 1984; Robertson & Downs, 1989). 역량 검사가 검사 분야에 독창적인 기여를 할 수 있는 가능성이 있는지는 아직 확실하지 않다.

• **결론**

McClelland(1973)의 논문은 일반대중의 검사에 대한 시각에 무척 영향을 끼쳤고, 동료 심리학들에게도 감화를 주었다. 전공 문헌, 법학 저널, 심리학 입문 교재에 기재된 결과, 그의 권위는 시간을 지날수록 더 커져갔다. 그의 관점은 또한 신문, 잡지, 대중 서적을 통해서도 퍼져 나갔다. 이제는 관련 이슈들을 명료히 해야 할 때가 왔다.

McClelland(1973)의 주장이 널리 받아들여지고 있음에도 불구하고 그가 그의 주장을 뒷받침하기 위해 사용한 증거들은 사실상 그의 제안과는 반대되는 결론으로 귀결된다. 그의 주장은 다른 증거와 모순이 된다. 성적은 직업적 성공을 예견했다. 지능검사와 적성검사는 적성검사가 보편적으로 사용하도록 고안된 것이 아니라 비행사 종합시험이었을 때조차 직업적 성공을 예견해냈다. 검사 결과는 사회적 지위의 조작물도 아니고 소수 집단에게 차별적이지도 않다.

표본검사의 개념이 어떤 상황에서는 적절하겠지만, 증거는 McClelland(1973)가 제시한 예들의 시각을 뒷받침하지 못하고 있다. 그 증거는 역량이 어떤 중요한 직업적 행동을 예측하는 데 있어서 인지능력 검사를 능가할 수 있음을 보여주지 못했다. McClelland는 소수 집단에 대한 편견을 우려했지만 소수 집단이 역량 검사에서는 어떤가를 검토하지 않았다는 사실에 주목하라.

1973년 이래로 인지능력 검사가 다양한 직업군에서 직업 수행을 예견한다는 증거들이 늘어나고 있다(Hunter, 1986). 인지능력검사를 평가센터 중 하나로 사용하거나(Thornton & Byham, 1982) 표준화 인성 검사와 결합해 사용하는 것은 직업 수행 예측의 타당도를 높이는 것으로 밝혀졌다. 만약 McClelland의 역량에 대한 개념이 심리학 분야에 이바지하고자 한다면, 그는 자신의 주장을 뒷받침하는 경험적인 증거들을 제시해야 한다.

참고 문헌

[외국 참고 문헌]

- Alon, A, Assessment and organizational development. In J.L. Moses & W.C. Byham(Eds.), Applying the assessment center method. New York: Pergamon Press, 1977.
- Boyatzis, R, The Competent manager: A model for effective performance, John Wiley & Son Publishing, 1982.
- Bandura, A, Principles of behavior modification, New York: Holt, Rinehart & Winston, 1969.
- Bray, D.W., & Grant, D.L, The assessment center in measurement of potential for business management. Psychological Monographs, 80(17, Whole No. 625, 1966.
- Byham, W.C, Assessor selection and training. In J.L, Moss & W.C. Byham(Eds.), Applying the Assessment center method. New York: Pergamon Press, 1977.
- Brannick, M.T., Michaels, C.E., & Baker, D.P, Construct validity of in-basket scores. Journal of Applied Psychology, 74, 1989.
- Burroughs, W.A., & Cook, D., Jr, Court rules on assessment center case. The Industrial/Organizational Psychologist, 27(3), 1990.
- Burack. E. H. Hockwarter, W & Mathys. N. J., "New Management Development Paradigm," Human Resource Planning, 1997.
- Cofsky, K. M, Critical keys to competency-based pay. Compensation & Benefits Review, Nov-Dec, 1993.
- Collins, J. C and Porras, JI., "Building you company's vision", Harvard Business Review, vol. 74 No. 5, 1996.
- Dodd, W.E, Attitudes toward assessment center programs, In J.L. Moses & W.C. Byham(Eds.), applying the assessment center method. New York: pergamon Press, 1977.

- Dubois, D.D., Competency-based performance improvement: A strategy for organizational change, HRD Press. Inc., 1993.
- Fletcher, C., Candidates' rections to assessment centres and their outcomes: A longitudinal study. Journal of Occupational Psychology, 64, 1991.
- Fleenor, J.W., The utility of assessment centers for career development. Unpublished doctoral dissertation, north Carolina state University, 1988.
- Gerald V. Barrett & Robert L., Depinet, A Reconsideration of Testing for Competence Rather Than for Intelligence, American Psychologist October, 1991.
- Gaugler, B.B., Rosenthal, C., & Pohley, K., A survey of assessment center practices in organizations. Unpublished manuscript, 1990.
- Gaugler, B.B., Rosenthal, D.B., Thornton, G.C. Ⅲ, & Bentson, C, Meta-analysis of assessment center validity. Journal of Applied Psychology, 72, 1987.
- Guinn, Kathleen A., Performance management for evolving self-directed work teams, ACA Journal. Scottsdale: Winter 1995.Vol.4, 1995.
- Garavan. T. N, Mcguire. D., Competencies and workplace learing: some reflections on the rhetoric and the reality, Journal of workplace learing, 2001.
- Hammond, K.R., McClelland, G.H., & Mumpower, J, Human judgment and decision making: Theories, methods, and procedures, New York: Praeger, 1980.
- Hamel, G. and Prahalad, C.K., The core competence of the corporation, Harvard Business Review, May/June. 1990.
- Hendry, Ian, Maggio, Ellie., Tracking success Benefits Canada. Toronto: Vol. 20, Iss. 5, 1996.
- Ennis, S., Assessing employee competencies, in S. M. Brown and C.J.Seidner (Eds.). Evaluating corporate training: Models and issues, Kluwer Academic Publishers, 1998.
- Ilgen, D.R., Fisher, C.D., & Taylor, M.S, Consequences of individual feedback on behavior in organization. Journal of Applied psychology, 64, 1979.
- Kudisch, J. D., A preliminary look at assessment center practices world-wide: What's hot and what's not, Pittsburgh, 1998.
- Knowles, M.S, The adult learner: A neglected species. Houston, TX: Gulf

Publishing co, 1973.
- Lucia, A. D. & Lepsinger, R., The art and science of competency model: Pinpointing critical success factors in organizations. Jossey-Bass, San Francisco, 1999.
- Libby, R., Trotman, K.T., & Zimmer, I., Member variation, recognition of expertise and group performance. Journal of Applied Psychology, 72. 1987.
- McClelland, D. C., Testing for Competence Rather Than for Intelligence, American Psychologist January, 1973.
- Mirabile, R.J., Everything you wanted to wanted to know about competency modeling, Training & Development, 1997.
- Mouton. S., Performance and Development Review 360 Feedback, SPHR, 2002
- Nunnally, J. C., (1978). Psychometric theory, McGraw-Hill., 1978., O' Hara-Devereaux & Johansen, Globalwork. Jossey-Bass, Sanfransisco, 1994.
- Parry, S. R., The quest for competencies, Training, July, 1996.
- Pickett. L., Competencies and managerial effectiveness: Putting competencies to Work, 1998.
- Rothwell, W. J. and Lindholm, J. E., Competency identification, modeling and Assessment in USA International Journal of Training and Development, 3 (2), 1999.
- Robertson. R., Manager's guide to competency testing and certification, Hydrocarbon Processing, August v77 n8, 1998.
- Stolovich, H. D & Keep, E. J., Handbook of human performance technology: A comparative guide for analyzing and solving performance problems in organizations. San Francisco: jossey-Bass, 1992.
- Schippmann, J.S., Prien, E.P., & Katz, J.A, Reliability and validity of in-basket performance measure. Personnel Psychology, 43, 1990.
- Senge, P., The fifth discipline: The art and practice of the learning organization, Double Day. 1990.
- Sackett, P.R, Assessment centers and content validity: Some neglected issues. Personnel Psychology, 40, 1987.

- Summers. L., Do competencies matter? making sure your competency model is properly tuned, workinfo. Com, 2004
- Skulmoski. G. J., Critical performance competencies for cost engineers, AACE International Transactions, 2000.
- Thornton, C. G. Ⅲ & Mueller-Hanson. R. A, Developing Organizational Simulation, Lawrence Erlbaum Associates, Inc., 2004.
- Thornton, C. G. Ⅲ, Assessment Center in Human Resource Management, Addison-Wesley Publishing Co, 1992.
- Thornton & Byham, Assessment Center and Managerial Preformance, Academic Press, 1982.
- Ulrich, D., Organizing around capabilities, in F. Hesselbein, M. Goldsmith and R. Beckard(Eds.), The organization of the future, Jossey-Bass. 1997.
- Wanous, J.P., & Youtz, M.A, Solution diversity and the quality of group decisions. Academy of management Journal, 29, 1986.
- Welkowitz, J., Ewen, R. B., Cohen, J., Introductory statistics for the behavioral sciences(3rd ed.), Academic Press, 1982.
- Wood, R. and Payne, T., Competency-based recruitment and selection, John Wiley, 1998.
- Wright, L., HR Competencies: Getting them right, Canadian HR. Reporter, Nov. 5, 2001.

[국내 참고 문헌]

- 행정안전부, 과학적인 인사관리를 위한 역량평가, 2008.

저자소개

이 홍 민(李弘珉)

[약 력]

- ㈜휴먼이퀘이션 대표컨설턴트(현)
- 한국능률협회(KMA) 인사조직컨설팅본부 수석컨설턴트
- 한국생산성본부(KPC) 핵심역량센터 전문위원
- 대우조선 인력운용팀/대웅제약 인사팀장
- 기상청 자체평가위원
- 서울특별시 여성가족재단 운영위원
- 한국산업인력공단 경영평가위원
- 한국환경공단 경영평가위원
- 여수광양항만공사 경영평가위원
- 건국대학교 대학원 경영학박사(인사조직전공)

[저 서]

- 평가센터/중앙경제(2015년)
- 핵심인재 역량개발/중앙경제(2013년)
- HR 인사이트/중앙경제(2009년)
- 역량평가/리드리드출판(2009년)
- 조직 및 시장가치임금 만들기/중앙경제(2008년)
- 평가보상시스템/중앙경제(2007년)
- 강한 조직 만들기/중앙경제(2004년)
- 핵심역량 핵심인재/한국능률협회출판(2003년)

[연락처]

- ㈜휴먼이케이션 (02)701-8864
- homepage: www.hecg.co.kr
- mobile: 010-2732-1433
- e-mail: leehm7749@hanmail.net